Die globale Finanzklasse

Sighard Neckel ist Professor für Gesellschaftsanalyse und sozialen Wandel an der Universität Hamburg. *Lukas Hofstätter*, Soziologe, hat in Frankfurt am Main und Sydney zur globalen Klassenbildung promoviert. *Marco Hohmann* ist wissenschaftlicher Mitarbeiter im Fachgebiet Soziologie der Universität Hamburg.

Sighard Neckel, Lukas Hofstätter, Marco Hohmann

Die globale Finanzklasse

Business, Karriere, Kultur in Frankfurt und Sydney

Campus Verlag
Frankfurt/New York

ISBN 978-3-593-50900-6 Print
ISBN 978-3-593-43893-1 E-Book (PDF)
ISBN 978-3-593-43897-9 E-Book (EPUB)

Copyright © 2018 Campus Verlag GmbH, Frankfurt am Main.
Umschlaggestaltung: Campus Verlag GmbH, Frankfurt am Main.
Umschlagmotiv: Eingang des Gebäudes der Deutschen Börse (»The Cube«) in
Frankfurt-Eschborn © Marco Hohmann
Satz: DeinSatz Marburg
Gesetzt aus: Scala und Scala Sans
Druck und Bindung: Beltz Grafische Betriebe GmbH, Bad Langensalza
Printed in Germany

www.campus.de

Inhalt

1 Einleitung: Soziale Prozesse in der globalen Finanzindustrie

Seit der Finanzkrise 2008 ist die Welt des Börsenhandels und des Investmentbankings, der Aktienwerte, Hedgefonds und Großbanken in den Mittelpunkt öffentlicher Debatten und politischer Kontroversen gerückt. Die Aufmerksamkeit, die der bisweilen opaken Finanzwelt mitsamt ihres Sonderwissens und ihrer Statussymbole seither zuteilwird, erscheint nicht verwunderlich, wenn man die ökonomischen und gesellschaftlichen Folgen bedenkt, die sich mit den Finanzmärkten heute verbinden. Als Wirtschaftssektor betrachtet, sind die Finanzmärkte zu einem globalen Leitmarkt aufgestiegen, der die höchsten Renditen erbringt und den Branchen aus der ›Realwirtschaft‹ die Kennziffern und Konjunkturen vorgibt. Obgleich die Dominanz des Finanzsektors 2008 eine »systemische Desintegration der Wirtschaft« (vgl. Mayntz 2014: 4) ausgelöst hat, ist nicht zu erwarten, dass der weiteren »Finanzialisierung« (Krippner 2005) der Ökonomie künftig Grenzen gesetzt werden. Auch weiterhin werden die Finanzmärkte eine Schlüsselrolle bei der Globalisierung der Wirtschaft spielen. Freie Kapitalströme sind eine Voraussetzung des weltweiten Finanzgeschäfts, weshalb Aktienhandel, Investmentbanken und Kapitalanleger stets schon Fürsprecher der Globalisierung waren. Auch stellen sich die Finanzmärkte aufgrund ihrer Operationsweise heute per se als globale Märkte dar. Um Risiken zu verringern und Profite zu maximieren, diversifizieren Anleger in der Regel ihr Portfolio, werden Investitionen auf möglichst unterschiedliche Märkte verteilt. Dies erzeugt unzählige Verbindungen zwischen Märkten überall auf der Welt und zieht eine globale Orientierung des Finanzsektors im Ganzen nach sich (vgl. Shiller 2003; Windolf 2008).

Gesellschaftlich haben die Finanzmärkte eine massive Vertiefung sozialer Ungleichheit in praktisch allen OECD-Ländern hervorgebracht. Die hohen Profite im Finanzgeschäft ließen eine Klasse von Superreichen entstehen. Zudem bildete sich aus der international vernetzten Schar der Banker, Finanzmakler,

Broker und Fondsmanager die neue Sozialkategorie der »working rich« (Sayer 2017: 253), die zu den Hauptgewinnern des Aufstiegs des Finanzwesens zählt. Zum Verlierer des Finanzhandels sind hingegen die öffentlichen Kassen geworden. Die Regierungen der Europäischen Union mussten 1,6 Billionen Euro einsetzen, um 2008 das Finanzsystem zu stabilisieren. Deutsche Steuerzahler haben, wie die Bundesbank 2015 verlautbaren ließ, 236 Milliarden Euro für die Bankenrettung aufbringen müssen. Die Schuldenkrise, aus dem Crash von 2008 und der Euro-Rettung hervorgegangen, ließ überall in der Welt die Staaten in Abhängigkeit von den Kreditbedingungen der Finanzmärkte geraten, was eine neue Form der Verbindung von ökonomischer und politischer Macht in den Händen der Finanzbranche zum Vorschein brachte (vgl. Vogl 2015).

Ursächlich mit der Finanzökonomie verbunden ist die Durchsetzung des Shareholder Value als Leitlinie der Unternehmenskontrolle, seit die Bereitstellung von Risikokapital immer stärker über die Finanzmärkte erfolgt. Dies hatte zahlreiche sozialpolitische Folgen. Der Anleger-Kapitalismus der Finanzmärkte ließ wenig übrig von der Zähmung des Profitstrebens durch eine koordinierte Marktwirtschaft, die auf der Kompromissbildung zwischen Kapital und Arbeit beruht. Ihr Pendant fand die Entfesselung der Finanzmärkte denn auch in der Deregulation des Arbeitsmarktes und einem Umbau des Sozialsystems. Die finanzdominierte Ökonomie verlor dadurch die Fähigkeit, soziale Belastungen, die aus der »Ungleichheit der Märkte« (Neckel 2015) resultieren, durch wohlfahrtsstaatliche Maßnahmen abmildern zu können. In der Folge ging mit dem Anwachsen des Wohlstands bei den Spitzeneinkommen eine Prekarisierung der Lebenslagen von Bevölkerungsgruppen bis hinein in die Mittelschichten einher.

Dass zugleich der Finanzelite, seit der *Occupy Wall Street*-Bewegung 2011/12 als »das Eine Prozent« bezeichnet, zum öffentlichen Vorwurf gemacht werden konnte, sich auf Kosten der Allgemeinheit zu bereichern, ließ das bereits angeschlagene Ansehen der Banker nicht gerade steigen. Aufgrund der hohen Gehälter in der Finanzbranche, der speziellen Vergütungen wie Aktienoptionen, des Systems der Bonuszahlungen bei weitgehender Ausschaltung persönlicher Verlustrisiken und der großzügigen Abfindungen erschien das Finanzwesen als eine einzige Brutstätte ungezügelter Gier. Mit den Finanzmärkten verband sich nunmehr auch ein Gerechtigkeitsproblem, wurde hier doch an der offiziellen Geltung eines Leistungsprinzips gerüttelt, das die Finanzindustrie faktisch längst zugunsten einer Geschäftskultur des reinen finanziellen Erfolgs aufgekündigt hatte (vgl. Neckel 2008; Honegger et al. 2010).

Nicht weniger Beachtung fand, dass mit dem Aufstieg des Finanzsektors auch eine neue wirtschaftliche Akteursgruppe in Erscheinung trat, die »Dienstklasse des Finanzmarktkapitalismus« (Windolf 2008), die seit den 1980er Jahren begann, die Geschäftszentren der Weltstädte zu bevölkern. Finanzvermögen zu sammeln, um dafür Wertpapiere zu kaufen oder zu verkaufen, um Fonds zu gründen und zu verwalten, um anlagesuchendes Kapital für spekulative Finanzprodukte zu interessieren, wurde zum Metier einer neuen Berufsgruppe von Finanzintermediären, die bald eine Vielzahl von Analysten, Finanzingenieuren, IT-Experten, Change Managern, Anwaltssozietäten und Unternehmensberatern um sich versammeln sollten.

Im Kern dieser neuen Gruppe von Professionals stehen diejenigen, deren berufliche Tätigkeit direkt auf die Finanzmärkte ausgerichtet ist und die, in welcher Form und Höhe auch immer, ihre Einkünfte aus den Renditen der Finanzmärkte beziehen. Ihr wirtschaftlicher Einfluss wurde ebenso zu einem Thema kritischer Erörterungen wie ihr gesellschaftlicher Status und ihre Berufsmoral. Wichtige Beweggründe hierfür waren von vornherein der globale Bezugsrahmen der Financial Professionals und die transnationale Reichweite ihrer ökonomischen Aktivitäten. Beides sorgte für unterschiedliche Charakterisierungen und Zuschreibungen. Aus der Perspektive einer Theorie sozialer Differenzierung ist die Herausbildung einer globalen Berufsgruppe wie der Financial Professionals Ausdruck einer spezialisierten Wissensökonomie, die sich auch in anderen Gesellschaftsbereichen, die funktional hochgradig ausdifferenziert sind, als globale Gruppenbildung darstellt – in der Wissenschaft ebenso wie im Spitzensport und überall dort, wo der Horizont weltweiter Vergleiche und Dependenzen das Denken und Handeln bestimmt (vgl. Heintz/Werron 2011). Dass die Formen der beruflichen Gruppenbildungen dabei nationale Grenzen überschreiten und in internationale Austauschprozesse und Karrieremuster eingebunden sind, wird umso wahrscheinlicher, je höher fachliche Spezialisten in der Hierarchie wissensbasierter Funktionssysteme angesiedelt sind (vgl. Schwinn 2008). Diese funktionale Bestimmung wird nicht selten mit der Vermutung verbunden, dass der Ausblick auf weltweite Zusammenhänge und der Ausgriff auf globale Märkte, Netzwerke und Informationen eine günstige Voraussetzung auch dafür ist, ein breites Spektrum kultureller Strömungen und Tendenzen gleichermaßen in sich aufnehmen zu können, da globale Experten an keine Besonderheit einer bestimmten Kultur oder einer bestimmten Gesellschaft mehr gebunden seien.

Aus konfliktsoziologischer Sichtweise und aus der Analyse sozialer Ungleichheit heraus stellt sich derselbe Prozess als »Abspaltung einer transnationalen Elite« (Münch 2009: 22) und als »Untreue und Indifferenz gegenüber Ort
und Raum« (Müller 2002: 354) dar. Die Globalisierung rückt danach zwar »die
Nationen näher zusammen, während sie gleichzeitig überall die Kluft zwischen
den Klassen, materiell wie psychologisch, vertieft« (Rosanvallon 2013: 354). Im
oberen Bereich der sozialen Rangordnung macht sich der »Vormarsch der Se-
paratismen« (ebd.: 352) als Aufstieg einer neuen Klasse geltend, die für sich die
Chancen der Globalisierung zu nutzen verstand und sie zu ihren Produktivkräf-
ten machte: Wissen, Information, Kapital. Aufgrund ihrer internen Vernetzung,
ihrer wirtschaftlichen Privilegierung und einer entsprechenden Abgrenzung
nach außen ist kritischen Studien zum modernen Finanzwesen zufolge (vgl.
etwa Toynbee/Walker 2009; Honegger et al. 2010; Freeland 2012; Ferguson 2014;
Luyendijk 2015; Sayer 2017) eine Parallelgesellschaft der Hochverdiener entstanden, die sich in einer eigenen Wirklichkeit eingerichtet hat und von den gesellschaftlichen Prozessen und Tendenzen um sie herum kaum noch erreichbar ist.
Normative Verpflichtungen dem allgemeinen Wohl gegenüber relativieren sich
in dem Maße, wie die Distanz zu den Realitäten konkreter Lebenswelten wächst.
So entsteht eine abgegrenzte Elitenwelt mit antisozialen Reflexen, die nirgendwo zuhause ist außer in den Refugien ihrer eigenen Privilegierung. Sie hat sich
ein mentales Universum ganz eigener Denk- und Handlungsart geschaffen, das
von Gewinnstreben, Effizienz und Optimierung gekennzeichnet ist.

Diesen Prozess muss Ralf Dahrendorf vor Augen gehabt haben, als er bereits zur Jahrtausendwende den Aufstieg einer neuen »globalen Klasse« (Dahrendorf 2000) heraufziehen sah: akademisch gebildete Wissensexperten aus
eher jüngeren Jahrgängen, die fast ausschließlich in Großstädten leben, Englisch so gut wie ihre Muttersprache sprechen, in der IT-Branche, der Finanzindustrie, den Medien und Startups arbeiten, weltweit mobil sind und sich kulturell zunehmend global orientieren. Als Ausdruck der »neuen Spaltungen und
Antagonismen, die die Globalisierung hervorgebracht hat« (ebd.: 1057), betrach-
tete Dahrendorf insbesondere das Segment der rasch prosperierenden Professionals aus der Investmentbranche, »Händler in allerlei Realien und Irrealien«
(ebd.: 1059), deren neu erlangtes Gewicht er als Vorstandsmitglied einer Bank
in der Londoner City auch aus eigener Anschauung studieren konnte.

Seither ist die Frage, ob wir es heute mit einer »transnational capitalist class«
(Sklair 2001) zu tun haben, die das internationale Management innerhalb und

außerhalb des Finanzsektors bestimmt, in der sozialwissenschaftlichen Forschung mit unterschiedlichen Methoden verfolgt und kontrovers beantwortet worden (vgl. Gottwald/Klemm 2009; Pohlmann 2009; Kelliher et al. 2012; Hartmann 2016). Während manche Studien aus der Managementforschung zahlreiche Belege für das Entstehen einer »World Class« (Kanter 1995) der wirtschaftlichen Spitzenkräfte ausmachen konnten, kritisierten andere Untersuchungen die These von der Existenz einer globalen Wirtschaftselite als eine »Legende« (Hartmann 2016).

Wenig weiß man indes über das spezielle Management in der Finanzindustrie. Häufig werden die Financial Professionals nur als eine Teilgruppe des Wirtschaftsmanagements im allgemeinen betrachtet, obgleich zahlreiche Gründe dafür sprechen, dem internationalen Finanzwesen eine besonders starke globale Ausrichtung zu attestieren, die mit anderen Branchen so nicht vergleichbar ist. Auch herrscht ein Mangel an vergleichenden Studien, die an verschiedenen Schauplätzen der Globalisierung vertiefende Untersuchungen vornehmen, um Gemeinsamkeiten und Unterschiede zu eruieren. Bereits kurz nach dem Millennium wurde in der soziologischen Fachdiskussion moniert, dass erst »kulturvergleichende und feldspezifische Analysen die Rede von globalen Eliten auf eine solide erfahrungswissenschaftliche Grundlage stellen« könnten (Müller 2002: 359), was aber weitgehend ein Desiderat geblieben ist.

Die globale Finanzklasse füllt diese Lücke, indem es über die Financial Professionals an zwei internationalen Finanzplätzen berichtet, und hierbei anhand exemplarischer Fallstudien den Fragen nachgeht, wie es um die Herausbildung einer globalen Klasse im Finanzwesen tatsächlich bestellt ist und welche gesellschaftlichen Konsequenzen die Formierung einer globalen Finanzklasse hat. Unser Buch stellt die Ergebnisse eines von der Deutschen Forschungsgemeinschaft (DFG) geförderten Forschungsprojekts dar, das zwischen 2014 und 2017 an den Finanzplätzen Frankfurt und Sydney durchgeführt wurde. In vergleichender Weise haben wir untersucht, ob und in welcher Weise sich auf den internationalen Finanzmärkten eine neue globale Klasse bildet, die sich aus dem Investmentbanking, der Finanzanalyse und dem Börsenhandel rekrutiert. Im Mittelpunkt der Analyse stehen die professionellen Praktiken, die Karrierestrukturen und die kulturellen Muster von Finanzakteuren in Deutschland und Australien. Methodisch beruht unsere Studie auf einer makrosoziologischen Rekonstruktion der ökonomischen und institutionellen Strukturen der Finanzmärkte in Frankfurt und Sydney, auf Interviews, die wir mit unterschiedlichsten Finanzakteuren an beiden Orten geführt haben, sowie einer vergleichenden Feldforschung im Frankfurter Bankenviertel und in Sydneys Central Business District. Dass wir hierbei ausgerechnet Frankfurt und Sydney als Untersuchungsorte ausgewählt haben, hat seinen Grund darin, dass diese Städte innerhalb des Systems globaler Finanzzentren zwei ähnlich positionierte ›Global Cities‹ sind, die aber in unterschiedliche volkswirtschaftliche Strukturen eingebettet sind, weshalb sie sich als ›kritische Fälle‹ für die Untersuchung einer globalen Finanzklasse besonders gut eignen.

An den Financial Professionals sind wir nicht so sehr als Manager transnationaler Konzerne oder als Führungskräfte interessiert, die als ›Expatriates‹ in internationale Niederlassungen entsendet werden. Wir befassen uns mit Investmentbankern, Fondsmanagern, Tradern und Analysten vielmehr als Akteure, die allein schon durch ihre Teilnahme an den globalen Finanzmärkten miteinander verbunden sind und hierdurch bestimmte professionelle und kulturelle Gemeinsamkeiten ausbilden, in denen sie sich etwa in nationaler Hinsicht kaum voneinander unterscheiden. Dabei können wir nicht ausschließen, dass die von uns festgestellten Tendenzen einer globalen Klassenbildung im Finanzwesen sich nicht auch in anderen Wirtschaftszweigen oder gesellschaftlichen Bereichen vollziehen, die stark transnational orientiert sind. Um hierzu Aussagen zu machen, hätten wir die Finanzindustrie mit anderen Branchen und Metiers vergleichen müssen, was aber nicht unser Untersuchungsziel war. Vielmehr war uns an den sozialen Prozessen auf den globalen Finanzmärkten selbst gelegen, so dass wir uns auf den Vergleich innerhalb der Finanzwelt konzentrierten. Doch selbst, wenn man auch in anderen wirtschaftlichen oder gesellschaftlichen Bereichen von ›globalen Klassen‹ sprechen könnte, käme der globalen Klassenbildung im Finanzwesen eine besonders wichtige Bedeutung aufgrund der ökonomischen Schlüsselstellung der Finanzmärkte in der heutigen Weltwirtschaft zu.

Im Einzelnen nimmt unsere Studie folgenden Verlauf:

Die Kapitel 2 und 3 stellen Theorie und Methode dar. Im Kapitel 2 gehen wir auf den Forschungsstand und den theoretischen Bezugsrahmen der Untersuchung hinsichtlich der Themen globale Klassen, globale Finanzmärkte und ›Global Cities‹ ein und erläutern unser soziologisches Erklärungsmodell. Im Kapitel 3 schildern wir unsere hauptsächlichen Fragestellungen und Untersuchungsziele sowie die Methoden, die wir angewendet haben. Hier geben wir auch nähere Auskünfte zur Auswahl von Frankfurt und Sydney sowie zum Sample der Interviewpartner, mit denen wir gesprochen haben. Die Kapitel 4, 5 und 6 sind den empirischen Analysen gewidmet. Während Kapitel 4 die Finanzplätze Frankfurt und Sydney in ihren wirtschaftlichen, institutionellen und urbanen Strukturen portraitiert, beschreibt Kapitel 5 das Berufsleben, die Karrieremuster und die speziellen Spannungsfelder im Business der Financial Professionals. Kapitel 6 befasst sich mit den kulturellen Mustern der Finanzakteure in Frankfurt und Sydney in vier unterschiedlichen Varianten sowie mit den symbolischen Ordnungen und Statusnormen, die in der Finanzwelt anzutreffen sind. Im Kapitel 7 fassen wir schließlich die Ergebnisse unserer Studie zusammen und geben einen Ausblick auf die gesellschaftspolitischen Schlussfolgerungen aus unseren Befunden.

*

Außer den Autoren waren an der Untersuchung, die diesem Buch zugrunde liegt, zu verschiedenen Zeiten noch weitere (studentische) Mitarbeiter/innen beteiligt. Für ihr Engagement im Verlauf des Projekts danken wir Salvatore Calabrese, der an unserer Vorstudie zu den internationalen Karrieren von Bankvorständen mitgearbeitet hat (siehe Kapitel 2). Weiterhin Conny Petzold, die in Frankfurt Interviews mit Financial Professionals führte, am Vergleich von Frankfurt und Sydney als Global Cities (siehe Kapitel 4) und an den ethnografischen Erkundungen zu den kulturellen Mustern von Finanzakteuren (siehe Kapitel 6) beteiligt war. Und schließlich Verena Sczech, die an den urbanen Recherchen in Frankfurt und Sydney (siehe Kapitel 4 und 6) teilnahm. Weiterhin danken wir unseren Kooperationspartnern in Sydney, insbesondere Dr. Norbert Ebert von der Macquarie University und Prof. Robert van Krieken von der University of Sydney, ohne deren kollegiale Förderung und freundschaftliche Verbundenheit uns dieses Forschungsprojekt nicht möglich gewesen wäre. Ebenso danken wir für zahlreiche Anregungen Prof. Shaun Wilson und Evelyn Honeywill vom Department of Sociology der Macquarie University sowie den Teilnehmerinnen und Teilnehmern der Workshops, die wir zwischen 2013 und 2017 durchgeführt haben, je einen an der University of Sydney und an der Goethe-Universität Frankfurt und zwei an der Macquarie University. Für kollegiale Unterstützung in Frankfurt bedanken wir uns insbesondere bei Dr. Patrick Sachweh und Birgit Baechle-Jourdan. Am Hamburger Lehrstuhl war uns Manuela Pires eine wertvolle Hilfe.

Theorie und Methode

2 Forschungsstand und theoretischer Bezugsrahmen

2.1 Globale Klasse

Soziologische Untersuchungen über ›Klasse‹ und Studien zur Globalisierung stehen in einem gewissen Spannungsverhältnis zueinander. Auf der einen Seite haben Forschungen zur Ungleichheit der Klassen in den letzten Jahren große Aufmerksamkeit erlangt, was vor allem der deutlichen Zunahme der Einkommens- und Vermögensunterschiede in den OECD-Staaten und der weltweit steigenden Zahl an Superreichen in den letzten drei Jahrzehnten geschuldet ist – dies haben etwa die Studien von Piketty (2014), Atkinson (Atkinson et al. 2011) und Alvaredo et al. (2017) dokumentiert. Auf der anderen Seite ist die Forschung zur Globalisierung von einer ambivalenten Haltung gegenüber der Kategorie ›Klasse‹ geprägt. In ihrer modernisierungstheoretischen Ausformung herrscht in der Globalisierungsliteratur die Auffassung vor, dass sich Ungleichheit nicht mehr im Klassenbegriff fassen ließe, da der Globalisierungsprozess im Ergebnis breiten Wohlstand hervorbringe (Beck et al. 1996; Beck 2000) und Individuen gleichermaßen der Meritokratie des Marktes unterwerfe. Dadurch verliere Klasse als Ungleichheitskategorie an Bedeutung zugunsten horizontaler Formen von Ungleichheit wie ethnischer Zugehörigkeit oder Geschlecht.

Auch kritische Globalisierungstheorien schließen vielfach an diese Individualisierungsperspektive an und betrachten die Funktionsweise globaler Märkte als eine Struktur, die zwar ökonomische Ungleichheit hervorbringe, aber nicht entlang von Klassenlinien. So würden durch neue Technologien und den Selbstlauf der Märkte herkömmliche soziale Hierarchien durch Ungleichheiten aufgrund systemischer Inklusion und Exklusion ersetzt.

Klassenanalysen wiederum beanspruchen, soziale Ungleichheit in ihrer Gesamtheit abzubilden. Dies geschieht vor allem in der Form von ›grand class maps‹, wie sie etwa von Wright (2000, 2015) oder Erikson und Goldthorpe

(1992) in international vergleichender Weise entwickelt worden sind. Aus einer Bourdieu'schen Perspektive legten Savage et al. (2013) solche ›maps‹ für Großbritannien vor und Weeden und Grusky (2005) für die USA. ›Klasse‹ dient in diesen Untersuchungen als erklärende Variable: aus der ökonomischen Position einer Person ließen sich eine Reihe von Vorhersagen über Bildungserfolg, Gesundheit oder politische Einstellungen treffen. In einer globalisierten Ökonomie stößt diese Art von Klassenanalyse jedoch an ihre Grenzen, was – wie Milanovic (2016) aufgezeigt hat – in den nach wie vor großen Differenzen in der Einkommensverteilung zwischen OECD-Staaten und dem Rest der Welt begründet ist. So entspricht etwa ein Einkommen aus dem untersten Prozent der Einkommensverteilung der USA dem Einkommen des 75. Prozentranges in China. Solch große Differenziale, die speziell die unteren und mittleren Einkommen betreffen, führen dazu, dass im globalen Vergleich die jeweiligen Klassenzugehörigkeiten über die Lebenschancen einer Person weit weniger aussagen als das Herkunftsland, in dem die Person zuhause ist. Dadurch, so Milanovic, würden im Zeitalter der Globalisierung soziale Konflikte eher um Migrationschancen als um Klassenpositionen entstehen.

Doch auch in den globalen Ungleichheitsanalysen bleibt ein Kernthema der Soziologie sozialer Schichtung weitgehend unbeachtet: die Ökonomie selbst als ein sozialer Prozess, der zur Klassenbildung führen kann. Mit unserer Untersuchung wollen wir dazu beitragen, diesen blinden Fleck der heutigen Ungleichheitsforschung auszuleuchten. Dies verlangt, den Blick nicht auf die Gesamtheit von Klassenstrukturen, sondern auf die Arten und Weisen der Klassenformierung zu richten. Unser Verständnis von Klassenbildung geht anders als die herkömmliche Ungleichheitsanalyse nicht von der Einkommensverteilung als wichtigstem Faktor aus, sondern von einem bestimmten Set an Praktiken, durch deren Gemeinsamkeiten sich Sozialklassen bilden und von anderen gesellschaftlichen Gruppen unterscheiden. Im Fall unserer Untersuchungsfrage, ob sich auf den internationalen Finanzmärkten eine neue globale Finanzklasse bildet, rücken wir die soziale Struktur von Märkten ins Zentrum der soziologischen Betrachtung sowie die gemeinsamen professionellen und kulturellen Praktiken, die sich unter den Akteuren auf den Finanzmärkten konstituieren.

Transnational Capitalist Class – Die Globalisierung des Managements

Thematisch knüpfen unsere Untersuchungen an Forschungen zur Globalisierung des Managements (Mense-Petermann/Klemm 2009; Ghoshal/Bartlett 1990; Kanter 1995) sowie der daraus entstandenen These einer transnationalen kapitalistischen Managementklasse an (van der Pijl 1984; Robinson/Harris 2000; Caroll 2010). Ab den 1990er Jahren wurde aufgrund der Globalisierung transnationalen Unternehmen eine verstärkte Aufmerksamkeit zuteil. Aus einer kritischen Perspektive wurden diese Unternehmen als treibende Kräfte der Globalisierung bezeichnet (vgl. Altvater/Mahnkopf 2002), in deren Interesse der Abbau von wohlfahrtsstaatlichen Sicherungen vorangetrieben wurde. Andere Theoretiker, wie zum Beispiel Stichweh (2001), haben transnationalen Unternehmen die Rolle einer wichtigen Instanz auf dem Weg zur Weltgesellschaft zugeschrieben sowie eine Stabilisierungsfunktion im Umgang mit globalen Risiken (vgl. Ghoshal/Bartlett 1990).

Die amerikanische Soziologin Rosabeth Moss Kanter (1995) postulierte in diesem Zusammenhang das Entstehen eines neuen Managertypus, des »Globalmanagers«, der stets eine auf die Chancen und Risiken des Weltmarktes gerichtete Perspektive einnehmen soll und sich von lokalen Bindungen weitgehend gelöst habe. Nur eine derartige kosmopolitische Haltung ermögliche angemessen auf die Komplexität einer globalisierten Ökonomie zu reagieren. Diese neuen Entwicklungen spiegelten sich auch in geänderten Karriereverläufen und Rekrutierungsmustern des Topmanagements wieder. Karrieren würden stärker international und in verschiedenen Unternehmen vollzogen, während das klassische Schema der ›Hauskarriere‹ langsam verschwinde.

Ihre Entsprechung findet diese These aus der Managementforschung in der politökonomischen Diagnose einer Internationalisierung des Kapitals und der zunehmenden Bedeutung transnationaler Wertschöpfungsketten (Robinson 2004), was nicht ohne sozialstrukturelle Folgen bliebe. So diagnostizierten bereits in den 1980er Jahren Cox (1981) und van der Pijl (1984) die Herausbildung einer transatlantischen ›herrschenden Klasse‹, die sich neben globalen Konzernen auch auf internationale politische Organisationen und Netzwerke in Politik und Wirtschaft stütze. Ab Ende der 1990er Jahre erlangte diese Diagnose in den Debatten zur Globalisierung eine verstärkte Prominenz. Robinson und Harris (2000) sowie Sklair (2001) prägten den Begriff einer »transnational capitalist class«, die sich aus nationalstaatlich verankerten Herrschaftsstrukturen gelöst hätte und in einer globalen politischen Arena agiere.

Empirisch ist die These der Herausbildung einer transnationalen Managementklasse bis heute umstritten. Während qualitative Studien (Sklair 2001; Gottwald/Klemm 2009) auf einer kulturell-ideologischen Ebene die Entstehung eines ›globalen Selbstverständnisses‹ hervorheben, problematisieren quantitativ ausgerichtete Studien wie jene von Hartmann (2009, 2016) und Pohlmann (2009) die Annahme einer Internationalisierung des Managements. So hat zuletzt Hartmann (2016) argumentiert, dass die globale Wirtschaftselite eine »Legende« sei: Topmanager in globalen Großkonzernen würden nur selten international rekrutiert, sondern stammten zumeist aus demselben Land wie die Konzerne, für die sie arbeiteten. Auch sei die globale Mobilität von Wirtschaftseliten weit geringer als angenommen, da die meisten Manager den Großteil ihrer Karriere in ihrem Heimatland absolvierten. Verbindungen zum Stammhaus der Firma und zur nationalen Politik wären zu wichtige Machtressourcen, um sie durch eine kulturelle Loslösung vom Herkunftsland aufs Spiel zu setzen. Eine etwas andere Position nehmen netzwerkanalytische Studien ein. So gelingt Carroll (2010) der Nachweis transnationaler Netzwerkstrukturen unter Unternehmensvorständen. Die Bindungen zwischen den Vorständen globaler Großkonzerne ließen zwar nicht auf eine vereinheitlichte Kontrollstruktur weltweiter Unternehmen schließen, wohl aber auf einen beständigen Austausch unter der internationalen Managementelite und somit auf die Herausbildung einer »global business community«.

In der sozialwissenschaftlichen Diskussion zu internationalen Wirtschaftseliten wird vielfach angenommen, dass das Alleinstellungsmerkmal einer globalen Klasse zuallererst deren internationale Mobilität sei. Hierauf stellen sowohl die Forschungen zur »transnational capitalist class« ab, insofern sie die Wirtschaftselite als »the most mobile« und »the most deterritorialized« (Robinson/Harris 2000: 24) Sozialkategorie der Gegenwart beschreiben, als auch Kritiker dieser Auffassung wie Hartmann (2016), der im geringen Ausmaß internationaler Mobilität einen Gegenbeweis zur transnationalen Klassenbildung sieht. Dieser Kontroverse stehen wir skeptisch gegenüber, was sich auch aus den Einsichten einer ersten Vorstudie unserer Untersuchung ergibt.

Exkurs: Transnationale Mobilität von Bankvorständen in Deutschland und weltweit

In der Debatte um die Herausbildung einer globalen Wirtschaftselite ist die Frage nach der Transnationalität von Karriereverläufen von besonderer Bedeutung, vor allem in der Sichtweise der Kritiker der These von einer Internationalisierung des Managements. Daher haben wir uns zu Beginn unserer Forschung dazu entschlossen, eine erste ›Probebohrung‹ zu unternehmen und speziell die transnationale Mobilität von Führungskräften im Finanzsektor zu untersuchen.[1] Zu diesem Zweck haben wir die Lebenslaufdaten von Vorstandsmitgliedern von Großbanken in Deutschland und weltweit analysiert und insbesondere mit den Befunden von Pohlmann (2009) zu den Transnationalisierungsprozessen im Topmanagement internationaler Konzerne verglichen. Neben Daten zur Person (Name, Geburtsjahr, Unternehmen) bezogen wir als Kriterien von ›Internationalität‹ das Geburtsland, die Staatsbürgerschaft und die Studien- und Arbeitsorte in unsere Untersuchung ein. Überdies wurden die Anzahl der Beschäftigungsjahre im derzeitigen Unternehmen, die aktuellen Zweittätigkeiten und Mandate der Untersuchungspersonen an den jeweiligen Standorten ausgewertet. Die betreffenden Daten entnahmen wir den Lebensläufen, die auf den offiziellen Internetpräsenzen von Finanzinstituten zur Verfügung gestellt wurden, sowie vertieften Recherchen im Munzinger-Archiv. Insgesamt werteten wir, mit Stand 2015, die Lebensläufe von 46 Vorstandsmitgliedern der größten deutschen Banken mit Hauptsitz in Frankfurt aus – gemessen an der Bilanzsumme waren dies: Deutsche Bank, Commerzbank, KfW Bankengruppe, DZ Bank, Landesbank Hessen-Thüringen, Hypothekenbank Frankfurt, Deka Bank Deutsche Girozentrale, ING-DiBA (Kuck 2013: 34). Dabei wurden ausschließlich die als Vorstandsmitglieder gelisteten Personen in die Untersuchung einbezogen.

Für die Auswahl der zehn größten weltweit agierenden Banken haben wir uns nach den Daten des Wirtschaftsinformationsdienstes *SNL Financial* (Tor/Sarafaz 2013) gerichtet und die betreffenden Banken entsprechend ihrer Bilanzsumme 2013 gereiht. Um einen länderspezifischen Bias auszuschließen, floss in unsere

---

1 Ausführlicher haben wir diese explorative Vorstudie im Working Paper No. 1 unseres Forschungsprojekts dargestellt, das im Internet abrufbar ist: Globale Bankvorstände. Zum Stellenwert internationaler Berufserfahrung bei Bankvorständen in Deutschland und weltweit (https://www.wiso.uni-hamburg.de/fachbereich-sowi/professuren/neckel/publikationen/pdf-container/working-paper-1-globale-bankenvorstaende.pdf).

Auswahl auch die Verteilung nach Firmensitzen ein: China und die USA haben jeweils die meisten Banken unter den Top 100, danach folgen Japan, Deutschland, Großbritannien und Frankreich. Insgesamt haben wir die Lebenslaufdaten von 82 Vorstandsmitgliedern folgender Banken untersucht: Industrial and Commercial Bank of China, China Construction Bank, Bank of America, JP Morgan Chase & Co, HSBC Holdings, Mizubishi UFJ Financial Group, Deutsche Bank, Barclays Bank, Crédit Agricole Group und BNP Paribas. In den jeweiligen Instituten wählten wir jene Positionen aus, die den Aufgaben deutscher Vorstandsmitglieder entsprechen (etwa Chief Executive Officer oder Chief Financial Officer). Wie bei der Erhebung zu den deutschen Vorstandsmitgliedern wurden auch die Lebensläufe der internationalen Vorstände anhand von Daten aus den Internetpräsenzen der Firmen sowie vertiefender Online-Recherchen rekonstruiert.

Unter den 82 Vorstandsmitgliedern internationaler Banken lag der Anteil von Männern bei 89 Prozent und der von Frauen bei 11 Prozent, was sich nahezu exakt mit den Daten zu weiblichen Führungskräften im deutschen Finanz- und Versicherungsgewerbe deckt (vgl. WSI GenderDatenPortal 2015). Wenig valide Daten gab es zur Staatsbürgerschaft. Nur bei einem knappen Viertel der in Frankfurt tätigen Führungspersonen ließ sich die Staatsbürgerschaft recherchieren. Der weitgehende Verzicht auf die Angabe der Nationalität zeigt indes an, als wie vergleichsweise unbedeutend diese Information offenbar eingeschätzt wird, zumal etwa Auslandsaufenthalte während des Studiums und der Berufskarriere stets ausführlich dargestellt werden. Dies legt nahe, die Staatsbürgerschaft nicht als alles entscheidendes Kriterium bei der Frage nach einer globalen Wirtschaftselite zu begreifen, um stattdessen den Auslandserfahrungen selbst größeres Gewicht beizumessen.

Die Vorstandsmitglieder der Banken am Finanzplatz Frankfurt waren im Durchschnitt 53 Jahre alt und arbeiteten seit zwölf Jahren für ihr jeweiliges Unternehmen. 37 Prozent hatten im Ausland studiert. Zählt man die beruflichen Auslandstätigkeiten hinzu, hatten 65 Prozent der Frankfurter Führungspersonen mindestens eine Station ihres Lebens für längere Zeit im Ausland verbracht. Die Vorstandsmitglieder der weltweit größten Banken wiederum waren im Durchschnitt 59 Jahre alt und arbeiteten 18 Jahre für ihr aktuelles Finanzinstitut. 18 Prozent hatten in einem anderen Land als dem des Firmensitzes studiert, am häufigsten in den USA, wo über die Hälfte der Vorstandsmitglieder eine Universität besuchten.

Aufschlussreiche Befunde ergeben sich, wenn man die transnationale Mobilität in den Vorständen von Industrieunternehmen und Finanzinstituten miteinander vergleicht. So konstatiert Pohlmann in seiner Studie zum Management der 100 führenden Industrieunternehmen in den USA, Ostasien und Deutschland, dass die Transnationalität von Führungskräften nicht von dauerhafter Migration oder Auslandskarrieren gekennzeichnet sei, sondern von einer »Entsendedynamik mit eher kurzfristigen Auslandsaufenthalten« (Pohlmann 2009: 513). Überdies zeige sich ein Kohorteneffekt: im Vergleich der Geburtsjahrgänge zwischen 1930 und 1940 zu den zwischen 1950 und 1965 geborenen Top-Managern habe sich der Anteil von Auslandsstudien von 20 Prozent auf 25 Prozent erhöht. Auslandstätigkeiten im Berufsleben seien von 17 Prozent auf 42 Prozent angewachsen. Insgesamt steige das Ausmaß von Aktivitäten im Ausland von 31 Prozent auf 53 Prozent bei der jüngeren Kohorte an (ebd.: 522).

Im Vergleich hierzu wiesen die von uns recherchierten Frankfurter Bankmanager eine höhere internationale Erfahrung auf. Bei den Bankvorständen der Jahrgänge 1950 bis 1965[2] haben 37 Prozent im Ausland studiert (im Unterschied zu 25 Prozent der Industriemanager), 54 Prozent der Bankmanager übten eine längere berufliche Tätigkeit im Ausland aus (im Unterschied zu 42 Prozent der Industriemanager), bevor sie in den Vorstand einer Frankfurter Bank eingerückt sind. Mit zusammengenommen 65 Prozent Auslandsaktivitäten (im Unterschied zu 53 Prozent in der Industrie) ist das Führungspersonal der Frankfurter Banken also häufiger international aktiv als das Industriemanagement.

Für die Vorstände der weltweit größten Banken ergibt sich ein etwas anderes Bild. Mit 40 Prozent Auslandsaktivitäten insgesamt bleiben sie sowohl hinter den internationalen Erfahrungen der Vorstandsmitglieder am Frankfurter Finanzplatz als auch hinter denen der jüngeren Kohorte (1950–1965) im Industriemanagement zurück. Im Vergleich der Jahrgänge 1930–1940 ist dies umgekehrt – hier weisen die Vorstandsmitglieder der weltweit größten Banken prozentual mehr Auslandsaktivitäten auf.

Eine genauere Analyse dieser Daten zeigt jedoch, dass die geringere Mobilität im Sample der internationalen Bankvorstände einer Sonderstellung der Vereinigten Staaten im internationalen Finanzwesen geschuldet ist. Betrachtet man die Daten getrennt nach Vorstandsmitgliedern US-amerikanischer Banken (25)

---

2 Die Geburtsjahrgänge in unserem Sample fallen fast vollständig in den Zeitraum 1950–1965 und sind daher mit der von Pohlmann untersuchten Kohorte vergleichbar. Lediglich zwei von 46 Vorstandsmitgliedern stellen mit den Jahrgängen 1948 und 1975 ›Ausreißer‹ dar.

und nicht-amerikanischer Banken (57) fällt auf, dass kein Vorstandsmitglied einer amerikanischen Bank außerhalb der USA studiert hat. Lässt man das US-Management jedoch außer Betracht, findet sich unter den Führungsspitzen der internationalen Banken ein Anteil von 26 Prozent, die ihr Studium zeitweilig oder durchgehend im Ausland absolviert haben. Unter Ausschluss der amerikanischen Banken steigt auch der Anteil der Führungspersonen in internationalen Banken, die einen längeren Abschnitt ihrer Karriere im Ausland absolviert haben, von 40 Prozent auf 50 Prozent. Dieser Befund dokumentiert auch, dass die Anzahl der ›mobilen‹ Vorstandsmitglieder am Finanzplatz Frankfurt mit 65 Prozent höher als im internationalen Durchschnitt ausfällt.

Insgesamt hat unsere explorative Recherche zur transnationalen Mobilität von Bankvorständen in Deutschland und weltweit ersichtliche Unterschiede zur Industrie ergeben. Die Tendenz zur Internationalisierung des Finanzwesens, die aus unseren Daten spricht, zeichnet sich für den Frankfurter Finanzplatz deutlicher ab, was im weltweiten Vergleich vor allem dem US-Finanzmanagement geschuldet ist. Dieses ist aufgrund der globalen Dominanz der nordamerikanischen Finanzindustrie international weniger mobil. Der internationale Austausch von Führungskräften im Finanzwesen ist demnach in ›sekundären‹ Finanzplätzen wie etwa Frankfurt von größerer Bedeutung als in den globalen Zentren. So befinden sich mit New York, San Francisco, Chicago und Boston vier der zehn bedeutendsten globalen Finanzplätze in den USA (vgl. Yeandle 2017). Die unterschiedlichen Mobilitätsraten lassen sich als Indiz für die Bedeutung internationaler Vernetzung in der Finanzbranche werten.

Unsere Recherche zeigt auch die Grenzen der rein quantitativen Erfassung der Lebenslaufdaten von Führungskräften auf, wie sie in der Forschung zur internationalen Wirtschaftselite verbreitet ist. Diese Methode liefert Aussagen über kurz- und langfristige Auslandsaufenthalte. Konzentriert man sich jedoch allein darauf, folgt man einer Vorstellung, nach der die Internationalisierung des Topmanagements vor allem als Wanderungsbewegung von Hochqualifizierten zu verstehen ist, verbunden mit einer dauerhaften Niederlassung im Ausland. Die transnationale Berufspraxis selbst und die Globalisierung ihrer zentralen Methoden und Kategorien werden in solchen Untersuchungen nicht erfasst. Wir wollen in unserer Studie zeigen, dass für die Frage nach einer globalen Finanzklasse der dauerhafte berufliche Wechsel ins Ausland bei weitem nicht auskunftsfähig genug ist. Zahlreiche Phänomene einer Internationalisierung des Finanzwesens bedürfen keiner physischen Mobilität, und auch die globale Klassenbildung von

Financial Professionals ist nicht auf die reine Auslandserfahrung angewiesen. Vielmehr scheinen wir es im Finanzwesen heute vielfach mit einer *Globalisierung ohne Migration* zu tun zu haben, der wir unsere besondere soziologische Aufmerksamkeit widmen wollen.

In unserer Studie erheben wir das Ausmaß internationaler Mobilität nicht zu einem alles entscheidenden Kriterium. Vielmehr stützen wir uns auf die Einsicht in die sozialisatorische Kraft geteilter Wahrnehmungs-, Denk- und Handlungsschemata, die der professionellen und kulturellen Praxis auf Finanzmärkten zugrunde liegen. Die Grundlagen dieser Untersuchungsperspektive entnehmen wir der Sozialtheorie Pierre Bourdieus (1982, 1985). Als zentrale Kategorien kommen damit das ökonomische, kulturelle und soziale Kapital von Finanzakteuren in den Blick, und ebenso deren Habitus und die geteilten Weltsichten (Doxa), welche die geschäftlichen Praktiken prägen. Hierbei interessieren uns nicht nur die höchsten Etagen des Finanzmanagements, sondern auch die darunterliegenden Ebenen der globalen Finanzindustrie. Unser Anspruch ist es, das Phänomen einer globalen Finanzklasse aus der Funktionsweise der Finanzmärkte und ihrer sozialen Einbettung selbst zu erklären, wofür wir die begrifflichen Instrumente der feldtheoretischen Sozialanalysen Bourdieus mit den Einsichten der neueren Wirtschaftssoziologie verbinden.

Finanzialisierung

Die bisherigen empirischen Untersuchungen zur Globalisierung des Managements verfolgen insofern einen sehr breiten Ansatz, als sie zur Überprüfung der These einer globalen Business Class die Führungsspitzen von Unternehmen in Industrie, Handel und Finanzbranche gleichermaßen einbeziehen. Die Vermutung liegt allerdings nahe, dass die Finanzbranche eine Sonderrolle einnimmt, wie auch unsere Exploration zu den globalen Bankvorständen gezeigt hat. So war die Deregulierung der Finanzmärkte eine Vorbedingung für das Entstehen jener *global flows*, die im Zentrum der Globalisierungsdebatte stehen. Es ist die interne Dynamik der Finanzmärkte und der auf ihnen stattfindenden Praktiken – etwa die der Risikostreuung über verschiedene lokale Märkte oder die entlang der Öffnungszeiten der globalen Leitbörsen organisierte Kommunikationsstruktur –, die Finanzmärkte als Paradebeispiel für globale Märkte ausweisen. Das internationale Finanzwesen operiert hierbei auf den globalsten Märkten, die wir überhaupt kennen. Seine interne Dynamik sorgt dafür, dass Finanzmärkte immer weiter expandieren und heute weltweit verbreitet sind. Dies wird in der Forschungsliteratur vornehmlich als »Finanzialisierung« bezeichnet (vgl. Epstein 2005; Windolf 2008).

Finanzialisierung meint die zunehmende Ausrichtung der gesamten Ökonomie an der Wertsteigerung von Finanzkapital, wodurch den Finanzmärkten und ihren Institutionen und Akteuren eine wachsende Bedeutung im wirtschaftlichen wie gesellschaftlichen Leben zukommt (Epstein 2005: 3). Die primäre Quelle von ökonomischen Profiten ist nicht mehr die industrielle Produktion, sondern die Aktivität auf Finanzmärkten (vgl. Krippner 2005). Ein zentrales Indiz dafür ist etwa die Abnahme des Anteils von Löhnen und Gehältern am Bruttoinlandsprodukt, während gleichzeitig ein immer größerer Anteil auf Profite aus Kapitalanlagen entfällt. Dies führt zu einer Polarisierung ökonomischer Ungleichheit zwischen vermögenden Kapitaleignern auf der einen und Lohnabhängigen auf der anderen Seite. Autoren wie Aglietta (Aglietta/Breton 2001) oder Boyer (2000) deuten dies als fundamentalen Wandel in der Beziehung von Kapital und Arbeit, den sie als die Entstehung eines ›finanzdominierten Akkumulationsregimes‹ charakterisieren.

Finanzialisierung bestimmt aber auch zunehmend unternehmerische Strategien. Managemententscheidungen von Aktienunternehmen richten sich am finanziellen Interesse von Investoren aus, am Shareholder Value. Finanzialisierung auf der Ebene von Unternehmen betrifft zudem die Art und Weise, wie Kontrolle über Firmen ausgeübt wird. Die firmeninterne Aufsicht des Managements durch die Anteilseigner wird durch eine externe Form ergänzt, die von einem eigenen ›Markt für Unternehmenskontrolle‹ ausgeht. Steigende oder sinkende Aktienkurse gelten als Indikatoren für die Leistungen des Managements. Je höher die Differenz zwischen dem tatsächlichen und dem vermuteten Wert einer Aktie, desto größer ist das Risiko einer feindlichen Übernahme und dem darauffolgenden Austausch der Unternehmensleitung (Höpner/Jackson 2001). Daher wird der Börsenwert zum zentralen Ziel des Managements, während andere Ziele, wie Umsatz oder Beschäftigtenzahlen, dahinter zurücktreten. Dadurch lösen sich auch jene Netzwerke miteinander verflochtener Unternehmen auf, die einst den kooperativen Kapitalismus maßgeblich geprägt haben (vgl. Höpner 2003; Beyer 2002, 2009).

Schließlich spielt Finanzialisierung auch für das Alltagsleben der Gegenwart eine gewichtige Rolle, da Finanzkalkulationen und Praktiken des Risikomanagements aus der ökonomischen in die private Sphäre übergreifen. Der Abbau sozialstaatlicher Sicherungssysteme zugunsten privater Vorsorgeinstrumente, die große Bedeutung von Privatkrediten für das Konsumverhalten der Bevölkerung und die wachsende Beteiligung vor allem wohlhabender Schichten als Anleger auf den Finanzmärkten sind hierbei als die wichtigsten Entwicklungen zu bezeichnen. Im Ergebnis entsteht mit dem »finanzialisierten Selbst« (Martin 2002) eine Konzeption von Subjektivität, die die Fähigkeit des Einzelnen, finanzielle Risiken und Chancen zu erkennen, zu managen und zu nutzen, als eine wichtige Persönlichkeitseigenschaft betrachtet.

Aus welchem Blickwinkel heraus man Finanzialisierung auch analysiert, sie erscheint zumeist als eine eigenständige Dynamik, auf die wirtschaftliche Akteure vermeintlich wenig Einfluss haben. Stattdessen werden die Finanzmärkte in der Geschäftssprache gerne personifiziert, als ein mit eigenem Willen ausgestatteter ökonomischer Akteur. Unsere Untersuchung hingegen stellt die handelnden Finanzakteure selbst in den Mittelpunkt, jene also, durch deren Zusammenwirken Finanzmärkte erst konstituiert und eingebettet werden.

2.2 Globale Finanzmärkte

Unsere Forschung zur globalen Finanzklasse setzt an den geteilten Praktiken der auf den Finanzmärkten tätigen Financial Professionals an. Ihre beruflichen Fähigkeiten und ihr fachliches Wissen, ihre kulturellen Präferenzen und sozialen Routinen bilden das materiale Substrat jener Gemeinsamkeiten, die eine globale Finanzklasse zu begründen vermögen.

Über das Berufsleben der Financial Professionals – Trader, Analysten, Fonds- und Portfoliomanager – liegen bereits mehrere ethnographische Studien vor (zum Beispiel Abolafia 2001; Zaloom 2006; Ho 2009a). So zeigt etwa Knorr-Cetina (Knorr-Cetina/Brügger 2002; Knorr-Cetina 2005), dass auf den Finanzmärkten globale Mikrostrukturen von Arbeitspraktiken existieren, durch die weltweit koordinierte Kommunikationsmuster auf den Finanzmärkten geschaffen werden. Allerdings beschränken sich diese Forschungen auf die virtuellen Zusammenhänge der Finanzindustrie, materiale Praktiken außerhalb der Arbeitstätigkeit auf dem Tradingfloor spielen keine Rolle.

Windolf (2008) und Folkman et al. (2007) wiederum untersuchen Financial Professionals hauptsächlich als funktionale Akteure bei der Herausbildung des Finanzmarktkapitalismus. So habe die zunehmende Bedeutung von Kapitalmärkten für die Unternehmensfinanzierung zu einer Veränderung im Verhältnis von Management und Eigentümern und damit zu einem neuen ›principal-agent‹-Problem geführt. Investmentbanker treten einem Firmenmanagement gegenüber einerseits als Vertreter der Anleger auf und können dadurch ein großes Maß an Unternehmenskontrolle ausüben. Doch da sie hierbei nicht mit ihrem eigenen Kapital operieren, sondern mit dem ihrer Klienten, sind sie zwar an potentiellen Gewinnen, nicht jedoch an den Verlusten beteiligt. Ihre einzigartige Position als intermediäre Akteure zwischen Eigentümern und Management erlaubt es ihnen, unternehmerische Entscheidungen zu beeinflussen, ohne jedoch für die wirtschaftlichen Konsequenzen ihres Handelns einstehen zu müssen. Windolf (2008) bezeichnet daher die Berufsgruppen des Investmentbankings als »Eigentümer ohne Risiko«.

Folkman et al. (2007) haben andere Eigentümlichkeiten der Investmentbanker im Blick. Als Finanzdienstleister erzielen sie ihr Einkommen vornehmlich über Gebühren für die von ihnen angebahnten Geschäfte. Daraus resultiert das Interesse, möglichst viele Transaktionen am Finanzmarkt zu generieren, unabhängig davon, wie die langfristigen Konsequenzen für die betroffenen Firmen und deren Belegschaften aussehen. Auf diese Weise entsteht eine Ökonomie der permanenten Restrukturierung, »where everything is for sale and where assets and risks can be bundled, unbundled and traded through coupons, against a background of sharply increasing inequalities in income, wealth and security« (ebd.: 569).

Beide Studien belegen, dass die Financial Professionals eine höchst einflussreiche Position im heutigen Wirtschaftsgefüge einnehmen. Uneinigkeit besteht jedoch darüber, ob aufgrund der machtvollen »Marktlage« (Max Weber) der Investmentbanker von diesen als einer neuen sozialen Klasse gesprochen werden kann. Während Windolf die »Eigentümer ohne Risiko« tatsächlich als »Dienstklasse des Finanzmarktkapitalismus« bezeichnet, halten Folkman et al. die Wirtschaftselite der Finanzmärkte insgesamt für zu heterogen, als dass sich aus ihr eine eigene Klasse herausbilden könne.

Unsere Fragestellung lautet, ob mit der herausragenden ökonomischen Position von Finanzakteuren, wie sie Windolf und Folkman et al. herausgearbeitet haben, nicht auch soziale und kulturelle Dimensionen von Ungleichheit korrespondieren, welche die Financial Professionals ebenso als eigene Klasse formieren wie sie diese von anderen Klassen unterscheiden. Unserer Sichtweise nach ergeben sich die sozialen und kulturellen Dimensionen der Bildung einer globalen Finanzklasse aus dem miteinander verbundenen Handeln auf den Finanzmärkten selbst. Märkte betrachten wir dabei nicht als eine ökonomische Arena, in der rationale Akteure eigennützig aufeinandertreffen, sondern als ein ökonomisches Feld, das in soziale Strukturen eingebettet ist.

Zukin und DiMaggio (1990) beschreiben vier Dimensionen dieser sozialen Einbettung von Märkten und sprechen von einer strukturellen, kulturellen, kognitiven und politischen »embeddedness«. So gehen Akteure auf Märkten um deren Funktionalität willen relativ stabile Beziehungen miteinander ein, wodurch sich Märkte zugleich als eine soziale Netzwerkstruktur darstellen. Wie Granovetter (1985) argumentiert, erzeugt diese soziale Struktur das für den ökonomischen Austausch notwendige Vertrauen, das Marktteilnehmer sich untereinander zuschreiben müssen. Zur Aufrechterhaltung ihrer sozialen Strukturen sind Märkte weiterhin auf ein geteiltes Wissen und gemeinsame Verhaltensweisen von Marktteilnehmern angewiesen, mithin auf eine kulturelle Einbettung. Kognitiv bedürfen Märkte gemeinsamer Rationalitätsstandards, die in den Denkweisen der Marktakteure verankert sind.

Aufgrund der abstrakten Natur von Finanzprodukten ist es zudem notwendig, dass deren Konstruktions- und Bewertungsweise von den Finanzakteuren hinlänglich verstanden wird. So zeigen etwa Hiß/Rona-Tas (2011) am Beispiel der Preise von Kreditprodukten, dass die Wertfindung auf Finanzmärkten von der Übersetzung schwer quantifizierbarer Werte in konkrete Preise abhängig ist. Diese Übersetzung geschieht durch »kalkulative Praktiken« (Power 2004), die oftmals nur implizite Regeln für die Verwandlung von Bewertungen in Zahlen zur Verfügung stellen. Selbst scheinbar objektive Bewertungsvorgänge wie Buchhaltung (Montagna 1990; Vormbusch 2004) oder die Preisfindung auf Aktienmärkten (Zaloom 2007) lassen sich auf solche Praktiken zurückführen und sind somit Ausdruck einer kollektiven kognitiven Struktur.

Die Finanzmärkte insgesamt sind schließlich politischen Machtkämpfen ausgesetzt, mit denen ökonomische wie staatliche Akteure versuchen, in Marktstrukturen einzugreifen und sie in ihrem jeweiligen Interesse zu verändern (Zukin/DiMaggio 1990: 20).

Im Unterschied zu ökonomischen Theorien lenkt die Analyse der sozialen Einbettung von Märkten den Blick auf jene spezifischen Charakteristika des Marktgeschehens, die auf den etablierten Kollektiveigenschaften von Marktakteuren beruhen. Die Notwendigkeit dieser Kollektiveigenschaften – stabile Netzwerkbeziehungen, eine gemeinsame Kultur, geteilte kognitive Strukturen und die Beteiligung an politischen Durchsetzungskämpfen – weist Märkte als Instanzen von Vergesellschaftungsprozessen aus. Ungleichheitstheoretisch schließt daran die Frage an, ob diese Kollektiveigenschaften nicht auch die Basis für die Formierung einer globalen (Finanz-)Klasse bilden. Hierfür ist ein analytischer Rahmen notwendig, der imstande ist, ökonomische Prozesse und soziale Strukturen miteinander in Beziehung zu setzen. Dies leistet die Feldtheorie Pierre Bourdieus, die sowohl für die Untersuchung von Märkten (vgl. Bourdieu 2005; Fliegstein/McAdam 2012; Florian/Hillebrandt 2006) als auch für soziale Klassenbildungen auf nationaler wie transnationaler Ebene (vgl. Savage et al. 2013; Weiss 2005; Nowicka 2013) eine bewährte Vorgehensweise bietet.

2.3 Theoretisches Modell: Die Verbindung von Markt und Klasse

Um ihrer Funktionsfähigkeit willen sind Märkte strukturell, kulturell, kognitiv und politisch notwendigerweise eingebettet in soziale Netzwerke, in kommunikative und kalkulative Praktiken sowie in politische Kämpfe und Institutionen. Diese Formen der Einbettung stellen eine Grundbedingung für Marktprozesse dar, da hierdurch gemeinsame Kultur- und Wissenshorizonte sowie institutionelle Rahmenbedingungen hergestellt werden, die stabile Interaktionen unter Marktakteuren erst ermöglichen.

Klassenpositionen wiederum sind Bourdieu zufolge maßgeblich durch die Ausstattung von Akteuren mit ökonomischem, kulturellem und sozialem Kapital bestimmt. Diese Kapitalsorten weisen zum einen Positionen im sozialen Raum zu und werden überdies als ›Einsätze‹ bei der Aufrechterhaltung oder Verbesserung des eigenen Rangs und bei der Konkurrenz um wertvolle Güter genutzt, wofür Bourdieu (1985) die Metapher des ›Spiels‹ verwendet.

Während der soziale Raum als ein Koordinatensystem verstanden werden kann, das durch die Art der Verteilung der Kapitalsorten entlang der Achsen von sozialem, kulturellem und ökonomischem Kapital aufgespannt wird, bezeichnet der Begriff des Feldes spezifische Handlungszusammenhänge, wie etwa den Finanzmarkt, in denen die jeweiligen Kapitalausstattungen im Kampf um soziale Positionen und Vorteile eingesetzt werden. Die Arten und Weisen des Einsatzes der Kapitalsorten sind abhängig von den Regeln, die auf dem jeweiligen sozialen Feld gelten, und den dort etablierten Praktiken. Stabilisiert sich in einem Feld eine spezifische Praxis, werden die Regeln des Feldes und der Glaube an sie (die »illusio«) in einen feldspezifischen Habitus überführt, der die Grundlage einer gemeinsamen Klassenformierung bildet. Im Sinn der Bourdieu'schen Sozialtheorie sind Klassen also nicht nur durch eine bestimmte Ausstattung an Kapital definiert, sondern auch durch eine gemeinsame Praxis, aus der eine geteilte Weltsicht (Doxa) und die »illusio« des Feldes hervorgehen.

Verbindet man nun die Feldtheorie Bourdieus mit der Erforschung der sozialen Einbettung von Märkten, ergibt sich eine Korrespondenz zwischen den Attributen sozialer Klassen und den verschiedenen Formen, in denen Märkte eingebettet sind. So entspricht der strukturellen Einbettung von Märkten in soziale Netzwerke das soziale Kapital von Marktakteuren. Die kulturelle Einbettung von Märkten findet ihren Gegenpart im kulturellen Kapital von Akteuren; die kognitive Einbettung vermittelt sich mit deren Habitus und Praxis, während die politische Einbettung ihre Grundlagen in den jeweiligen Weltsichten (Doxa) und der »illusio« der Marktregeln findet:

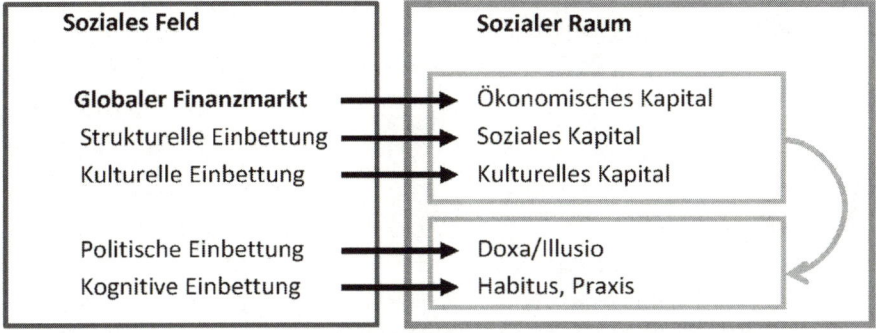

Abb. 1: Korrespondenz zwischen der Einbettung von Märkten und Klassenattributen.

Auf diese Weise erzeugt die soziale Einbettung von Märkten unter den Protagonisten des Feldes das, was Erik Olin Wright (2000, 2015) als »communalities« unter bestimmten Akteuren als Basis ihrer Klassenformation bezeichnet hat. Diese »communalities« werden nicht als bloßer kultureller Überbau des Ökonomischen verstanden, sondern als integraler Bestandteil des ökonomischen Handelns selbst. Im Falle eines transnationalen Feldes wie der Finanzmärkte ist damit die Frage nach einer globalen Klassenbildung stets mit den Formen globaler Vergesellschaftung verknüpft. In unserer analytischen Sichtweise, in der sich das Studium der Einbettung von Finanzmärkten mit einer feldtheoretischen Perspektive auf die Finanzakteure verbindet, stehen wir einer Auffassung kritisch gegenüber, die Globalisierung weithin als einen einzigen Prozess der Entbettung versteht (vgl. Altvater/Mahnkopf 2002; Beck 2000). Wir interessieren uns gerade für die Interdependenzen von ökonomischen und sozialen Prozessen und begreifen die Finanzökonomie somit nicht als eine Sphäre, die außerhalb des Sozialen besteht.

2.4 Global Cities

In den Wirtschaftswissenschaften gelten Finanzmärkte vor allem als primäre Mechanismen transnationaler ökonomischer Integration. Die Soziologie hingegen befasst sich auch mit deren sozialen und kulturellen Auswirkungen. Für Sassen (1988) etwa sind globale Finanzmärkte nicht nur Flüsse ökonomischen Kapitals, sondern auch Wege eines kulturellen Austausches, die transnationale soziale Beziehungen begründen. Castells (2000) wiederum versteht Finanzmärkte als die ökonomische und kulturelle Infrastruktur einer modernen »Netzwerkgesellschaft«. Finanzmärkte bilden danach einen »space of flows«, einen Raum virtuellen Austausches, der sich über den »space of places«, den Raum realer Erfahrungen, legt und diesen seinen Bedingungen unterwirft. Hier wiederholt sich das Bild von den Finanzmärkten als einer entbetteten Ökonomie, deren Ströme weitgehend virtuell und ortlos sind.

Demgegenüber wird den ›Orten‹ der Finanzindustrie in der Forschung zum Finanzmarktkapitalismus eine herausragende Rolle zugewiesen. »Global Cities« bilden Zentren der Kontrolle über die Weltwirtschaft, in denen auch die »flows« der Finanzmärkte zu bestimmten topographischen Plätzen hinführen

(Sassen 1991, 2005a). In den Global Cities materialisieren sich daher die sozialen Kräfte der Globalisierung im physischen Raum, als Sitze einer globalen Wirtschaftselite, deren Rangfolge die jeweilige ökonomische Bedeutung signalisiert.

Interaktionen auf Märkten sind indes nicht nur an spezifische Räume gebunden, sondern auch an ihre gebaute Umwelt und an materielle Infrastrukturen. Dies gilt auch für die ›virtuellen‹ Finanzmärkte. Auch wenn diese weitgehend elektronisch operieren, so sind sie doch auf physische Interaktionen angewiesen. »Even finance, the most digitized, dematerialized, and globalized of all sectors has a topography that weaves back and forth between actual and digital space« (Sassen 2005a: 32).

Finanzmärkte können nicht unabhängig von physischen Räumen operieren. Gerade ihre zunehmende Komplexität und die stark wissensbasierten Geschäftsmodelle erfordern eine räumliche Konzentration in speziellen Finanzzentren. Als Finanzzentren finden sich in den betreffenden Städten nicht nur Finanzinstitutionen und Geschäftsgelegenheiten, sondern auch eine besondere Dichte an qualifizierten Arbeitskräften, Aus- und Weiterbildungseinrichtungen und globaler Verkehrsinfrastruktur. Informeller Informationsaustausch, physische Kopräsenz und die Übertragung von Informationen in der Face-to-Face-Kommunikation prägen die Geschäftskultur (vgl. Grote 2009) und tragen zur Bildung eines spezifischen Finanzmilieus bei. Technologische Konnektivität ist zwar eine Voraussetzung für globale Finanzmärkte, die aber nur mit einer entsprechenden »sozialen Konnektivität« (Sassen 2005a: 27f.) bewirtschaftet werden können.

Physische Räume und deren Nutzung stellen überdies wichtige Dimensionen in der Materialität ökonomischer Praktiken dar. Praktiken verdichten sich lokal auch dann, wenn virtuelle Kommunikationen Ortsbindungen überschreiten. Daher kann die soziale Einbettung der Finanzmärkte nicht auf die Lokalität globaler Finanzzentren verzichten. Zudem ist die Bildung sozialer Klassen stets mit bestimmten Orten und sozialen Räumen verbunden und findet auch auf globalen Märkten wie dem Finanzmarkt nicht im räumlichen Nirgendwo statt. So wie die Formierung der Arbeiterklasse im 19. Jahrhundert an städtische Industriestandorte gebunden war, vollzieht sich die Herausbildung einer globalen Finanzklasse an hierfür prädestinierten Orten, für welche die Finanzplätze Frankfurt und Sydney typische Beispiele sind.

Frankfurt und Sydney sind bedeutende Knotenpunkte des Global Cities-Netzwerks. Als transnationale Finanzzentren erreichen sie im Global Financial Centres Index (GFCI), der Finanzplätze nach ihrer ökonomischen Bedeutung einstuft, ähnliche Platzierungen (vgl. Yeandle 2017). Frankfurt und Sydney stellen in unserer Untersuchung jedoch nicht nur exemplarische globale Finanzplätze dar, sondern stehen auch stellvertretend für unterschiedliche Typen kapitalistischer Ökonomie im Ganzen. Die deutsche Volkswirtschaft mit dem Finanzzentrum Frankfurt gilt in der vergleichenden Kapitalismusforschung (Hall/Soskice 2001) als Paradebeispiel für eine koordinierte Marktwirtschaft, während die australische Volkswirtschaft dem Typus der liberalen Marktökonomien angelsächsischer Prägung zugeordnet wird. Im Vergleich zwischen Frankfurt und Sydney können somit auch die Auswirkungen der Finanzökonomie auf unterschiedliche Formen des Kapitalismus verdeutlicht werden. Hauptsächlich untersucht unsere Studie die globale Klassenbildung auf den Finanzmärkten jedoch deswegen im empirischen Bezugsrahmen zweier Finanzmetropolen, um auf diesem Weg der lokalen Forschung zur Finanzindustrie einer globalen gesellschaftlichen Entwicklung soziologisch habhaft zu werden.

3 Fragestellungen, Untersuchungsziele, Methoden

Wie im vorhergehenden Kapitel erläutert, untersuchen wir in international vergleichender Weise, ob sich auf den weltweiten Finanzmärkten eine neue globale Klasse bildet, die sich aus Berufsgruppen wie Investmentbankern, Finanzanalysten und Tradern zusammensetzt. Der Ursprung eines solchen Klassenbildungsprozesses wird in den Gemeinsamkeiten *(communalities)* von Finanzakteuren vermutet, welche notwendigerweise durch die soziale Einbettung globaler Finanzmärkte entstehen. Wir stellen damit eine Verbindung zwischen den Prozessen der ökonomischen Globalisierung und der globalen Klassenbildung her und wollen überprüfen, ob und in welcher Weise globale Finanzmärkte spezifische Formen globaler Sozialität initiieren.

Damit unterscheidet sich die Problemstellung dieser Untersuchung von bisherigen Forschungen zu globalen Klassen dadurch, dass nicht schon von der Organisationsform transnationaler Konzerne auf die Existenz einer »transnationalen kapitalistischen Klasse« (Robinson/Harris 2000; Sklair 2001; Carroll 2010; Kanter 1995; Mense-Petermann 2009) geschlossen wird. Zugleich stehen wir der Auffassung skeptisch gegenüber, dass die Frage nach einer globalen Klasse allein aufgrund des Kriteriums der transnationalen Mobilität von Wirtschaftseliten zu bewerten sei (vgl. Kap. 2).

Stattdessen wird in unserer Studie die Formierung einer globalen Finanzklasse als soziale Struktur eines globalen Marktes selbst betrachtet. Eine solche globale Finanzklasse vermag sich herauszubilden, ohne dass ihre Angehörigen notwendigerweise in denselben Organisationen oder denselben Orten tätig wären oder im Rahmen ihrer Berufsausübung zu internationalen Migranten würden. Auch besteht eine solche Klasse weder ausschließlich aus den CEOs oder den leitenden Managern globaler Großkonzerne noch etwa aus Führungskräften, die von ihren Firmen als ›Expatriates‹ in internationale Niederlassungen entsandt werden. Im Zentrum unserer Beobachtungen stehen vielmehr jene

Akteure, die durch ihre spezifischen Positionen und aufgrund ihrer professionellen Teilnahme an globalen Finanzmärkten untereinander verbunden sind. Unter den Begriff einer »globalen Finanzklasse« fallen also diejenigen Financial Professionals, die typischerweise im Investmentbanking, als Trader oder Produktentwickler arbeiten, die im M&A-Bereich Unternehmensfusionen und Übernahmen begleiten oder als Sales-Leute für Finanzprodukte an den Sekundärmärkten der Finanzökonomie beschäftigt sind.

3.1 Untersuchungsziele und Forschungsdesign

In unserer Untersuchung beziehen wir uns auf das Konzept des ›Feldes‹ im Sinne Bourdieus. Felder können als Sets von Relationen zwischen verschiedenen Akteuren beschrieben werden, deren Positionen durch ihre jeweilige Kapitalausstattung bestimmt sind. Als »soziale Mikrokosmen« (Bourdieu/Wacquant 2006: 127) entstehen Felder nicht rein aus funktionaler Notwendigkeit, sondern durch historische Prozesse der gesellschaftlichen Differenzierung, die in sozialen Auseinandersetzungen um die (relative) Autonomie von Handlungsfeldern ihren Ursprung haben (ebd.: 127ff.). Die Strukturen eines Feldes stehen dabei in Wechselwirkung mit den verschiedenen Akteuren, die es erzeugen. So wenden Akteure Strategien an, die im Feld ›effektiv‹ sind, um ihre Position gegenüber anderen zu verbessern. Diese Strategien produzieren die ›Regeln‹ des Feldes als stabile Interaktionsmuster zwischen den Akteuren:

»Das Feld muß im Mittelpunkt der Forschungsoperationen stehen. Was jedoch keineswegs bedeutet, daß die Individuen bloße ›Illusionen‹ wären, daß sie nicht existierten. Die Wissenschaft konstruiert sie, aber eben als ›agents‹, als Akteure, und nicht als biologische Individuen, Handelnde oder Subjekte im Sinne der Existenz- oder Bewusstseinsphilosophie: Diese ›agents‹ konstituieren sich dadurch als aktive und im Feld handelnde Akteure, daß sie die Eigenschaften besitzen, die erforderlich sind, um im Feld Wirkungen zu entfalten, Effekte zu produzieren. Und von eben dieser Kenntnis des Feldes aus, in das sie gehören, läßt sich auch am besten erfassen, was ihre Einmaligkeit ausmacht, ihre Originalität, ihren Standpunkt als die Position (in einem Feld), von der aus sie zu ihrer besonderen Sicht der Welt und des Feldes selber kommen.« (Bourdieu/Wacquant 2006: 138f.)

Felder sind daher nicht als statische Ensembles zu verstehen; vielmehr sind sie durch dynamische Prozesse der beständigen Rekonstruktion ihrer Regeln und der relativen Positionsveränderungen ihrer Akteure charakterisiert. So stellt die gegenwärtige Konfiguration des Feldes globaler Finanzmärkte auch keinen historischen Endpunkt dar, sondern lediglich einen Moment in einer fortschreitenden Entwicklung.

Zur Beantwortung unserer Forschungsfrage, ob sich auf dem Feld der globalen Finanzmärkte eine globale Klasse bildet, muss daher neben den Praktiken und Strategien der Akteure selbst auch die historisch gewachsene Struktur des Feldes und dessen gesellschaftliche Einbettung einbezogen werden. Dies verlangt nach einer Betrachtung globaler Finanzmärkte in ihrem weiteren Kontext, dem unser theoretisches Modell durch die Analyse der strukturellen, kulturellen, politischen und kognitiven Dimensionen ihrer sozialen Einbettung Rechnung trägt. Empirisch erfassen wir diese Zusammenhänge auf drei unterschiedlichen Ebenen:

Auf der Makro-Ebene zeichnen wir in einem ersten Schritt die politische und institutionelle Einbettung von globalen Finanzmärkten in den exemplarischen Global Cities Frankfurt und Sydney nach. In einem zweiten Schritt untersuchen wir sodann auf der Mikro-Ebene die Karriereverläufe und Arbeitspraktiken des Feldes und verwenden hierfür Interviews mit Financial Professionals aus beiden Städten. Dadurch wollen wir analog zu unserem theoretischen Modell die gemeinsamen Formen sozialen, kulturellen und ökonomischen Kapitals rekonstruieren sowie die Herausbildung geteilter Weltsichten, eines gemeinsamen Habitus und einer einheitlichen beruflichen Praxis. Drittens zeigen wir in einer vergleichenden Ethnographie der Finanzzentren beider Städte auf der Meso-Ebene, wie sich die kulturellen Praktiken von Finanzakteuren im urbanen Raum verdichten. Ziel dieser dreigliedrigen Herangehensweise ist eine umfassendere Erforschung des globalen Klassenbildungsprozesses auf Finanzmärkten als dies etwa reine Organisationsanalysen bewerkstelligen könnten. Wir wollen also wirtschafts-, kultur- und ungleichheitssoziologische Perspektiven miteinander verbinden und im Ergebnis einen Beitrag zum Studium ökonomischer Globalisierung als einem sozialen Prozess leisten.

Unser Forschungsinteresse an Finanzmärkten und Finanzklassen als soziale Prozesse erforderte methodisch ein entsprechendes qualitatives Vorgehen, bei dem verschiedene Datenquellen in die Untersuchung einzubeziehen waren (vgl. Atkinson et al. 2001; Atkinson 2005). Unsere Erhebungen im Feld orien-

tierten sich dabei an den Konzepten der »institutional ethnography« (DeVault/
McCoy 2012; Smith 1999) bzw. der »ethnography of infrastructure« (Star 1999).
Diese methodischen Ansätze lassen sich von der Frage leiten, wie gesellschaftliche Institutionen und Infrastrukturen (in unserem Fall die globalen Finanzmärkte) das soziale Leben ihrer Akteure regeln und deren Handeln koordinie-
ren. Dabei werden die Akteure weniger als eine zu beobachtende Population
verstanden, sondern vielmehr als Experten für jene sozialen Prozesse begriffen, die ihre eigenen Praktiken bestimmen (DeVault/McCoy 2012: 383). Ziel
einer solchen Herangehensweise ist eine Beschreibung der Wissensbestände
und sozialen Koordinationsformen, welche die Praktiken der Akteure im Feld
ordnen und orientieren (vgl. ebd.: 385). Die Forschungslogik unserer Untersuchung verläuft dementsprechend nicht hypothesenüberprüfend in dem Sinne,
dass etwa die Existenz einer globalen Finanzklasse anhand bestimmter Vertei-
lungsparameter gemessen würde; vielmehr soll der Prozess ihrer Formierung
anhand der Rekonstruktion von konkreten Interaktionen von Finanzakteuren
auf der Makro-, Mikro- und Meso-Ebene analysiert werden.

Makro-Ebene: Global Cities als Lokalitäten des globalen Klassenbildungsprozesses

Die globale Finanzindustrie ist an spezifische Lokalitäten, Materialitäten und
Infrastrukturen gebunden (vgl. Sassen 1991; 2005a). Auch wenn die Finanzmärkte heute weitgehend elektronisch operieren, so sind sie auf Interaktionen
unter physischen Akteuren angewiesen und benötigen eine materielle technische Infrastruktur. Die expansive räumliche Ausdehnung der Finanzindustrie
vermittels modernster Informations- und Kommunikationstechnologien wird
daher von einer Gegenbewegung begleitet, die Steuerungsfunktionen in den
Global Cities räumlich konzentriert – zentralen Knotenpunkten in einem Netzwerk aus weltumspannenden Märkten und Firmen.

    Die Prozesse der Globalisierung und einer globalen Klassenbildung spielen
sich weder in einem räumlichen noch in einem historischen Vakuum ab. Unsere Analyse beginnt daher mit der jeweiligen lokalen Einbettung der globalen
Finanzmärkte in die politischen und ökonomischen Gegebenheiten der Finanzzentren Frankfurt und Sydney. In Kapitel 4 werden die makroökonomischen
Rahmenbedingungen und die unterschiedlichen institutionellen und politi-

schen Strukturen beider Zentren einander gegenübergestellt und miteinander verglichen. Sekundäranalytisch beziehen wir dabei einschlägige ökonomische und sozialstatistische Datenquellen ein. In unserer Analyse zeigt sich, dass lokale Spezifika der Finanzmärkte beider Zentren in den unterschiedlichen Entwicklungspfaden der deutschen wie der australischen Volkswirtschaft begründet sind und durch den Prozess der Globalisierung keineswegs verschwinden. Vielmehr werden diese Spezifika in eine Form globaler Arbeitsteilung integriert, welche die lokalen Strukturen von Global Cities miteinander in Beziehung setzt.

Mikro-Ebene: Karriereverläufe und Arbeitspraktiken im globalen Finanzwesen

Die soziale Mikrostruktur der Herausbildung einer globalen Finanzklasse zeichnen wir in Kapitel 5 anhand von Berichten über Karriereverläufe und den Arbeitsalltag von Financial Professionals nach. Dabei rekonstruieren wir zunächst die Laufbahnen im Finanzfeld anhand von Karrierephasen, wie sie sich uns aus den Interviews mit Finanzakteuren erschlossen haben. Im Vergleich zwischen Frankfurt und Sydney lassen sich dabei historische Unterschiede, aber auch zunehmende Konvergenzen zwischen dem deutschen und dem australischen Berufsfeld feststellen, die sich in ähnlichen Rekrutierungsmustern, Karrierestrukturen und Arbeitspraktiken äußern. Zudem zeigt sich in bestimmten Spannungszonen wie etwa intergenerationalen Konflikten, dem kulturellen Wandel sowie den typischen Geschlechterverhältnissen, die sowohl in Frankfurt als auch in Sydney aufzufinden sind, die zunehmende globale Struktur des Feldes. Nachgezeichnet wird, wie die berufliche Tätigkeit auf globalen Finanzmärkten mehr und mehr auf spezifischen Formen ökonomischen, kulturellen und sozialen Kapitals beruht, gemeinsame soziale Praktiken und geteilte Weltsichten hervorbringt und schließlich in einen gemeinsamen Habitus mündet.

Meso-Ebene: Kulturelle Muster der globalen Finanzklasse

Die Verbindung von Makro- und Mikrostruktur stellt die stadträumliche Ethnographie der Finanzzentren von Frankfurt und Sydney in Kapitel 6 her, womit die Meso-Ebene der Herausbildung einer globalen Finanzklasse abgebildet werden soll. Als Sozialraum und Ort der Lebens- und Arbeitspraxis von Financial Professionals sind die Finanzzentren Frankfurt und Sydney durch deren kulturelle Präferenzen geprägt. Die Praxis von Financial Professionals beschränkt sich nicht nur auf ihre Unternehmen und ihre Büros, sondern äußert sich ebenfalls an Orten wie Pubs, Cafés und öffentlichen Plätzen, in der Wahl von spezifischen Wohngegenden und der Nutzung von Geschäftsvierteln. Nicht zuletzt ist die materiale Gestalt dieser Orte das Ergebnis der ökonomischen Interessen und der kulturellen Präferenzen der Finanzklasse. Innerhalb des urbanen Raums zeigen sich dabei typische kulturelle Muster, die den jeweiligen lokalen Gegebenheiten und zugleich den geteilten Praktiken und Weltsichten der Finanzakteure folgen. Eine globale Dimension erhalten die jeweils lokalen Phänomene dadurch, dass sich die kulturellen Muster der Finanzklasse in ähnlicher Weise für Frankfurt wie für Sydney beschreiben lassen.

3.2 Sampling, Datenerhebung und Auswertungsmethoden

Die Auswahl der Global Cities Frankfurt und Sydney

Unter den globalen Zentren der Finanzmärkte stechen zunächst Städte wie New York, London, Tokyo und Hongkong als die weltweit größten und bekanntesten Finanzmetropolen hervor. Aufgrund ihrer Größe und Relevanz, die sie nicht nur in finanzökonomischer Hinsicht einnehmen, tragen diese Städte von vornherein das Attribut des Globalen und zeichnen sich durch eine jeweils exzeptionelle ikonische Urbanität aus (vgl. Roy/Ong 2011). Methodologisch betrachtet, erschienen uns diese Städte für die Zwecke unserer Untersuchung daher weniger geeignet, da Globalität für sie Teil ihrer lokalen Identität ist, und sich somit jene kulturellen Differenzen, die eine globale Klasse von anderen sozialen Gruppen unterscheiden, nur schwer herausarbeiten lassen. So kommt Karen Ho (2009b) in ihrer Ethnographie der New Yorker Wall Street etwa zu dem Schluss, dass man sich dort weniger als Teil eines globalen Systems sieht, sondern sich als eine ›world of its own‹ wahrnimmt – gerade aufgrund der Bedeutung, die dem New Yorker Finanzplatz in globaler Hinsicht zukommt. In ähnlicher Weise zeigt Lars Meier (2016) mit seiner Untersuchung von deutschen Finanzmanagern in London und Singapur, dass das Merkmal der ›Globalität‹

von Financial Professionals im ›peripheren‹ Finanzplatz Singapur deutlich stärker betont wird als in der Londoner City.

Im Fokus unserer Untersuchung stehen daher Städte, die in der globalen Hierarchie von Finanzzentren unterhalb der Top-Plätze, also in einer ›zweiten Reihe‹ angesiedelt sind, für die Finanzindustrie aber dennoch eine zentrale Rolle spielen, wie dies für Städte wie Chicago, Frankfurt, Zürich, Shanghai, Singapur, Sydney oder São Paulo gilt. Solche Städte verbinden als Knotenpunkte die globalen mit den kontinentalen und lokalen Finanzmärkten und können daher in ihrem jeweils nationalen Kontext als die ›Lokalitäten der Globalisierung‹ (»localities of globalization«, vgl. Castells 2000) gelten. Aufgrund dessen lassen sich hier zudem starke Kontraste zwischen der Formation einer globalen Finanzklasse und anderen sozialen Gruppen erwarten, was diese Städte im Sinne des »critical case sampling« (vgl. Patton 1990; Morse 1998) zu besonders geeigneten Fällen für unsere Untersuchung macht.

Frankfurt lässt sich als der primäre kontinentaleuropäische Finanzplatz bestimmen, wozu Sydney als größtes australisches Finanzzentrum mit starken Verbindungen zu US-amerikanischen und asiatischen Märkten einen kontrastiven Vergleichsfall darstellt. Beide Städte weisen zudem unterschiedliche wirtschaftliche und gesellschaftliche Traditionen auf. So wird die australische Ökonomie vornehmlich als ein typischer Fall liberaler Marktökonomie angelsächsischer Prägung betrachtet und oftmals mit den USA und Großbritannien verglichen. Trotz einer liberalen Wirtschaftspolitik, die sich am Leitbild freier Märkte orientiert, weisen viele wirtschaftliche Sektoren der australischen Ökonomie, den Bankensektor eingeschlossen, oligopolistische Strukturen auf. Auch wenn Australien eines der reichsten OECD-Länder ist, hat das Land ein Leistungsbilanzdefizit und ist ein Nettoimporteur von Kapital. Die Finanzwirtschaft ist neben dem Rohstoffsektor ein zentrales Standbein der australischen Ökonomie. Obwohl diese hochgradig international vernetzt ist, war Australien von der Finanzkrise 2008 kaum betroffen; seither gelten jedoch die hohe Verschuldung des privaten Sektors, eine befürchtete Immobilienblase sowie die Abhängigkeit von asiatischen Rohstoffmärkten als die größten wirtschaftlichen Problemfelder (Aird 2017; Chester 2011).

Im Kontrast zur australischen Volkswirtschaft handelt es sich bei Deutschland um eine exportorientierte Ökonomie mit einem korporatistischen Erbe, deren Rückgrat der Industriesektor bildet. Der stark dezentralisierte Finanzsektor spielte eine historisch wichtige Rolle in der Entwicklung der deutschen Industrie, wobei Frankfurt zugleich als der bedeutendste Finanzplatz innerhalb der Währungszone des Euro gilt (vgl. Beyer 2009; Wetzel et al. 2010). Die ähnliche finanzökonomische Funktion der beiden Städte sowie die weitgehende Unabhängigkeit, die sie als globale Finanzzentren voneinander aufweisen, machen Frankfurt und Sydney daher zu vielversprechenden Fällen für die Untersuchung der Herausbildung einer globalen Finanzklasse. Der Vergleich dieser Städte, ihrer Strukturen und Kulturen, sowie die nähere Schilderung der Finanzakteure an diesen Finanzplätzen soll deutlich machen, wie sich die gesellschaftliche Konstitution einer globalen Finanzklasse zu ihren verschiedenen lokalen ökonomischen und politischen Rahmenbedingungen verhält.

Feldzugang und Sampling der Interviews

Ziel unserer Interviews mit Financial Professionals in Frankfurt und Sydney war es, die verbindenden *communalities* im Feld des globalen Finanzwesens zu ermitteln. Herausgefunden werden sollte, ob und welche Gemeinsamkeiten zwischen verschieden positionierten Finanzakteuren existieren, welche Übereinstimmungen und Unterschiede in Karrieren und Arbeitspraktiken bestehen, welche soziokulturellen Formen der Identifikation vorfindbar sind und durch welche Distinktionen die sozialen Beziehungen im Finanzfeld gekennzeichnet werden. In der Schnittmenge dessen, was wir hierzu an unterschiedlichen Finanzplätzen und unbeschadet vielgestaltiger beruflicher Positionen und Erfahrungen ermitteln konnten, betrachten wir den identifizierenden Kern einer globalen Finanzklasse.

Bei der Gewinnung von Interviewpartnern kam es uns nicht auf eine statistische Repräsentativität an, sondern darauf, möglichst kontrastreiche Positionen im Feld zu erfassen, weshalb sich unsere Vorgehensweise an den methodischen Regeln des *theoretical sampling* (vgl. Finch/Mason 1999) und des *maximum-variety-sampling* (vgl. Patton 1990; Morse 1998) orientierte. Erkenntnistiefe wird dabei nicht durch eine möglichst hohe Fallzahl sondern durch eine intensive Analyse und Kontrastierung einzelner Fälle erreicht. Im Sinne der zirkulären Vorgehensweise der Grounded Theory (Strauss/Corbin 1990; Charmaz 2000) erfolgte die Strukturierung des Samples aufgrund der Daten aus dem Feld selbst. Diese wurden durch die Analyse der institutionellen Struktur auf der Makro-Ebene, die Interviewauswertung auf der Mikro-Ebene und die ethno-graphischen Befunde auf der Meso-Ebene trianguliert.

Bei der Interviewauswahl, die nicht selten durch den auch in anderen Untersuchungen zur Finanzindustrie festgestellten »code of silence« (Luyendijk 2015: 24) erschwert wurde, waren das Alter der Gesprächspartner/innen, ihr Geschlecht, die jeweilige organisatorische Position, das Tätigkeitsfeld und die berufliche Erfahrung besonders relevante Gesichtspunkte. Dadurch konnten nicht nur verschiedene Geschäftsfelder im Bereich von Corporate und Private Finance, sondern auch zeitbedingte Veränderungen im Finanzwesen abgebildet werden.

Insgesamt wurden 42 semi-strukturierte Interviews mit Personen aus Frankfurt (28) und Sydney (14) durchgeführt, wobei die Gespräche in der Regel zwischen einer und drei Stunden dauerten. Die Gesprächspartner nahmen unterschiedliche Funktionen in der Infrastruktur von Finanzmärkten (Front-, Middle- und Backoffice) ein und bekleideten verschiedene Statuspositionen in den Unternehmenshierarchien, vom Junior Analyst bis zum CEO. Die Interviewten gliederten sich in drei Alterskohorten – die Gruppe der Berufseinsteiger war zwischen 20 und 30 Jahre alt, die mittlere Kohorte zwischen 30 und 45 und die älteste zwischen 45 und 60. Unser Sample umfasste Finanzakteure wie Portfoliomanager, Aktien- und Anleihehändler, Broker, Risikomanager, Mitglieder von Sales-Teams, Investmentbanker aus dem M&A-Bereich (Mergers & Acquisitions), Entwickler strukturierter Produkte, (ehemalige) Vorstandsmitglieder und selbstständige Händler. Zusätzlich zu diesen direkt im Finanzmarkt tätigen Personen wurden Interviews mit Akteuren geführt, die einen Expertenstatus im Feld innehaben oder als ›Provider‹ der Infrastruktur für die Finanzindustrie fungieren. Als Experten kamen zwei Universitätsprofessoren in leitenden Funktionen an Business Schools sowie Wirtschaftsjournalisten und Redakteurinnen von Zeitungen hinzu. Als ›Provider‹ galten uns Akteure wie beispielsweise Inhaber von ›Relocation Services‹, die für die Umsiedlung von Finanzakteuren in andere Städte sorgen, oder auch die Betreiber von einschlägigen gastronomischen Lokalitäten.

Interviews Finanzakteure Frankfurt					
Name	*Alter*	*Unternehmen*	*Position*	*Ausbildung/ Studium*	*Auslands- tätigkeit*
Max	24	Privatbank	Praktikant, M&A-Abteilung	Betriebswirt- schaft	-
Elias	25	Entwicklungsbank	Bilanzerstellung	Banklehre, Be- triebswirtschaft	-
Stefan	28	Privatbank	Portfolio Manager	Volkswirtschaft	-
Christian	30	Universalbank	Regulatory Compli- ance Officer	Betriebswirt- schaft	-
Ramin	32	unabhängige M&A-Beratungs- gesellschaft	M&A Consultant	Betriebswirt- schaft	-
Jan	32	Privatbank	Head of Trading	Volkswirtschaft, MBA, CFA	-
Linus	33	Internationale Investmentbank	Associate, Asset Management	Volkswirtschaft, CFA	Sydney
Jannis	33	Privatbank	Product Manager Special Solutions	Mathematik, CFA	London
Christina	37	Universalbank	Leiterin Expat-Beratung	Betriebswirt- schaft	Shanghai
Mario	38	Internationale Investmentbank	Head of Derivative Flows, Corporate Banking	Banklehre	London
Sandra	38	Privatbank	Vice President Corporate Finance	Betriebswirt- schaft	-
Carolin	40	Universalbank/ Finanzdienstleis- tungsges.	Sales Team Leader	Banklehre, CFA	London
Nils	41	Selbstständig	Daytrader	Betriebswirt- schaft	-
Hans	47	Universalbank	Equity Sales Manager	Banklehre	London
Jens	50	Universalbank	Institutional Broker	Banklehre	Tokyo
Martin	50	Unabhängige Ver- mögensverwaltung	Geschäftsführer	Banklehre	-
Christo- pher	52	Universalbank	Managing Direktor, Product Develop- ment & Institutional Investments	Germanistik	London
Andrej	56	Internationale Investmentbank	Stellvertretender CEO	Jura	Zürich
Helmut	60	Universalbank	Managing Director, Income Bonds Trading	Banklehre, Volkswirtschaft	London, New York

Abb. 2: Interviews Finanzakteure Frankfurt.

Interviews Finanzakteure Sydney					
Name	*Alter*	*Unternehmen*	*Position*	*Ausbildung/ Studium*	*Auslands- tätigkeit*
William	27	Investmentbank	Associate Analyst	Betriebs- wirtschaft	-
Thomas	30	Unabhängige Währungsbroker	Derivatives Broker	High School	-
Yannik	30	Internationale Universalbank	Derivatives Analyst	Mathematik, CFA	Frankfurt
Kim	46	Unabhängige Vermögens- verwaltung	Senior Analyst Fi- nance and Tax Management	Volkswirt- schaft, CFA	-
Nicolas	47	Investmentbank	CEO	Volkswirt- schaft	Hongkong
Georg	54	Finanzdienstleis- tungsgesellschaft	Director of Finan- cial Outsourcing	Betriebs- wirtschaft	Berlin, Frankfurt
Joshua	56	Consultant/ Universalbank	Executive Director Corporate Banking	Volkswirt- schaft	Los Angeles
Jack	57	Internationale Investmentbank	CEO	Volkswirt- schaft	New York
Sebastian	60	Consultant/ Internationale Investmentbank	Senior Consultant, ehem. Managing Director	Jura	-
Dave	62	Investmentbank	Director Risk Management	Mathematik, Politik	-

Interviews Experten und Provider		
Name	*Stadt*	*Unternehmen/Funktion*
Anton	Frankfurt	Vizepräsident, Business School
Felix	Frankfurt	Wirtschaftsberatungsgesellschaft, Senior Manager Global Mobility Services
Sören	Frankfurt	Universalbank, Strategieplanung HR
Eva	Frankfurt	Wirtschaftsredakteurin, bundesweite Tageszeitung
Ruth	Frankfurt	Journalistin, Lokalzeitung
Amelie	Frankfurt	Executive-Headhunterin, Bereich Finance
Andrea	Frankfurt	Unternehmerin, Relocation Service
Maria	Frankfurt	General Manager, Apartment-Hotel
Dana	Frankfurt	Geschäftsführerin, Hotel- und Konferenzzentrum
Michael	Sydney	Leitender Dekan, Business School
Daniel	Sydney	Wirtschaftsberatungsgesellschaft, Senior Manager Global Mobility Services
Johanna	Sydney	Internationale Schule

Abb. 3: Interviews Finanzakteure Sydney; Interviews Experten und Provider.

Die Interviews

Die Analyse des empirischen Materials erfolgte in einer pragmatischen Anwendung der Prinzipien der Grounded Theory. Entsprechend dieser Forschungslogik versteht sich die Auswertung von Daten als ein fortlaufender zirkulärer Prozess, der auf einem stetigen Abgleich des erhobenen Datenmaterials und dessen theoretischer Reflexion beruht. So bildete das Verfassen von Memos, in denen Beobachtungen einer ersten Codierung und Analyse unterzogen wurden, ein zentrales methodisches Element unserer Untersuchung und diente als Ausgangspunkt für die Auswahl von Interviews und für die Erstellung spezieller Ethnographien.

Die Interviews wurden in einem ersten Durchgang jeweils offen codiert, um die Strukturen der Gespräche freizulegen und vergleichbar zu machen. In einem zweiten Durchgang wurde eine thematische Codierung durchgeführt. Hierbei wurden Interviewpassagen kontrastierend zwischen Frankfurt und Sydney erfasst und mit anderen Datenquellen abgeglichen. Die Interviews fanden zwischen Mai 2014 und Juli 2016 in Frankfurt sowie zwischen Januar 2015 und April 2017 in Sydney statt. Ergänzend zu den Interviewtranskripten wurden Situationsprotokolle erstellt, in denen die betreffende Interviewsituation sowie das jeweilige Setting beschrieben und reflektiert wurden. Insgesamt umfasste der Interviewkorpus mehr als 1000 Transkriptseiten sowie 200 Protokollseiten. Die Namen aller Interviewpartner/innen und ihrer jeweiligen Unternehmen wurden anonymisiert. Alle Aussagen, die Rückschlüsse auf die Zugehörigkeit zu einer bestimmten Firma ermöglichen könnten, wurden entsprechend unkenntlich gemacht.

Fokussierte Ethnographie

Unser Forschungsfeld der globalen Finanzmärkte besteht aus ökonomischen Praktiken, beschränkt sich aber nicht auf den operativen Geschäftsverlauf in den Finanzunternehmen, sondern umfasst auch das Alltagsleben und die urbanen Praktiken von Finanzakteuren an unterschiedlichen Orten. Eben jene urbanen Praktiken standen im Fokus der ethnographischen Untersuchungen an den Finanzplätzen Frankfurt und Sydney, die ›vor Ort‹ durchgeführt worden sind. Hierbei wurde eine multilokale Forschungspraxis entwickelt, die es erlaubt, die kulturellen Aspekte einer globalen Klassenbildung und deren Effekte in den städtischen Sozialräumen vergleichend zu studieren. Unsere Interviewdaten wurden somit durch Beobachtungen ergänzt, die nicht nur die kulturelle Praxis von Finanzakteuren in den Blick nahmen, sondern auch die städtischen Materialitäten in den ausgewählten Finanzzentren. Einzelne Mitglieder des Forschungsteams hielten sich zu diesem Zweck über längere Zeit in Frankfurt (Mai 2014 bis September 2017) und Sydney (Januar 2015 bis April 2017) auf, um sich mit den jeweiligen Finanzplätzen als Lebens- und Arbeitsort von Financial Professionals vertraut zu machen. Gemeinsame Feldaufenthalte der gesamten Forschungsgruppe fanden in Sydney (nach einer Voruntersuchung Anfang 2013) im Oktober 2015 und im März 2017 statt, in Frankfurt verteilten sie sich insgesamt auf die Jahre 2015 und 2017.

Die Feldforschung wurde in Teams von zwei bis fünf Personen durchgeführt, häufig als Begehung von ausgewählten Stadtvierteln, die besonders stark von der Finanzbranche geprägt sind. Im Rahmen solcher Erkundungen suchten wir die Arbeits- und Freizeitorte von Finanzakteuren in den innerstädtischen Geschäftszentren auf. Wir waren ebenso in den Bürotürmen der Finanzindustrie wie in den Bars und Restaurants, die als Treffpunkte der Financial Community galten. In unsere Feldstudien bezogen wir auch die peripheren Bürostandorte der Finanzindustrie in Frankfurt und Sydney ein. Gleichwohl wurde der Großteil des ethnographischen Materials im Frankfurter Bankenviertel und im Financial District in Sydney erhoben. Unsere Beobachtungen haben wir anhand von Feldnotizen als auch durch Audioaufnahmen und Fotographien dokumentiert. Zusätzliches Analysematerial lieferten Dokumente wie etwa Broschüren, Zeitungen, Flyer oder Visitenkarten, die während der Feldforschung gesammelt wurden. Das Gesamtvolumen der verschriftlichten ethnographischen Studien – inklusive der Memos und der als Workingpaper veröffentlichten Zwischenergebnisse –, das als Auswertungsmaterial zur Analyse herangezogen wurde, umfasste schließlich knapp 1.500 Seiten, zirka 50 Audioaufnahmen und über 500 Fotographien.

Soziologische Beobachtungen zu den professionellen und kulturellen Praktiken von Financial Professionals stehen in der Gefahr, einen feldinternen *common sense* reflexionslos zu reproduzieren, wenn sie sich allein aus den Auskünften einer vergleichsweise homogenen Gruppe speisen. Unsere Forschungsergebnisse haben wir daher aus dem Abgleich verschiedener Datengattungen und einer Triangulation der von uns verwendeten Methoden gewonnen.

So tauchten etwa in den Erzählungen der von uns befragten Finanzakteure immer wieder Passagen auf, die als Reproduktionen gängiger Stereotypen ihrer eigenen Berufsklasse erschienen. Im methodischen Gesamtbild unserer Befunde ließen sich solche Stereotype mit soziologischer Distanz beurteilen und als Praktiken der Identifikation (oder Distinktion) mit der Doxa des Finanzfeldes analysieren.

Empirische Analyse

4 Frankfurt und Sydney als Global Cities

Frankfurt und Sydney gelten als »major international financial and business centres« (Sassen 2002) und sind international bedeutende Knotenpunkte des Global Cities-Netzwerks. Die beiden Städte sollen in diesem Kapitel nicht nur als exemplarische internationale Finanzplätze, sondern auch stellvertretend für unterschiedliche Typen kapitalistischer Volkswirtschaften betrachtet werden. Die deutsche Volkswirtschaft mit dem historischen Finanzzentrum Frankfurt gilt in der vergleichenden Kapitalismusforschung (Hall/Soskice 2001) als das Paradebeispiel für eine koordinierte Marktwirtschaft, mit einer hohen Staatsquote und einem auf Umlage- und Versicherungsleistungen basierenden Sozial- und Pensionssystem, während die australische Ökonomie dem Typus der liberalen Marktökonomien angelsächsischer Tradition zugeordnet wird, geprägt von einem kapitalgedeckten Rentensystem und geringer staatlicher Einflussnahme. In dieser Perspektive wird die Persistenz institutioneller Unterschiede hervorgehoben. In einem Vergleich zwischen Frankfurt und Sydney auf Basis der Unterscheidung zwischen koordinierter bzw. liberaler Marktwirtschaft können daher die Differenzen in der jeweiligen institutionellen Struktur deutlich zu Tage treten.

Demgegenüber werden in der Forschung zur Globalisierung die Ablösungstendenzen der Finanzzentren von ihren nationalen und regionalen Kontexten betont. Speziell in der Global Cities-Literatur wird argumentiert, dass die Verbindungen zum globalen Städtenetzwerk wesentlich stärker ausgeprägt seien als zur nationalen Volkswirtschaft (Sassen 2002). Insbesondere die Arbeiten von Saskia Sassen und Manuel Castells haben die sozialwissenschaftliche Aufmerksamkeit vom Fokus auf das internationale Staatensystem auf das hierarchische Geflecht der Global Cities als Knotenpunkte und Steuerungsinstanzen globaler Ströme verschoben.

Beide Perspektiven – jene der internationalen Kapitalismus- und der Global Cities-Forschung – sollen hier verbunden werden. Dabei zeigt der Vergleich

Frankfurts und Sydneys, dass diese stark von Globalisierungs- und Finanzialisierungstendenzen beeinflussten Städte nach wie vor Finanzsysteme mit unterschiedlichen Prägungen und Reichweiten hervorbringen und in ihre Volkswirtschaften auf je eigene Weise eingebettet sind. Gleichwohl sind Frankfurt und Sydney Finanzzentren von vergleichbarem Rang. Im aktuellen Global Financial Centers Index (GFCI) erreichen beide Städte ähnliche Platzierungen (Yeandle 2017). Dennoch weisen die historischen Entwicklungslinien und nationalen Pfadabhängigkeiten den zwei Finanzzentren unterschiedliche Rollen im transnationalen Städtesystem und der globalen Finanzindustrie zu. Rekonstruiert man in wirtschaftssoziologischer Perspektive die ökonomische Entwicklung von Frankfurt und Sydney als globale Finanzzentren, zeigt sich, wie sich im Kontext sowohl nationaler als auch globaler Veränderungen jene finanzwirtschaftlichen Strukturen herausgebildet haben, die den heutigen Klassenbildungen auf den Finanzmärkten als ökonomische und strukturelle Rahmenbedingungen zugrunde liegen.

Unsere folgende Darstellung behandelt Frankfurt und Sydney jeweils nacheinander und beginnt mit der städtischen Bevölkerungs- und Beschäftigungsstruktur. Daraufhin werden die historischen Entwicklungslinien in der Entstehung der beiden Finanzplätze erläutert und die heutige institutionelle Struktur der jeweiligen Finanzökonomie diskutiert. Anschließend betrachten wir die Bedeutung Frankfurts und Sydneys im Hinblick auf die jeweiligen Geschäftsverbindungen und Koordinationsfunktionen der Finanzindustrie im nationalen und internationalen Kontext. Ergänzt werden diese Ausführungen durch eine Übersicht zur Herausbildung eines Bankenviertels bzw. eines Central Business Districts als urbane Marker der globalen Finanzindustrie. Abschließend wird die Bedeutung der Finanzindustrie für die jeweiligen Städte und Volkswirtschaften gegenübergestellt, um aufzuzeigen, in welcher Weise Frankfurt und Sydney als Knotenpunkte des Global Cities-Netzwerkes Angleichungstendenzen unterworfen sind.

4.1 Der Finanzplatz Frankfurt

Bevölkerungs- und Beschäftigungsstruktur

Die Metropolregion Rhein-Main mit ihrem Zentrum Frankfurt zählt demographisch und wirtschaftlich gesehen zu den Wachstumsregionen Deutschlands. Die Einwohnerzahl wächst seit den 1990er Jahren stetig und liegt derzeit bei ca. 736.000 Personen (vgl. Stadt Frankfurt am Main 2017a). Die ökonomische Bedeutung Frankfurts als Finanz- und Dienstleistungszentrum in Deutschland und Europa ist verbunden mit hoher Mobilität und Einwanderung. »Die hohe Mobilität lässt sich – statistisch gesehen – dadurch verdeutlichen, dass sich die Frankfurter Bevölkerung in absoluten Zahlen innerhalb von ca. 15 Jahren einmal komplett austauscht« (Schupp 2012: 24). Frankfurt ist eine multikulturelle Stadt, in der Menschen aus über 190 verschiedenen Nationen leben. Im deutschlandweiten Vergleich hat Frankfurt den höchsten Anteil von Personen mit Migrationshintergrund (51,8 Prozent) sowie an Personen mit nichtdeutscher Staatsangehörigkeit (28,8 Prozent), jeweils gemessen an der Gesamtbevölkerungszahl (Stadt Frankfurt am Main 2017a: 21).

Die Metropolregion Frankfurt-Rhein-Main ist zudem durch eine enge Nachbarschaft von Industrie- und Dienstleistungsclustern gekennzeichnet. In den drei größten Städten dieser Region, Frankfurt, Mainz und Wiesbaden, dominieren dienstleistungsorientierte Sektoren. In Frankfurt handelt es sich dabei in erster Linie um Finanzwirtschaft und Consulting, regional werden sie durch die Cluster Logistik und Verkehr sowie Chemie, Pharmazie und Biotechnologie ergänzt (Ebner/Raschke 2013). Im Jahr 2016 gab es knapp 74.700 Beschäftigte in den Finanz- und Versicherungsdienstleistungen in Frankfurt, was einem Anteil von rund 13,3 Prozent an den 559.556 sozialversicherungspflichtig Beschäftigten der Stadt ausmachte (Stadt Frankfurt am Main 2017a: 126). Dies entspricht einem Anteil von 6,3 Prozent der deutschlandweit rund 1,2 Millionen Beschäftigten in diesem Sektor (Statistisches Bundesamt 2017c: 355).

Mit einem monatlichen Medianeinkommen von rund 4.200 Euro brutto gehört Frankfurt zu den deutschen Städten mit dem höchsten Gehaltsniveau (Bundesagentur für Arbeit 2017). Der Finanz- und Versicherungssektor ist in Deutschland mit einem Bruttojahresgehalt von 67.014 Euro die Branche mit dem höchsten Durchschnittseinkommen (Statistisches Bundesamt 2017b: 43). Die Verdienstmöglichkeiten gerade im Investmentbanking sind allerdings wesentlich höher als es diese Durchschnittswerte nahelegen. So liegt einer Umfrage des Branchendienstes *EFC* zufolge das Einstiegsgehalt für Analysten in Frankfurt zwar bei rund 60.000 Euro, steigt nach drei Jahren aber bereits auf 125.000 bis 145.000 Euro an (Hamann 2017). Hinzu kommen erfolgsabhängige Bonuszahlungen, wodurch Jahresgehälter im Millionenbereich ermöglicht werden. Laut »*High Earners Report*« der europäischen Bankenaufsicht hatten im Jahr 2015 in Deutschland 210 Angestellte sowie 69 Manager aus dem Finanzbereich ein Einkommen von über einer Million Euro, die meisten davon in den in Frankfurt konzentrierten Bereichen des Investment Bankings und Asset Managements (European Banking Authority 2017: 16).

Täglich pendeln etwa 354.000 sozialversicherungspflichtig Beschäftigte nach Frankfurt, womit die Bevölkerungszahl in der Stadt jeden Tag auf über eine Million anschwillt (Stadt Frankfurt am Main 2017a: 140). Die ökonomische Attraktivität als Global City und die damit verbundenen Arbeitsplatzchancen erhöhen nicht nur das Pendleraufkommen, sondern sorgen darüber hinaus auch für anhaltenden Zuzug. Die wachsende Bevölkerungsanzahl beeinflusst wiederum die Zusammensetzung der Wohnbevölkerung. Bisher hat sich die Bevölkerungsentwicklung nicht in einer räumlichen Verdichtung bestimmter Bevölkerungsgruppen mit nichtdeutscher Staatsangehörigkeit ausgewirkt. Der Segregationswert, welcher eine ungleiche Verteilung von Bevölkerungsgruppen mit deutscher bzw. nichtdeutscher Staatsangehörigkeit misst, liegt für Frankfurt im niedrigen Bereich. Der berechnete Wert beträgt 0,14 auf einer Skala, bei der erst ein Wert über 0,4 als problematisch betrachtet wird (Schupp 2012: 138f.). Der niedrige Wert des Segregationsindexes hinsichtlich der Nationalität verweist allerdings lediglich darauf, dass Bewohnerinnen ohne deutsche Staatsangehörigkeit nicht disproportional über die Stadtteile Frankfurts verteilt sind bzw. nicht in einzelnen Stadtteilen isoliert leben. Im Unterschied dazu finden sich seit vielen Jahren räumliche Auswirkungen sozialer Ungleichheit anhand sozioökonomischer Merkmale bis hin zu sozial segregierten Stadtteilen. Bei der Messung des Segregationswerts für die räumliche Ungleichverteilung von Niedriglohnbeziehern innerhalb der Stadt erreicht Frankfurt im deutschlandweiten Vergleich Spitzenwerte (vgl. vom Berge et al. 2014: 7). 43 Prozent der Frankfurter Haushalte haben im Monat weniger als 2.000 Euro zur Verfügung, 20,5 Prozent weniger als 1.300 Euro. Frankfurt ist damit die sozialökonomisch am stärksten segregierte deutsche Großstadt (Mullis 2018).

Im aktuellen Mietspiegel der Stadt Frankfurt (vgl. Stadt Frankfurt am Main 2017b) wird deutlich, dass innenstadtnahe Stadtviertel überwiegend zu den ›sehr guten‹ (Westend, Diplomatenviertel in Bockenheim, Holzhausenviertel) bzw. zu den ›gehobenen Wohnlagen‹ (Bockenheim, Westend, Nordend, Innenstadt, Sachsenhausen) zählen. ›Mittlere, einfache oder sehr einfache Wohnlagen‹ sind in Innenstadtnähe kaum zu finden. Eine im Jahr 2014 durchgeführte Studie im Auftrag des *Spiegel* kommt daher zu dem Schluss, dass Personen mit einer Vollzeitarbeitsstelle auf Mindestlohnniveau in Frankfurt in keinem einzigen Stadtteil bezahlbare Wohnungen finden können und aus der Stadt hinausgedrängt werden (Kwasniewski/Elmer 2014).

Spiegelbildlich dazu wurde die Schaffung von Wohnraum für einkommensstarke Schichten seit den 1980er Jahren unter aktiver Beteiligung der Lokalpolitik vorangetrieben (Schipper 2013). Ergebnisse dessen sind beispielsweise die Stadtentwicklungsprojekte Deutschherrnufer, West- und Osthafen, in denen auf ehemaligen Industrieflächen überwiegend Eigentumswohnungen im hochpreisigen Segment zu finden sind. »Vor 2000 war das Westend das einzige Wohnviertel in Frankfurt, in welchem derartige Super-Monopolrenten angeeignet werden konnten. Ab 2000 wurden jedoch drei Projekte luxuriösen Wohnens am Wasser fertiggestellt« (Schipper 2013: 196). Damit hielt das Luxuswohnen, das traditionell eher außerhalb Frankfurts in den reichen Vordertaunus-Gemeinden angesiedelt war, in der Innenstadt Einzug, die seitdem vor allem einkommensstarken Schichten eine Heimstatt bietet.

Historische Entwicklung des Finanzplatzes Frankfurt

Schon in der frühen Neuzeit entwickelte Frankfurt seine Stellung als bedeutendster Finanzplatz der deutschen Länder, aufbauend auf der Entwicklung des Messewesens seit dem Mittelalter. Die Stadt lag am Schnittpunkt mehrerer der damals bedeutendsten Handelswege. Auf die politisch herausgehobene Stellung Frankfurts als Wahlort deutscher Könige lassen sich auch die Messeprivilegien zurückführen, die Frankfurt bereits im 12. Jahrhundert verliehen wurden. Im 14. Jahrhundert hatte sich Frankfurt mit der jährlich stattfindenden Warenmesse auch zu einem Zentrum des Geldhandels von überregionaler Bedeutung entwickelt. Wechselkonten wurden damals bereits in doppelter Buchführung geführt und Transportversicherungen verkauft. Im Jahre 1585 wurde die Frankfurter Börse gegründet, deren Handels- und Finanzgeschäfte auch die Zahlung mit Wechseln beförderte (Holtfrerich 2005: 54f.).

Im 18. und 19. Jahrhundert stieg Frankfurt in das Geschäft mit dem steigenden Finanzbedarf der deutschen und europäischen Fürsten ein. Im Anleihehandel spielte das Frankfurter Bankhaus Bethmann eine Pionierrolle, zur gleichen Zeit brachte das Bankhaus Metzler erhebliche Anleihesummen für Preußen auf. Das meiste in Frankfurt verfügbare Kapital floss in das Staatsanleihegeschäft, das Frankfurts Stellung als führendem Finanzplatz in Deutschland bis 1866 (Besetzung durch Preußen) bzw. zur Reichsgründung 1871 sicherte (ebd.: 59f.). In der ersten Hälfte des 19. Jahrhunderts entwickelte sich Frankfurt zum Zentrum des europäischen Staatsanleihehandels, welches das Wechselgeschäft weitgehend verdrängte. Ausschlaggebend für Frankfurts relativen Niedergang im letzten Drittel des 19. Jahrhunderts war die vorher so erfolgreiche Spezialisierung auf das weltweite Anleihegeschäft. Die Bankhäuser verzichteten auf die Gründung von Aktienbanken und den Handel mit Aktien, womit diese profitable Art der Industriefinanzierung nach Berlin abwanderte (ebd.: 61f.). In den Jahren zwischen dem Ersten und dem Zweiten Weltkrieg war Frankfurt, wie die anderen deutschen Finanzplätze außer Berlin, nur noch ein Bankenzentrum von regionaler Bedeutung (ebd.: 65).

Frankfurt war nach dem Ende des Zweiten Weltkrieges Standort der amerikanischen Militärregierung. Auch wurden hier in Vorbereitung der Währungsreform am 1. März 1948 die Bank deutscher Länder, als Zentralbank für die spätere Bundesrepublik, und im November 1948 die Kreditanstalt für Wiederaufbau, zur Verwaltung und Verteilung der Marshallplan-Hilfe, gegründet (ebd.: 68). Insbesondere die Bank deutscher Länder (die spätere Bundesbank) übte eine Anziehungskraft auf andere Privatbanken aus, in Frankfurt eine Niederlassung zu gründen (Harrschar-Ehrnborg 2002: 155). Das Hauptgeschäft der sich in Frankfurt konzentrierenden Kreditinstitute bestand in den 1950er Jahren vor allem in der Routine des Einlagen- und Kreditgeschäfts (Holtfrerich 2005: 75). Der Finanzplatz gewann in der Nachkriegszeit jedoch auch zügig an internationaler Bedeutung, nicht zuletzt deswegen, weil die D-Mark schon in der Periode der festen Wechselkurse und erst recht nach der Aufhebung des Bretton-Woods-Systems relative Stabilität versprach.

Innerhalb kurzer Zeit wurde der Finanzplatz Frankfurt immer attraktiver für Auslandskapital, so dass schon Mitte der 1980er Jahre von den fünfzig größten Banken der Welt vierzig in Frankfurt vertreten waren. An der Frankfurter

Wertpapierbörse wurden zu dieser Zeit 44 Prozent der in der Bundesrepublik gehandelten ausländischen Aktien sowie 94 Prozent der festverzinslichen Wertpapiere ausländischer Emittenten umgesetzt (ebd.: 72). In dieser Zeit entfalteten die in Frankfurt vertretenen Banken eine rege Tätigkeit an der Frankfurter Börse, aber auch bei Fusionen und Aufkäufen von Unternehmen und den stetig anwachsenden grenzüberschreitenden Transaktionen (Holtfrerich 2005: 77). Im Versicherungsgewerbe rangieren alle anderen deutschen Finanzplätze (Hamburg, Düsseldorf, Köln, München, Stuttgart) allerdings stets vor Frankfurt. Der Grund hierfür ist die dezentrale Standortstruktur des Banken- und Versicherungswesens in Deutschland. Die föderale Struktur des Landes begünstigt bis heute die Existenz bedeutender regionaler Institute, insbesondere die von den Ländern getragenen Landesbanken (Bördlein 1993: 108). Von zentraler Bedeutung für die Stärkung des Finanzplatzes Frankfurt und dessen Vormachtstellung war der Beschluss der Staats- und Regierungschefs der zwölf EU-Staaten, den Sitz der Europäischen Zentralbank (EZB) nach Frankfurt zu legen, womit Frankfurt zur Jahrtausendwende als »the mighty capital of the eurozone« galt (Sassen 1999: 83).

Institutionelle Struktur

Die deutsche Volkswirtschaft gilt in der Debatte um verschiedene Spielarten des Kapitalismus (»varieties of capitalism«) als Paradebeispiel einer koordinierten Ökonomie (Beyer 2009: 314). Diese idealtypische Form des Kapitalismus unterscheidet sich von angelsächsischen liberalen Marktwirtschaften insbesondere dadurch, dass der Staat ordnungspolitisch in die Ökonomie eingreift, Unternehmen einen Großteil ihrer Beziehungen nicht über Märkte, sondern über Unternehmensverflechtungen organisieren, sowie durch eine starke Institutionalisierung des Interessensausgleichs zwischen Arbeitnehmern und Arbeitgebern. Im Idealtyp liberaler Ökonomien werden hingegen ökonomische Beziehungen primär durch den Wettbewerb des Marktes sowie formalisierte Verträge der Marktteilnehmer untereinander geregelt, in welche der Staat nur in seltenen Fällen eingreift. (Beyer 2002; Hall/Soskice 2001: 6ff.).

Bezogen auf den Stellenwert der Finanzmärkte in der Ökonomie eines Landes lässt sich für den Idealtyp des koordinierten Kapitalismus eine geringere Bedeutung des Finanzmarktes konstatieren – begründet in der geringeren

Börsenkapitalisierung der Unternehmen, einer primär kreditbasierten Unternehmensfinanzierung und einem Universalbanken-System sowie in der strategischen Bindung einer Anzahl von Großunternehmen an zentrale Finanzinstitute. Für den deutschen Fall etablierte sich für dieses Modell die Bezeichnung ›Deutschland AG‹. Seit Jahren verweisen Studien allerdings auf den Wandel dieses Modells hin zu einer ›hybriden Variante‹, einer Kombination des ursprünglich angloamerikanischen liberalen Kapitalismus mit der koordinierten Wirtschaftsform Deutschlands (Beyer 2009: 308). Vertreter des Konzeptes des »Finanzmarktkapitalismus« (Froud et al. 2010; Windolf 2008) beobachten indes einen »diachronen Wandel hin zu einer verstärkten Finanzmarktorientierung in allen Spielarten des Kapitalismus« (Beyer 2009: 310).

In Deutschland konzentrierte sich die Liberalisierung der Finanzmärkte zunächst auf die Förderung des heimischen Kapitalmarkts, insbesondere mithilfe von vier Finanzmarktförderungsgesetzen zwischen 1990 und 2002, die unter anderem die Geschäftsmöglichkeiten von Kapitalanlagegesellschaften erweiterten, Investitionsmöglichkeiten für offene Immobilienfonds weltweit schufen und Steuererleichterungen auf Kapitalerträge erwirkten (Heeg/Dörry 2009: 34). Damit ermöglichten die Finanzmarktförderungsgesetze die Freigabe internationaler Kapitalflüsse und die Förderung des Finanzsektors in Deutschland. Für ein Wachstum des Finanzsektors auf ein international vergleichbares Niveau ist neben den gesetzlichen Grundlagen aber auch das Vorhandensein liquider Märkte eine Bedingung. In den angelsächsischen Volkswirtschaften USA, Kanada, Großbritannien, Neuseeland und Australien wurde dies über eine zeitlich frühe Deregulierung der nationalen Finanzsysteme und die verpflichtende Einführung privater Absicherungen von individuellen Risiken erreicht, die bis heute in diesen Ländern große Mengen anlagesuchenden Kapitals freisetzt und somit die Liquidität am Finanzmarkt erhöht (Heeg 2009: 132). Ende der 1990er Jahre wurden auch in Deutschland auf breiter Basis private Rentenversicherungen mit staatlicher Unterstützung eingeführt. Dadurch wurden zwar die Investitionsbedingungen für deutsches Kapital liberalisiert, aber bisher hat keine komplette Umstellung auf kapitalgedeckte Sicherungssysteme in Deutschland stattgefunden. Renten- wie Krankenversicherungssysteme funktionieren stärker als in anderen Ländern über eine Beitragsfinanzierung, auch wenn persönliche Lebensrisiken zunehmend über Kapitalstrategien am Finanzmarkt abgedeckt werden müssen. Dies spiegelt sich auch in einem steigenden Anteil des Privatvermögens in Deutschland wider, das in Versicherungen angelegt ist. Spar- und Termineinlagen bei Banken sind aber nach wie vor die vorherrschende Anlageform.

Hinzu kommt, dass der deutsche Immobilienmarkt zwar umfassend liberalisiert ist, aber der Eigentumsanteil auf dem Wohnungsmarkt im internationalen Vergleich mit weniger als 50 Prozent eher niedrig ist (Schürt 2011: 20). In Großstädten wie Berlin und Frankfurt liegt die Mietquote gar bei über 80 Prozent. Somit ist der Erwerb eines Eigenheims, und damit die Finanzierung über den Kapitalmarkt, in Deutschland kein Standard.

Die Bedeutung des Finanzsektors, gemessen an der Bruttowertschöpfung und der Anzahl der Beschäftigten, nimmt sich für Deutschland daher geringer aus. So lag der Anteil des Finanzsektors am Bruttoinlandprodukt Deutschlands Anfang der 2000er Jahre bei etwa 5 Prozent und sank nach der Finanzkrise von 2008 auf ca. 4 Prozent. Dieser Trend setzte sich auch nach der Krise fort – so lag der Anteil des Finanzsektors im Jahr 2017 bei lediglich 3,7 Prozent der Bruttowertschöpfung und damit unter dem EU-Durchschnitt von 4,9 Prozent (OECD 2017a). Bereits vor der Finanzkrise lag der Anteil der in der Kreditwirtschaft Beschäftigten in Deutschland bei lediglich 3,7 Prozent und damit deutlich unter dem Niveau Großbritanniens, der Vereinigten Staaten oder des europäischen Durchschnitts. Auch nach 2008 sank diese Zahl weiter, auf eine absolute Zahl von 609.100 Beschäftigten in der Kreditwirtschaft im Jahr 2016, die damit weniger als 2 Prozent der sozialversicherungspflichtig Beschäftigten insgesamt ausmachen (Statistisches Bundesamt 2017a; Bundesverband deutscher Banken 2017: 7). Zudem ist in Deutschland nur ein Anteil von 18,3 Prozent des Privatvermögens in festverzinslichen Wertpapieren, Aktien und Investmentfonds angelegt (Bundesverband Deutscher Banken 2017: 16).

Die deutsche Bankenlandschaft ist im internationalen Vergleich relativ fragmentiert und weist eine hohe Wettbewerbsintensität unter den Instituten auf. Das Bankengeschäft wird nicht von wenigen nationalen Champions dominiert, wenngleich die Anzahl der Kreditinstitute rückläufig ist und von einer Zunahme an privaten Fondsgesellschaften begleitet wird (Bundesverband Deutscher Banken 2017: 5; BVI 2017a). Die Bilanzsumme aller Banken im deutschen Bankgewerbe betrug rund 7,83 Billionen Euro im Jahr 2016. Die Kreditbanken haben mit 40,5 Prozent den größten Anteil daran. Die größten deutschen Institute sind nach Bilanzsumme in 2016 in Mrd. €:

Kreditinstitut	Bilanzsumme (Mrd €)
Deutsche Bank AG, Frankfurt/M.	1.591
DZ Bank AG, Frankfurt/M.	509
KfW Kreditanstalt für Wiederaufbau, Frankfurt/M.	507
Commerzbank AG, Frankfurt/M.	480
Unicredit Bank AG, München	302

Abb. 4: Bilanzsummen deutscher Banken, Datenquelle: Bundesverband deutscher Banken (2017: 9).

Im globalen Vergleich sind auch die deutschen Großbanken eher kleine Banken. Laut dem Ranking des Magazins *The Banker* befindet sich die Deutsche Bank für das Jahr 2017 nach Bilanzsumme auf Platz 15. Die nächstgrößten deutschen Banken folgen auf Platz 51 (DZ-Bank) und Platz 54 (Commerzbank). Australische Banken befinden sich auf den Plätzen 41 bis 51 (The Banker 2017).

Die Bedeutung des Frankfurter Finanzplatzes im nationalen und europäischen Kontext

Frankfurt ist mit über 200 Banken, die ihren Sitz am Finanzplatz haben, ein Knotenpunkt nicht nur für das deutsche Bankenwesen. Rund 160 Auslandsbanken unterhalten eine Filiale oder Repräsentanz in der Stadt als Ausdruck eines weltweit integrierten Finanzsystems. Zudem ist Frankfurt Sitz der Europäischen Zentralbank, die neben der Regulierung der europäischen Währungspolitik seit 2014 auch die Aufsicht über 130 systemrelevante europäische Banken innehat (Bischoff 2017: 12).

Neben dem Bankenwesen ist auch die Investmentbranche schwerpunktmäßig im Raum Frankfurt lokalisiert. Rund die Hälfte der Einlagestellen für deutsche Fonds hat hier ihren Hauptsitz. Das in Frankfurt verwaltete Fondsvermögen macht rund 87 Prozent des Gesamtvolumens deutscher Kapitalanlagegesellschaften aus (BVI 2017b, eigene Recherche). Insgesamt treten in Deutschland rund 309 in- und ausländische Investmentgesellschaften auf, die 2017 mit 2,2 Billionen US-Dollar einen Marktanteil von 9 Prozent des europäischen Fondsvermögens verwaltet haben. Im Vergleich dazu hielt Großbritannien einen Marktanteil von 36,3 Prozent, gefolgt von Frankreich (17,6 Prozent) (vgl. European Fund and Asset Management Association 2017: 21, 39).

Frankfurts Bedeutung als internationales Finanzzentrum entfaltet sich innerhalb des europäischen Kontextes und ist vor allem auf Kontinentaleuropa fokussiert. Starke Verflechtungen bestehen mit der City of London, die seit Jahren unangefochten das größte und bedeutendste Finanzzentrum Europas darstellt und neben New York das größte Finanzzentrum im globalen Vergleich ist (vgl. Yeandle 2015; 2017). Noch um die Jahrtausendwende konkurrierten London und Frankfurt um die Vormachtstellung im europäischen Finanzsystem (Beaverstock et al. 2001), der Vorrang Londons ist aktuell jedoch unbestritten. So fanden 2016 rund 80 Prozent der Handelsaktivitäten auf europäischen Finanzmärkten in London statt (Deutsche Börse 2017).

Im Zuge des Austritts Großbritanniens aus der Europäischen Union wird jedoch in naher Zukunft eine Zunahme der Bedeutung des Finanzplatzes Frankfurt erwartet. Auch wenn aufgrund der aktuellen politischen Lage die genauen Konsequenzen des Austrittsprozesses noch nicht absehbar sind, wird generell von einer Verschiebung großer Teile des derzeit in London konzentrierten Finanzgeschäftes in andere europäische Städte ausgegangen. Insbesondere Dublin, Paris, Luxemburg, Frankfurt und Amsterdam bewerben sich als Standorte für wechselwillige Banken und Investmenthäuser. In diesem »Rennen um die Brexit-Banker« (Bischoff 2017: 6) werden Frankfurt die besten Chancen eingeräumt. Aktuelle Schätzungen gehen davon aus, dass in den kommenden Jahren bis zu 16.000 bzw. 10 Prozent der derzeit in London angesiedelten Stellen im Finanzbereich in andere europäische Städte verlagert werden, rund die Hälfte davon nach Frankfurt. Diese hohen Erwartungen gründen sich auf die Attraktivität des Standortes Frankfurt aufgrund der hohen Lebensqualität und des kulturellen Angebots, sowie auf die bereits bestehende starke Vernetzung zwischen beiden Städten. So sind heute schon die zwanzig größten Londoner Investmentbanken mit Niederlassungen in Frankfurt vertreten. Die Präsenz der Europäischen Zentralbank ist ein weiterer Prestigefaktor für die Stadt und ermöglicht engen Kontakt der Banken zu der zuständigen Regulierungsbehörde (Bischoff 2017: 21).

Darüber hinaus ist Frankfurt als Sitz der Deutschen Börse sowie der Terminbörse *Eurex* ein bedeutender europäischer Handelsplatz für Aktien und Derivate. Die Deutsche Börse ist mit einem Handelsvolumen von rund 1,8 Billionen US-Dollar im Jahr 2016 die viertgrößte europäische Wertpapierbörse;

allerdings entfallen lediglich 1 Prozent des Handels auf Aktien ausländischer Unternehmen. Die Terminbörse *Eurex*, an der vor allem Futures und Optionen auf Aktien, Aktienindizes und Anleihen gehandelt werden, ist die größte europäische Handelsplattform für Derivate und gilt neben der Chicago Options Exchange als eine der größten Terminbörsen der Welt (vgl. World Federation of Exchanges 2017).

Stadtentwicklung in der Global City Frankfurt

In der Innenstadt entwickelte sich nach 1945 zunehmend ein Bankenviertel, das durch eine typische Hochhausbebauung gekennzeichnet ist. Vor dem Zweiten Weltkrieg waren in Frankfurt gerade einmal zwei Hochhäuser gebaut worden (Sturm 2014: 15). Mit dem Wiederaufstieg Frankfurts hin zum wichtigsten deutschen Bankenstandort sollte sich dies ändern. 1955 verfügten schon fünfzehn Banken über Hochhausgebäude mit bis zu zehn Stockwerken. Der städtische Bankenplan, auch als Clusterplan bekannt, erlaubte ab 1970 die Errichtung von Einzelgebäuden über einer Höhe von 96 Metern, was der Höhe des Frankfurter Doms entspricht (Rodenstein 2014: 26), und schuf somit die Voraussetzungen für das Entstehen einer Hochhaus-Skyline, die heute als Markenzeichen der Bankenstadt Frankfurt gilt. Der zentrumsnahe Stadtteil Westend, der zu dieser Zeit noch eine Wohngegend für Bevölkerungsschichten mit mittlerem Einkommen war, wurde als Erweiterungsgebiet des Bankenviertels ausgewiesen. Der darauffolgende Abriss von Gründerzeitgebäuden wurde von massiven Protesten begleitet, die als ›Häuserkampf‹ die Stadtgeschichte der 1970er Jahre prägten.

Der Wunsch der Frankfurter Kommunalpolitik, als Standort der Europäischen Zentralbank ausgewählt zu werden, beförderte weitere Hochhauspläne, so dass auch in den 1990er Jahren eine Reihe von Hochhäusern auf Basis eines neuen Stadtplanungskonzeptes gebaut wurden (ebd.: 32). Gebäude wie das *Eurotheum*, der *Main-Tower* oder *Skylight* gehören zu dieser Generation von Hochhäusern, die neben Büroräumen auch Gastronomie, Hotelkapazitäten bzw. gehobenen Wohnraum im Bankenviertel zur Verfügung stellen. Seit den 2000er Jahren sind im Bürosegment in der Innenstadt steigende Leerstandsquoten zu verzeichnen, sodass bereits gemutmaßt wurde, dass die Hochhausentwicklung in Frankfurt zu einem Ende gekommen sei (ebd.: 34). Vor dem Hintergrund des

Austritts Großbritanniens aus der Europäischen Union erweist sich der hohe Leerstand an Büroflächen aktuell jedoch als ein Vorteil im Wettbewerb um die aus London zu verlagernden Arbeitsplätze. So kann der unmittelbar erwartete Bedarf an Büroflächen im Bankenviertel bereits jetzt gedeckt werden. Zudem liegen die Mieten für Büros zwar an der Spitze im Vergleich mit anderen deutschen Städten, jedoch signifikant unter den Preisen von London, Dublin oder Paris. Langfristig wird daher mit einem weiteren Wachstum an Bürohochhäusern gerechnet (vgl. Bischoff 2017: 23).

Parallel dazu zeichnet sich in den letzten Jahren auch ein Trend zur Entwicklung von Wohnhochhäusern ab, von denen sich nicht weniger als ein Dutzend in Frankfurt in Planung oder im Bau befinden (Bischoff 2017; Steiner 2014). »Wir sind die Stadt der Hochhäuser – und deshalb ist es kein Zufall, dass dieser neue Trend hier bei uns entsteht«, wird der Sprecher des städtischen Baudezernats 2014 in der Presse zitiert (Göpfert 2014). Neben der Schaffung von Wohnraum für eine gehobene Klientel, die mit dem Zuzug der ›Brexit-Banker‹ im Wachsen begriffen ist, stellen die luxuriösen Eigentumswohnungen in Hochhäusern auch eine vorläufige Investitionsalternative gegenüber Büroimmobilien dar und bescheren der Stadt – unter der Voraussetzung der Verwirklichung der bestehenden Pläne – einen anhaltenden Hochhauszuwachs.

4.2 Der Finanzplatz Sydney

Bevölkerungs- und Beschäftigungsstruktur

Die Metropolregion Sydney ist mit 4,3 Millionen Einwohnern die größte urbane Agglomeration Australiens und beherbergt damit ca. 18 Prozent der australischen Gesamtbevölkerung von rund 23,4 Millionen. Ökonomisch ist die Stadt vor allem vom Dienstleistungssektor geprägt. So sind weniger als 1 Prozent der Bevölkerung in der Nahrungs- und Rohstoffproduktion tätig und lediglich rund 16 Prozent im Industrie- und Bauwesen. Mit rund 143.500 Beschäftigten (7 Prozent aller Angestellten) stellte der Finanzsektor 2016 den sechstgrößten Arbeitgeber in der Stadt dar. Geographisch ist der Finanzsektor stark konzentriert. 62,5 Prozent der Arbeitsplätze in der Finanzbranche finden sich im Stadtzentrum, rund 9 Prozent in North Sydney, direkt an der Mündung des Parramatta

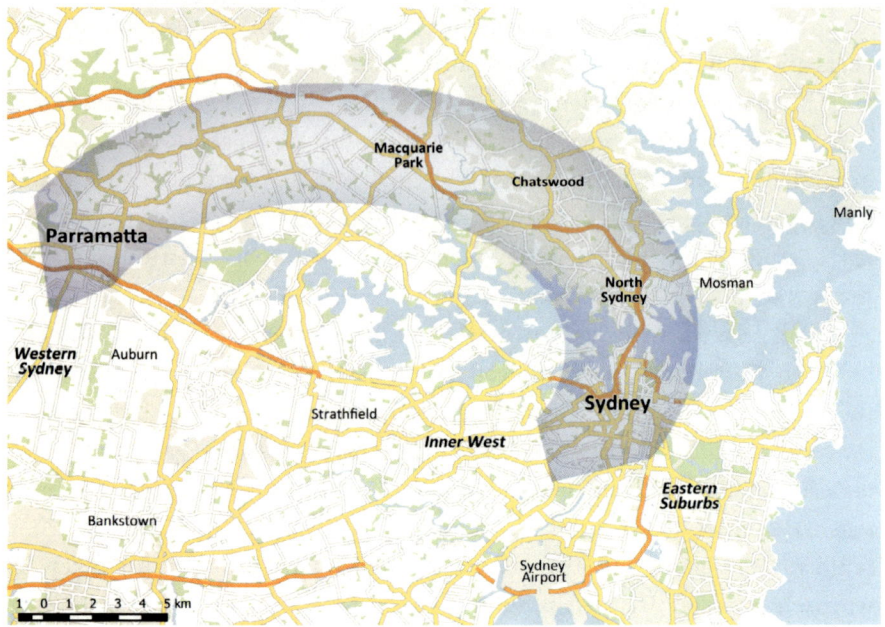

Abb. 5: Übersichtskarte Sydney (CBD bis Parramatta).

River gelegen, und weitere 10 Prozent in Parramatta, dem rund 20 km westlich des Central Business Districts (CBD) gelegenen Zentrum von Western Sydney (vgl. Australian Bureau of Statistics 2017).

Im Vergleich zu Australien insgesamt ist Sydney überdurchschnittlich wohlhabend. So lag das wöchentliche Medianeinkommen pro Haushalt in Sydney 2016 bei 1.800 australischen Dollar und damit rund 25 Prozent über dem Australiens von 1.400 Dollar. Betrachtet man die Einkommensverteilung genauer, so fällt auf, dass rund 12 Prozent der Erwerbstätigen in Sydney in die höchste Einkommensgruppe mit einem Jahreseinkommen von über 104.000 Dollar fallen, im Vergleich zu 9 Prozent in Australien insgesamt. Die Entlohnung für Angestellte im Finanzbereich liegt ebenfalls über jener der Gesamtbevölkerung Sydneys, wobei 42 Prozent der Angestellten in diese Gruppe fallen. Rund 22 Prozent der in der Finanzbranche Beschäftigten verfügen über ein Jahreseinkommen von über 156.000 Dollar. Wie auch in Frankfurt, liegen die Gehälter im Investmentbereich jedoch über dem Durchschnitt des Sektors. Eine Studie der Recruitment-Agentur *Robert Walters* gibt etwa für das Einstiegsgehalt von Analysten je nach Spezialisierung eine Bandbreite von 90.000 bis 150.000

australische Dollar an, wobei erfolgsbezogene Gehaltskomponenten nicht berücksichtig sind (Robert Walters 2017: 41). Die Macquarie Bank, die größte australische Investmentbank, weist im Jahr 2017 für ihre rund 13.900 Angestellten durchschnittliche Bruttogehälter von rund 287.300 australischen Dollar pro Person aus (inklusive Pensionsbeiträge, Boni und Sonderzahlungen). Die Einkommen ihrer 21 Executive Manager lagen zwischen 2,8 und 18,7 Millionen Dollar pro Person, Bonuszahlungen in Form von Aktienpaketen und Optionen eingeschlossen (Macquarie Group 2017: 54f.).

Geographisch verteilt sich dieser Reichtum innerhalb der Stadt entlang einer groben Nordost-Südwest-Achse. So liegen mit Darling Point, Edgecliff und Point Piper die drei Suburbs mit der wohlhabendsten Wohnbevölkerung Australiens im Osten Sydneys, während die einkommensschwächsten Teile von Sydney wie Auburn, Lakemba, Campsie oder Cabramatta im Westen der Stadt liegen (Australian Bureau of Statistics 2017).

Als postkoloniale Gesellschaft ist Australien von Migration geprägt. Rund 32 Prozent der Gesamtbevölkerung sind außerhalb Australiens geboren und 45 Prozent haben zumindest einen Elternteil, der nicht in Australien geboren wurde. Rund 77 Prozent der nicht in Australien geborenen Personen leben in den acht Capital City Areas (Sydney, Melbourne, Brisbane, Adelaide, Perth, Darwin, Hobart, Canberra), die 66 Prozent der Gesamtbevölkerung auf sich vereinen. Entsprechend liegt der Anteil der nicht in Australien geborenen Einwohner in Sydney mit 45,4 Prozent der Bevölkerung über dem nationalen Durchschnitt. Die größten migrantischen Gruppen nach Herkunftsländern sind China (5,1 Prozent der Gesamtbevölkerung), England (3 Prozent), Indien (3 Prozent), Neuseeland und Vietnam (je 1,9 Prozent). Gefragt nach ethnischer Zugehörigkeit identifizieren sich 18,1 Prozent der Bevölkerung Sydneys als englisch, 16,7 Prozent als australisch, 8,6 Prozent als chinesisch, 6,1 Prozent als irisch und 5 Prozent als schottisch (vgl. Australian Bureau of Statistics 2017). Migranten, insbesondere der ersten Generation, leben vorwiegend in den ärmeren westlichen Stadtteilen Sydneys. Obwohl es einige Stadtteile mit betonter kulturell-ethnischer Identität gibt (z. B. Leichhardt als ›Little Italy‹, Chinatown in Haymarket oder Eastwood als koreanisches Zentrum), ist eine Segregation der Wohnbevölkerung nach ethnischer Zugehörigkeit innerhalb der Stadt statistisch nicht nachweisbar (vgl. Cui/Pichara 2012; Johnston et al. 2001).

Historische Entwicklung

Gegründet 1788 als Sträflingskolonie, ist Sydney über weite Teile seiner Geschichte geprägt von rapidem Bevölkerungswachstum. Treibende Faktoren dafür waren ab dem 19. Jahrhundert der australische Goldrausch sowie Sydneys Rolle als wichtigster Hafen, kommerzielles Zentrum und Hauptstadt des Staates New South Wales. Innerhalb Australiens kam Melbourne als industriellem Zentrum und Rivalin um die Hauptstadt des australischen Commonwealth jedoch über lange Zeit eine größere Bedeutung zu. Dies veränderte sich mit der Wirtschaftskrise der 1970er Jahre, die den Beginn des Niedergangs des australischen Industriesektors markiert.

Sydney profitierte von seiner Rolle als Sitz der Zentralbank und als Zentrum für Handelsbanken, während der Finanzsektor in Melbourne stark mit der Industrie verwachsen war. Mit der 1911 gegründeten Commonwealth Bank, die bis 1959 auch die Funktionen einer Zentralbank (Notenausgabe und *lender of last resort*) wahrnahm, verfügte Sydney über die wichtigste Institution eines Finanzzentrums. Als die Commonwealth Bank 1959 ihre Zentralbankfunktionen an die neu gegründete Reserve Bank of Australia abgab, wurde auch diese in Sydney angesiedelt (Schedvin 1992). In den 1950er Jahren waren die Finanzmärkte von Melbourne und Sydney noch etwa gleichbedeutend. Mit der zunehmenden Relevanz globaler Finanzmärkte und der Deregulierung des Finanzwesens ab 1983 verlagerte sich das wirtschaftliche Zentrum Australiens jedoch immer stärker nach Sydney. Neben dem internationalen Flughafen, der schnelle weltweite Verbindungen ermöglichte und so Sydney als globalen Verbindungspunkt etablierte, lag die Stadt auch näher an den damals boomenden Rohstoffförderstätten, was ausländische Investments anzog. Zudem ist Sydney auch das Zentrum der japanischen und koreanischen Communities in Australien, wodurch internationale Beziehungen gestärkt wurden. Ab den 1970er Jahren war der Finanzsektor der dominante Wirtschaftsbereich in Sydney. Dies geschah auch mit Unterstützung verschiedener föderaler Regierungen. So wurden etwa 1987 auf Beschluss des Parlaments die Börsen der einzelnen Bundesstaaten in der in Sydney angesiedelten Australian Stock Exchange zusammengefasst. Diese fusionierte 2006 mit der Sydney Futures Exchange (SFE), wodurch unter dem Namen *ASX* die neuntgrößte Börse der Welt entstand (vgl. Australian Financial Markets Association 2014). Die Dominanz des Finanzsektors schlug sich schließlich auch in einem Hochhausboom nieder, der bis heute das Stadtbild prägt.

Aufgrund der Ausrichtung des australischen Finanzsektors nach innen steht Melbourne traditionell in Konkurrenz zu Sydney. Zahlreiche Banken hatten ursprünglich ihren Hauptsitz in Melbourne, wo sie auch nach wie vor große Repräsentanzen unterhalten. Erst in den 1980er Jahren verlagerten die meisten Banken aufgrund der gestiegenen Bedeutung Sydneys als internationaler Handelsplatz ihre Zentralen. Diese Konkurrenz ist bis heute spürbar. So rangierte Melbourne 2017 in der Rangliste des Global Financial Centers Index (GFCI) auf dem 13. Platz und damit nur fünf Plätze hinter Sydney, das den 8. Listenplatz belegt. Melbourne profitiert dabei vor allem von den so genannten instrumentellen Faktoren des Rankings, insbesondere der Lebensqualität, während Sydney nach wie vor einen »reputational advantage«, also eine subjektive Höherbewertung durch die Befragten im Verhältnis zu den objektiven Rahmenbedingungen genießt (vgl. Yeandle 2017).

Institutionelle Struktur

Obwohl Australien in der vergleichenden Kapitalismusforschung stets als liberale Marktökonomie angelsächsischen Typs verhandelt wird, nahm der Staat historisch einen steuernden Einfluss auf die wirtschaftlichen Rahmenbedingungen. So waren es vor allem Infrastrukturprojekte, über die der Staat bis zur Mitte des 20. Jahrhunderts Einfluss auf das wirtschaftliche Geschehen nahm. Anders als in koordinierten Marktökonomien war der Ausbau sozialer Sicherungssysteme jedoch stets auf ein Mindestmaß beschränkt. So entspricht Australien zwar historisch nicht exakt dem liberalen Marktmodell, ist diesem jedoch zweifelsohne näher als den koordinierten Ökonomien Kontinentaleuropas. Ab den 1980er Jahren kam es zu einer Vielzahl von Reformen, die auf die Integration der australischen Wirtschaft in die globale Ökonomie abzielten, wie etwa dem Abbau von Kapitalverkehrskontrollen, der Privatisierung des öffentlichen Sektors und der Dezentralisierung von Tarifverträgen. Diese Reformen orientierten sich am sogenannten *Washington Consensus* (Williamson 1993) und rückten damit die australische Wirtschaft deutlich stärker in Richtung des marktliberalen Modells (vgl. Chester 2008).

Trotz des politischen Drucks zur Schaffung einer kompetitiven Marktökonomie gliedert sich die institutionelle Ordnung des australischen Finanzmarktes auf eher konservative Weise. Zentrale Institutionen sind auf der einen Seite die Banken, die traditionell vor allem im Einlagengeschäft tätig sind sowie als Kreditgeberinnen für Industrieunternehmen und Privatpersonen, vor allem zur Immobilienfinanzierung. Obwohl der Bankensektor in den letzten Jahren immer stärker in das Investment-Geschäft drängt, sich also von einem reinen Retail-Modell in Richtung eines Universalbanken-Modells entwickelt, dominiert nach wie vor das traditionelle Einlagen- und Kreditgeschäft.

Der australische Bankensektor wird geprägt durch die *Big Four*, die vier größten australischen Banken. Diese teilen den Markt de facto unter sich auf. So entfallen auf sie insgesamt fast 80 Prozent der Bilanzsumme des Bankensektors. Insgesamt sind am australischen Markt 149 Institute tätig, davon 84 Banken und 54 Kreditgenossenschaften. Im internationalen Vergleich sind jedoch auch die *Big Four* relativ klein. Gemessen an der Bilanzsumme liegt die ANZ weltweit an 41. Stelle, gefolgt von der Commonwealth Bank auf Platz 43, der National Australia Bank auf Platz 48 und Westpac auf Platz 51.

Kreditinstitut	Bilanzsumme (2017, Mrd. AU$)
Commonwealth Bank of Australia (CommBank)	933,10
Westpac Banking Corporation	839,20
Australia and New Zealand Banking Group (ANZ)	823,96
National Australia Bank (NAB)	776,71

	Bilanzsumme (2017, Mrd AU$, gerundet)	Anteil (%, gerundet)
Big Four	3.373,0	79,5%
Andere Inlandsbanken	814,3	19,2%
Kreditgenossenschaften	37,6	0,9%
Andere Institute	17,0	0,4%
Gesamt	4.242,0	100%

Abb. 6: Bilanzsummen der *Big Four*, Bilanzsummen nach Sektoren, Datenquellen: Jahresberichte der Banken; APRA (2017: 36).

Die *Big Four* entstanden mit Ausnahme der Commonwealth Bank am Ende des 19. Jahrhunderts aus Regionalbanken und erlangten ihren Status durch Zukäufe und Fusionen mit anderen Instituten. Die Commonwealth Bank war hingegen bis 1996 in Staatsbesitz und übte bis 1959 neben dem kommerziellen Geschäft auch die Funktion einer Zentralbank aus.

Die vier größten australischen Banken unterliegen der 1990 in Kraft getretenen *four pillars policy*, einem wechselseitigen Übernahmeverbot, welches in Kraft gesetzt wurde, um eine Monopolisierung des australischen Bankensektors zu verhindern und Marktkonkurrenz zu garantieren. Dies führte de facto jedoch zu einem Oligopol dieser Banken. Zwar beschränkt dies einerseits den Konkurrenzdruck, andererseits ermöglicht limitierte Konkurrenz aber auch längerfristige Planung und trägt somit zur Stabilität des australischen Bankenwesens bei, wie sich zuletzt bei der Finanzkrise 2008 zeigte. Entsprechend wird die *four pillars policy*, obgleich ideologisch umstritten, selbst von der aktuellen liberal-nationalen Regierung als schützenswert angesehen. Internationale Banken sind auf dem australischen Markt vor allem im Investmentbereich tätig, da dieser von den einheimischen Instituten am schwächsten abgedeckt wird. Dabei handelt es sich jedoch meist um Nischentätigkeiten mit vergleichsweise geringen Volumen.

Anders als in Deutschland ist die Pensionsvorsorge in Australien primär über den Finanzmarkt organisiert. Im Unterschied zum deutschen Modell eines Umlagesystems werden verpflichtende Pensionsbeiträge in so genannte *Superannuation-Fonds* eingezahlt und am Finanzmarkt angelegt. Im Gegensatz zum hoch konzentrierten Bankensektor sind diese Pensionsfonds kleinteiliger organisiert. Ursprünglich wurden sie entweder von Unternehmen oder Branchengewerkschaften betrieben. In den 1970er Jahren wurde der Pensionssektor liberalisiert. Dadurch entstanden neben den *Industry Funds* auch Fonds einzelner Unternehmen sowie von privaten Anbietern gemanagte Fonds. Der zahlenmäßig größte Anteil entfällt auf so genannte *Small Funds*: selbst gemanagte Fonds bzw. für bis zu vier Einzelpersonen aufgesetzte Fonds, die von einem professionellen Fondsmanager verwaltet werden. Dieses System macht alle Beschäftigten in einem hohen Maße selbst für das eigene Investment verantwortlich, da unter verschiedenen Fondsprodukten ausgewählt werden muss, die nach Investitionsstil, Anlageform und Risiko diversifiziert sind. Da somit so gut wie alle Bürger direkt mit eigenem Kapital am Finanzmarkt beteiligt sind, kann Australien als Idealtyp einer *Shareholder-Society* gelten.

Die Bedeutung des Finanzplatzes Sydney im australischen Kontext

Australien hat für ein Land seiner Größe und Einwohnerzahl einen verhältnismäßig großen und für die Gesamtwirtschaft bedeutsamen Finanzsektor. Während die australische Wirtschaft gemessen am BIP weltweit an 13. Stelle liegt, ist der Fondsmarkt (gemanagtes Vermögen von Investmentfonds) nach Volumen der sechstgrößte der Welt und der Größte in Asien, der Equity-Markt (Aktien, Kapital und Anleihen) der neuntgrößte der Welt und der drittgrößte in Asien (Austrade 2017: 22f.). Aufgrund der Tatsache, dass Australien zwar die Finanzkrise relativ gut überstanden hat, gleichzeitig jedoch eine enorme Abwanderung industrieller Produktion ins Ausland festzustellen ist, stellt der Finanzsektor mittlerweile mit rund 9,2 Prozent den größten Anteil aller Wirtschaftssektoren an der Gesamtwertschöpfung der australischen Ökonomie. Im internationalen Vergleich weist etwa die Schweiz (ebenfalls rund 9,3 Prozent) einen ähnlichen Schwerpunkt in der Finanzbranche auf, während der Finanzsektor für die USA (7,2 Prozent), Großbritannien (6,7 Prozent) oder Deutschland (3,9 Prozent) von relativ geringerer Bedeutung ist (vgl. OECD 2017a).

Der Australische Dollar liegt in der Rangliste der am meisten gehandelten Währungen 2016 auf Platz 5, (hinter US-Dollar, Euro, Yen und Britischem Pfund), und stellt 6,9 Prozent des globalen Währungshandels dar, während Australiens Anteil am globalen BIP gerade 1 Prozent beträgt (BIS 2016: 4). Der Grund für die Größe des Finanzsektors liegt in der Struktur der australischen Wirtschaft. Diese ist zum einen auf die kapitalintensive Energie- und Rohstoffproduktion ausgerichtet; zum anderen ist die Siedlungsstruktur weit ausgedehnt und von Eigentumshäusern (statt Mietwohnungen) dominiert (Australian Financial Centre Forum 2009; Murphy 2011). Dies erzeugt einen hohen Kapitalbedarf in der Bevölkerung und hohe Infrastrukturkosten. Beide Faktoren sorgen für eine starke Nachfrage nach Kapital, die nicht über inländisches Sparen allein gedeckt werden kann, weshalb Australien traditionell eine negative Kapitalbilanz aufweist.

Diesen Nachfragefaktoren steht jedoch mit dem verpflichtenden kapitalgedeckten Pensionssystem ein großer Pool anlagesuchenden Kapitals gegenüber. Anders als in Deutschland gab es nie ein umlagegestütztes Pensionssystem. Australische Arbeitgeber sind jedoch gesetzlich dazu verpflichtet, einen gewissen Mindestanteil des Gehalts in einen designierten *Superannuation-Fonds* einzuzahlen, auf den erst bei Pensionsantritt zugegriffen werden kann. Staatliche

Pensionsleistungen beschränken sich auf eine äußerst geringe Mindestpension sowie Zuzahlungen für niedrige Einkommen. Die Einlagen der *Superannuation-Fonds* beliefen sich 2017 auf ca. 1,2 Billionen Australische Dollar (APRA 2017: 34), stellen also einen großen Kapitalstock dar, der den Kapitalmarkt befeuert.

Entsprechend dieser Angebot/Nachfrage-Konfiguration hat sich eine funktionale Arbeitsteilung zwischen den Banken und den *Superannuation-Fonds* herausgebildet. Das Hauptgeschäftsfeld der australischen Banken ist das klassische *Long-Term Credit Lending*, einerseits in Form von Hypotheken auf Immobilien für Privatkunden, andererseits als Kreditlinien für Unternehmen. Anders als im Modell der Deutschland-AG sind die Banken kaum direkt an Unternehmen beteiligt. Umgekehrt werden die Finanzmittel der *Superannuation-Fonds* hauptsächlich in (inländischen) Aktien angelegt. Internationale Transaktionen betreffen vornehmlich den Währungsmarkt. Die Gründe hierfür sind vor allem in der Rolle Australiens als Rohstoffexporteur sowie als Importeur von Anlagekapital zu suchen.

Ein zweiter finanzökonomischer Faktor, aus dem sich internationale Verknüpfungen ergeben, ist der Bedarf an Securities und Derivaten. Zum einen entsteht dieser Bedarf aus der Notwendigkeit, Exporte gegen Preisverfall abzusichern, zum anderen, um das Anlagerisiko der *Superannuations-Fonds* zu minimieren. Aufgrund des traditionsbestimmten Geschäftsmodells der australischen Banken ist deren Expertise in diesem Bereich relativ gering, weshalb das Geschäftsfeld von internationalen Playern bzw. deren australischen Tochterunternehmen bestimmt wird. Umgekehrt haben diese Umstände dazu geführt, dass der australische Finanzmarkt von der Finanzkrise 2008 relativ wenig beeinträchtigt wurde. So blieben die australischen Banken profitabel, während insbesondere europäische Banken an Boden verloren. Auch konnten die australischen *Big Four* ihren Marktwert über die Krise retten.

Aufgrund der großen Bedeutung, die der Finanzmarkt heute für die australische Wirtschaft hat, ist es ein erklärtes Ziel der australischen Regierung (gleich welcher Couleur), die Rolle des Finanzplatzes Sydney in der internationalen Konkurrenz zu stärken. Dies wird vor allem mit dem Beitrag des Finanzsektors zum Wirtschaftswachstum begründet. Berichte von Expertenkommissionen (vgl. Australian Financial Centre Forum 2009; Financial System Inquiry 2014) kommen dabei jeweils zu dem paradoxen Schluss, dass einerseits die Ausrichtung des australischen Finanzsektors nach innen eine Stärke des Finanzplatzes darstellt, da sie zu Resilienz gegenüber globalen Schocks beigetragen hat; andererseits wird jedoch eine stärkere Öffnung gefordert, etwa durch eine Vereinfachung des Steuerregimes, leichteren Zugang zum Arbeitsmarkt für internationale Financial Professionals und die Steigerung der *competitiveness* des Finanzsektors.

Die Bedeutung des Finanzsektors für die australische Wirtschaft lässt sich auch an der Anzahl der Beschäftigten ablesen. 2017 waren rund 184.000 Personen in der Finanzwirtschaft angestellt. Die Entwicklung der Beschäftigtenzahlen verweist dabei auf die wirtschaftliche und technologische Entwicklung des Finanzsektors: Ein erster Boom beginnt mit der Freigabe der Kapitalmärkte 1983. Die Wirtschaftskrise Anfang der 1990er Jahre sowie die zunehmende Digitalisierung und Automatisierung des Finanzsektors führen in der Folge zu einem starken Rückgang. Mit der zunehmenden Finanzialisierung der Ökonomie stieg die Angestelltenzahl nach dem Platzen der New-Economy-Blase an; seit der Finanzkrise 2008 nimmt sie tendenziell wieder ab (vgl. Australian Bureau of Statistics 2017).

Stadtentwicklung in der Global City Sydney

Als erste europäische Ansiedlung in Australien und Hauptstadt der Kolonie New South Wales war Sydney vor allem Handels- und Verwaltungszentrum. Die historische Entwicklung der Stadt wurde von der freien Verfügbarkeit von Land für europäische Siedler und der Abwesenheit jeglicher Stadtplanung bestimmt. Dies schlägt sich bis heute in der politischen Struktur nieder: So umfasst die Metropolregion Sydney gegenwärtig 300 Suburbs, welche in 37 *Local Government Areas* zusammengefasst sind. Eine übergreifende Stadtregierung gibt es nicht. Die eigentliche City of Sydney beschränkt sich lediglich auf den Central Business District (CBD), welcher sich ausgehend von der Sydney Cove (heute Circular Quay) zwei Kilometer Richtung Westen erstreckt, sowie die dreißig angrenzenden Suburbs. Die politische Gliederung der Metropolregion war historisch vielen Veränderungen unterworfen und ist bis heute Gegenstand intensiver Diskussionen. Dies schlägt sich in einer unklaren Kompetenzverteilung zwischen den lokalen, bundesstaatlichen und föderalen politischen Instanzen nieder, was auch die Entstehung einer Siedlungsstruktur des *suburban sprawl* begünstigt hat, die mit den Immigrationswellen des frühen 20. Jahrhunderts begann und die Metropolregion Sydney bis heute prägt (vgl. Ashton/Freestone 2008; Searle 1996).

Wie in anderen Global Cities auch, schlägt sich die Entwicklung Sydneys zum Finanzzentrum im Stadtbild nieder, das von jener Hochauskultur geprägt ist, die allgemein mit Finanzplätzen in Verbindung gebracht wird. Sinnbildlich wurde das erste Hochhaus, der Hauptsitz der Versicherungsgesellschaft *Australia Mutual Provident*, an Stelle des *Farmers and Grazers Building* errichtet – »finance capital was conspicuously supplanting pastoral capital« (Ashton/ Freestone 2008).

Ein erster Hochhausboom setzte in den 1960er und 1970er Jahren ein, der von der Entwicklung Sydneys zu einem Finanzzentrum regionaler Bedeutung getragen wurde. Mit der Rezession und den politischen Bewegungen der 1970er Jahre kam diese Entwicklung an sein Ende. So wurden Entwicklungspläne für das an den CBD angrenzende historische Arbeiterviertel *The Rocks* von Protesten der Einwohner gestoppt. In den 1980er Jahren verschob sich das Stadtwachstum in immer weiter entlegene Gebiete, wodurch starke Infrastrukturinvestitionen erforderlich wurden. Das politische Klima der 1990er Jahre führte dazu, dass diese Investitionen – so etwa die großen Straßenbauprojekte wie der Harbour Tunnel oder die Eisenbahnverbindung zum Flughafen – von Public-Private-Partnerships oder von Privatinvestoren getragen wurden. Die Ausrichtung auf ökonomische Interessen findet auch in den Planungsvorschlägen dieser Zeit ihren Niederschlag (vgl. Searle 1996). So wurde *global competitiveness* zum planerischen Leitziel, um dessentwillen die Regierung von New South Wales die Kompetenzen der lokalen Councils beschnitt und die Umweltschutz- und Planungsstandards lockerte. »Sydney became a metropolis of projects, largely driven by private capital and with central authorities guiding significant development through mechanisms that removed development consent from local councils« (Ashton/Freestone 2008). Seinen Ausdruck findet diese Entwicklung auch in der Verwandlung der ehemaligen Hafenflächen am Darling Harbour zu einem Entertainment-District, in der verstärkten Errichtung von *up-market*-Shopping Malls im Zentrum sowie in der Schaffung hochpreisigen Wohnraums, zum Beispiel im sogenannten *Central Park* in Haymarket, einem ehemaligen innerstädtischen Industriegebiet.

Damit einher ging ein Prozess der Gentrifizierung der ehemaligen Arbeiterklasse-Suburbs des Inner West wie etwa Glebe und Newtown, der sich aktuell auch auf Marrickville, Tempe oder Green Square ausbreitet, sowie ein rapides

Ansteigen der Haus- und Grundstückspreise in Sydney insgesamt. So entspricht der Median der Preise für Einfamilienhäuser (der vorherrschenden Bauform) in der Region Sydney dem dreizehnfachen des Medianeinkommens, was den Immobilienmarkt Sydneys zu einem der teuersten der Welt und für durchschnittliche Einkommen nahezu unerschwinglich macht (Carozzi et al. 2017: 10).

4.2 Vergleich

Obgleich in unterschiedlich strukturierte Volkswirtschaften eingebettet, sind Frankfurt und Sydney Finanzzentren ähnlichen Ranges. So listet der Global Financial Centers Index (GFCI) 2017 Frankfurt auf dem 11. und Sydney auf dem 8. Rang (Yeandle 2017). Innerhalb Europas wird Frankfurt an 3. Stelle hinter London und Zürich geführt, in der Region Asien/Pazifik nimmt Sydney den 5. Rang ein. In den vergangenen Jahren wiesen beide Städte wechselnde Platzierungen im GFCI auf. War Sydney im Global Financial Centers Index 2007 noch an neunter Stelle gereiht, so fiel die Stadt 2013 und 2014 auf Platz 23 zurück. 2015 konnte sich Sydney auf Platz 21 verbessern und liegt 2017 auf Platz 8. Frankfurt fiel in der Platzierung von 2009, als es noch den 8. Platz belegte, 2015 auf den 19. Platz im GFCI, liegt 2017 allerdings wieder auf dem 11. Rang.

Im Gesamtranking des GFCI werden Frankfurt wie Sydney als »global leader« geführt, als Finanzzentren, die über zwei Charakteristika verfügen: »broad and deep financial services activities and connected with many other financial centres« (Yeandle 2017: 13). Beide Städte erreichen damit hohe Werte bei der Angebotsvielfalt von Finanzdienstleistungen sowie hinsichtlich der Konnektivität des Finanzstandortes. Bei der Vernetzung mit anderen Finanzzentren unterscheidet sich Sydney allerdings von Frankfurt. Sydney weist eine wesentlich stärkere Innenorientierung (und damit geringere Konnektivität) des Finanzsektors auf und bedient vor allem den nationalen Markt.

Trotz der in vergangenen Jahren oftmals höherrangigen Platzierungen anderer europäischer Finanzzentren im GFCI (wie Zürich, Genf oder Luxemburg) kommt Frankfurt innerhalb Europas eine führende Rolle zu. So gelten die Schweiz und Luxemburg zwar als hervorragende Anlageorte, die ein hohes Maß an Geheimhaltungspraxis üben und daher große Summen an Privat- und Firmenvermögen anziehen; zugleich weisen sie jedoch nicht dieselbe Tiefe und

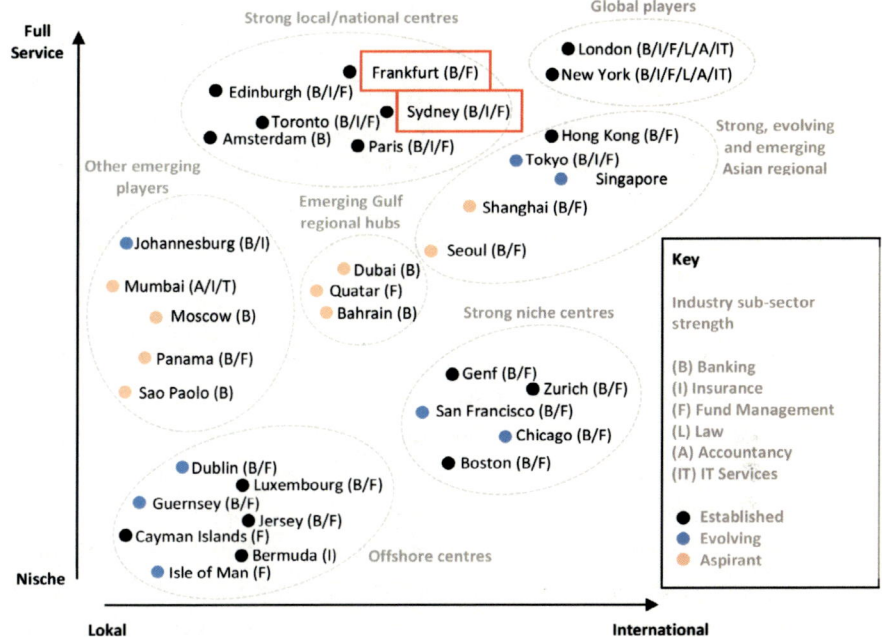

Abb. 7: Kategorisierung von Finanzzentren, nach: Australian Financial Centre Forum (2009: 10).

Breite in den angebotenen Finanzdienstleistungen auf, so dass ihr Vorteil auf einer starken Spezialisierung und national gültigen regulatorischen Vorteilen beruht. So ist Genf einer der wichtigsten europäischen Standorte für Private Banking, Luxemburg ein führendes Zentrum für Investmentfonds und lslamic Finance (Zademach 2014: 106).

Der GFCI legt nahe, dass die asiatischen Finanzzentren kontinuierlich an Bedeutung gewinnen, während die westeuropäischen Top 10 zurückfielen. Tatsächlich ist davon auszugehen, dass sich Frankfurt wie Sydney mit dem Aufstieg der *emerging markets* in Asien konfrontiert sehen, ohne dass sie selbst noch als Treiber dieser Wachstumsprozesse auftreten. So nimmt denn auch die internationale Bedeutung Sydneys relativ zu anderen asiatischen Finanzplätzen tendenziell ab. In der Region »Asia/Pacific« wird Sydney hinter Hong Kong, Singapur, Tokyo und Shanghai gereiht. Der Grund dafür ist zum einen darin zu suchen, dass China und Japan in ihrem eigenen Interesse Maßnahmen ergriffen haben, um bisher abfließendes Kapital im Land zu halten. Anders als Australien weisen sowohl Japan als auch China höhere Spar- als Investitionsquoten auf. Zudem gelten die meisten asiatischen Volkswirtschaften als stabile Wachstumsmärkte, während Australien als eine ›gesättigte‹ Wirtschaft gilt.

Paradoxerweise kann daher gerade die Deindustrialisierung Australiens als Schwäche seines Finanzsektors ausgemacht werden: Während asiatische Länder, allen voran China, durch den Ausbau lokaler Industrien Anlagemöglichkeiten schaffen, ist Australien auf den volatilen Rohstoffsektor angewiesen. Das medial oftmals verkündete ›Ende der Rohstoffblase‹ macht somit Investitionen in Australien zumindest dem öffentlichen Diskurs nach uninteressant. Zudem befinden sich Märkte, die von Sydney aus bedient werden, wie etwa Thailand oder Indonesien, in politischen Krisen.

Neben verschiedenen quantitativen Indikatoren (wie Infrastruktur, Entwicklungsstand des Finanzsektors, vorhandenes Humankapital) beruht der GFCI auf einer Umfrage unter Financial Professionals. Dies lässt verschiedene Typisierungen zu. Sowohl Frankfurt als auch Sydney werden als »Finanzzentren mit Breite und Tiefe« eingestuft. Dies bedeutet, dass alle Geschäftsbereiche des Finanzsektors hier vertreten sind und im internationalen Vergleich als hoch entwickelt angesehen werden. Die Abstufung globaler, transnationaler oder lokaler Relevanz wird dabei gemessen durch »the extent to which a centre is well known around the world, and how much non-resident professionals believe it is connected to other financial centres« (Yeandle 2017: 11).

Die Position eines Finanzplatzes auf dem GFCI-Index ist von subjektiven Einschätzungen abhängig, die sich von substantiellen Eigenschaften deutlich unterscheiden können. Analog zur Funktionsweise von Finanzmärkten selbst haben wir es bei diesen Rankings mit Reputationseinschätzungen bzw. Erwartungshaltungen der Finanzakteure zu tun. Da subjektive Einschätzungen ein wichtiger Faktor bei der Einordnung einer Stadt im globalen Finanzsystem sind, hat dies zur Konsequenz, dass sich die Politik stark an den Erwartungen und Bedürfnissen eben jener Finanzelite orientiert, um auf diese Weise zu den Gewinnern im Ranking zu zählen.

Eine wichtige Voraussetzung derartiger Rankings ist die Annahme, dass im globalen Kapitalismus Städte untereinander in einem hierarchischen System verbunden sind und um günstige Positionen in diesem System konkurrieren. Die Ära des globalen Kapitalismus wird danach von transnationalen Konzernen geprägt, welche die weltweit vernetzte Wirtschaft kontrollieren und Staaten als zentrale Akteure abgelöst hätten (vgl. Sassen 1991). Damit einher geht ein verändertes Raumverständnis: Ausschlaggebend für wirtschaftliche Prosperität ist nicht mehr ein zu entwickelndes Territorium, sondern die Bedeutung spezifischer Lokalitäten innerhalb globaler Finanz-, Kommunikations- und Warenströme (vgl. Robinson 2009). Global Cities vereinen demnach die wirtschaftlichen und politischen *Command and Control*-Funktionen auf sich, während die Produktion an global verstreuten Orten stattfindet. Je nachdem, wie es einer Stadt gelingt, solche *Command and Control*-Funktionen auf sich zu ziehen, bestimmt ihre Platzierung im globalen System (vgl. Sassen 1991; Sassen 2005b).

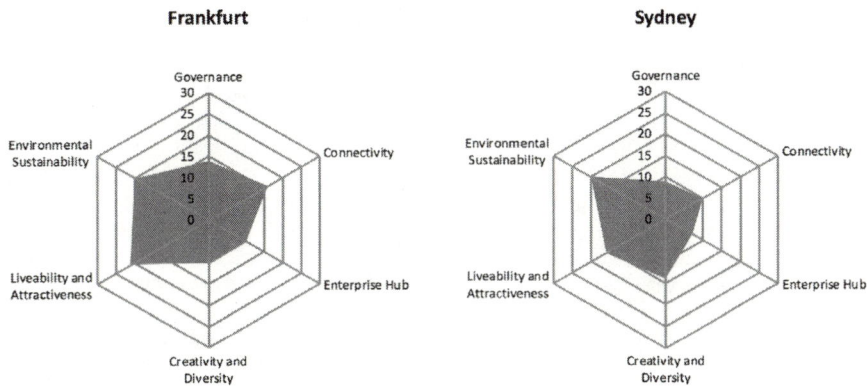

Abb. 8: Stärken-/Schwächeprofil Frankfurt und Sydney, Quelle: Hu et al. (2013).

Dieses Modell eines Global Cities-Wettbewerbs wird vielfach jedoch auch kritisch gesehen. So entwickeln Hu et al. (2013) ein multifaktorielles Modell der *competitiveness* von Städten, das nicht nur auf ökonomische Konkurrenz abstellt, sondern sechs verschiedene Dimensionen aufweist (siehe Abb. 8). Daraus ergibt sich ein Profil, das für Frankfurt und Sydney relativ ähnlich ausfällt. Demnach werden als Stärken beider Städte vor allem ›Lebensqualität‹ und ›Nachhaltigkeit‹ ausgewiesen, während die Konkurrenten Hong Kong oder Singapur vor allem durch businessfreundliche Governance punkten. Die Analyse von Hu et al. zeigt zudem, dass in den Dimensionen ›Enterprise Hub‹ und ›Creativity and Diversity‹ eine signifikante Lücke zwischen London und New York und allen anderen Global Cities besteht – Frankfurt und Sydney liegen hier im Mittelfeld. Dies ist der Messmethode geschuldet, da ›Creativity and Diversity‹ vor allem anhand der Existenz globaler Eliteuniversitäten beurteilt wird, und erst in zweiter Linie etwa durch den Anteil von ausländischen Staatsbürgern an der Wohnbevölkerung.

Frankfurt profitiert von der internationalen Bedeutung des Flughafens und der Rolle als Netzwerkknoten der Telekommunikationsindustrie. Wie gewichtig verkehrstechnische Argumente und die zentrale Lage der Stadt geblieben sind, zeigt sich auch daran, dass bei der Wahl Frankfurts als Sitz der Europäischen Zentralbank die Bedeutung des Frankfurter Flughafens als Drehkreuz für den europäischen und internationalen Luftverkehr eine entscheidende Rolle spielte.

Gemessen an der Anzahl der an einem Standort vertretenen Firmenzentralen globaler Konzerne, die als Indikator für den Status als Global City gilt, zeigt sich ein anderes Bild. Hier erweist sich Sydney als wesentlich größeres und diversifizierteres Zentrum. Während Frankfurt stärker von der Finanzwirtschaft dominiert wird, finden sich in Sydney auch Zentralen von Konsumgüter- und Energiekonzernen sowie von mehreren international tätigen Immobilienfirmen (vgl. Abb. 9).

Forbes-2000 Liste der größten Unternehmen der Welt, Standorte der Firmenzentralen, 2017			
Deutschland	51	Australien	39
davon in Frankfurt	6	davon in Sydney	20
– davon im Finanzbereich	4	– davon im Finanzbereich	6

Abb. 9: Forbes-2000 Liste der größten Unternehmen der Welt, Standorte der Firmenzentralen in Deutschland und Australien, Datenquelle: Forbes (2017).

Diese Übersicht bezeugt die historische Gewordenheit der wirtschaftlichen Struktur beider Städte. Während Sydney neben dem Finanzsektor stets auch kommerzielles und politisches Zentrum für New South Wales (und Australien) war, ist das deutsche Städtesystem weniger stark zentralisiert. Diese Prägung durch den jeweiligen nationalen Kontext zeigt sich auch bei der Betrachtung der größten Finanzkonzerne beider Städte (vgl. Abb. 10). So weisen die in Frankfurt ansässigen Finanzkonzerne gegenüber jenen aus Sydney einen geringeren Börsenwert (Marktkapitalisierung) und auch geringere Umsätze auf. Dies liegt an der noch immer stark auf das Kreditgeschäft orientierten Geschäftspraxis deutscher Banken und schlägt sich in der Größe der Bilanzsummen nieder. Die bedeutendere Rolle der Finanzmärkte in der australischen Wirtschaft verschafft den Finanzkonzernen in Sydney eine im Verhältnis zur nationalen Ökonomie breitere Kundenbasis und dadurch höhere Umsatzzahlen.

Vergleich der Finanzkonzerne auf der Forbes-2000 Liste in beiden Städten, 2017		
	Frankfurt	Sydney
Anzahl Transnationaler Finanzkonzerne	4	6
Marktkapitalisierung (Mrd. US-Dollar)	64,1	252,5
Umsatz (Mrd. US-Dollar)	64,8	97,3
Bilanzsumme (Mrd. US-Dollar)	2.401,7	1.659
Gewinn (Mrd. US-Dollar)	-0,96	15,1

Abb. 10: Größte Finanzkonzerne, Vergleich zwischen Frankfurt und Sydney, Datenquelle: Forbes (2017).

Auch die Betrachtung der Strukturdaten der Börsen in Frankfurt und Sydney (Abb. 11) zeigt, dass sich gewisse Unterschiede von koordinierter Marktwirtschaft zum liberalen Kapitalismus in den ökonomischen Strukturen der beiden Finanzzentren niederschlagen. So ist entsprechend des Modells einer liberalen Marktökonomie die Beteiligung an der Börse (Anzahl gelisteter Firmen, Marktkapitalisierung) im Verhältnis zur Größe der jeweiligen Volkswirtschaft in Sydney wesentlich höher als in Frankfurt. Allerdings weist das Gesamthandelsvolumen sowie das davon innerhalb eines Monats bewegte Volumen (*share turnover velocity*) beide Börsen als international vergleichsweise sehr aktive Handelsplätze aus. Eher untypisch für eine koordinierte Ökonomie ist zudem die große Bedeutung des Frankfurter Derivatemarktes, der wesentlich gewichtiger ist als jener in Sydney.

Börsendaten 2016	ASX Sydney	Deutsche Börse
Marktkapitalisierung (Mio. US-Dollar)	1.268.493,5	1.716.041,5
Gelistete Firmen		
– Gesamt	2.095	592
– Inland	1.969	531

Börsendaten 2016	ASX Sydney	Deutsche Börse
– Ausland	126	61
Handelsvolumen (Mio. US-Dollar, Electronic Order Book)	820.003,9	1.310.417,2
Anzahl Handelsvorgänge in eqity shares (in Tsd.)	251.515,3	137.827,2
Share turnover velocity	64,1%	74,9%
Anzahl gehandelte verbriefte Derivate	2.804	1.617.738

Abb. 11: Vergleich der Börsen Frankfurt und Sydney, Datenquelle: World Federation of Exchanges (2017).

Die unterschiedliche Bedeutung von kapitalgedeckten Rentensystemen in Deutschland und Australien zeigt sich mit Blick auf das Verhältnis zwischen dem absoluten Investmentvermögen, über das Pensionsfonds verfügen, und dem Bruttoinlandsprodukt. In den Jahren 2006 bis 2016 stieg der Anteil des in Pensionsfonds angelegten Investmentvermögen zum BIP in Australien von 91,7 Prozent auf 123,9 Prozent, während im gleichen Zeitraum in Deutschland lediglich ein Anstieg von 4,2 Prozent auf 6,8 Prozent zu verzeichnen war (OECD 2017b).

Vergleicht man jedoch die Investmentbranchen beider Länder insgesamt, so fällt deren starke Expansion in Deutschland auf. So verwalteten im Jahr 2013 deutsche Investmentfonds ein Vermögen von rund 383 Milliarden US-Dollar, während derselbe Sektor in Australien mit einem Vermögen von rund 1,6 Billionen US-Dollar rund viermal so groß war (ICI 2014: 219). Mittlerweile ist das Investmentvermögen in Deutschland auf 2,2 Billionen US-Dollar oder 63 Prozent des Bruttoinlandsprodukts angewachsen und hat damit Australien mit rund 2,1 Billionen US-Dollar (bzw. 175 Prozent des BIP) an verwaltetem Vermögen überholt; dies gilt allerdings nicht gemessen an der Größe relativ zur jeweiligen Volkswirtschaft (ICI 2017).

Während die deutsche Wirtschaft nach wie vor stark vom Industriesektor geprägt ist, hat sich in Australien der Finanzsektor als dominanter Wirtschaftszweig durchgesetzt, was Rankings wie dem GFCI eine prominentere Rolle im politischen Diskurs der Metropolregion Sydney verschafft. In Deutschland liegt das wirtschaftliche Augenmerk auf einer Vertiefung der Finanzialisierung, vor allem sichtbar an der Forderung nach einer stärkeren Beteiligung der Bevölke-

Abb. 12: Deutsche Börse, Frankfurt, Quelle: Deutsche Börse.

rung am Finanzmarkt; demgegenüber konzentrieren sich die ökonomischen Kräfte in Australien auf eine Stärkung des Exports von Financial Services. Finanzielle Akkumulation und Exportorientierung lassen sich als zentrale Elemente eines sich entwickelnden »finanzdominierten Akkumulationsregimes« begreifen (vgl. Boyer 2000; Stockhammer 2007). Frankfurt und Sydney stehen dabei stellvertretend für zwei Volkswirtschaften, die auf unterschiedlichen Enden des Spektrums liegen. Während Deutschland aufgrund seiner historisch gewachsenen industriellen Struktur Exportweltmeister im Industriesektor ist, aber kaum eine breite Beteiligung am Finanzmarkt aufweist, ist die australische Ökonomie bereits durchweg finanzialisiert.

Die Art und Weise, wie beide Finanzzentren ihre jeweiligen regionalen und nationalen Ökonomien zu einem weltweit integrierten Finanzsystem verknüpfen, weist Frankfurt und Sydney als Mitglieder im Global City-Netzwerk aus. Die Geschäftsmodelle der global agierenden Konzerne, die beide Finanzstandorte dominieren, ähneln sich und lassen eine vergleichbare Dienstleistungsstruktur in beiden Städten entstehen. Dies schlägt sich auch in einer Polarisierung sozial-räumlicher Strukturen nieder. In beiden Städten prägen der Central

Business District bzw. das Bankenviertel, städtische Großprojekte und stark nach Einkommen segregierte Wohnlagen das Bild.

Dennoch haben Frankfurt und Sydney ihre Spezifika als Finanzzentren nicht zugunsten der Durchsetzung eines Globalmodells von Finanzökonomie abgelegt. Die nach wie vor bestehenden Unterschiede in der Einbindung in einen weltweiten Finanzkapitalismus weisen beide Städte auch als *globalizing cities* (Robinson 2011) aus, also als Städte, in denen Globalisierung unablässig hergestellt und transformiert wird. Während in Deutschland alltägliche Erfahrungen der Finanzialisierung, wie etwa das Spekulieren von Privatanlegern oder die Absicherung im Alter über Finanzmarktprodukte, wesentlich geringer ausgeprägt ist als in angelsächsischen Ökonomien, wird dem australischen Finanzsektor aufgrund einer lückenhaften Verknüpfung mit der globalen Finanzindustrie derzeit Entwicklungsbedarf bescheinigt. So zeigt sich, wie sich lokale Pfadabhängigkeiten, die in historisch unterschiedlichen Entwicklungen begründet sind, in ein global integriertes Finanzsystem einschreiben und nicht in einer vollständigen Homogenisierung des Finanzmarktkapitalismus münden.

Die Instrumentarien des Städtevergleiches wie etwa der GFCI lassen sich vor diesem Hintergrund auch als politisches Instrument zur Herstellung eines Idealtyps von Globalität verstehen, das als Leitbild der jeweiligen urbanen Entwicklung fungieren soll. Demgegenüber stehen die Beharrungskräfte historisch gewachsener institutioneller und kultureller Strukturen. Hinsichtlich der Frage nach der Persistenz oder Konvergenz verschiedener »varieties of capitalism« (Hall/Soskice 2001) zeigt sich somit, dass zwar gleichförmige Trends sichtbar werden, unterschiedliche lokale Einflüsse aber weiterhin von Bedeutung sind.

Für die Problemstellung unserer Untersuchung, ob die Funktionsweise globaler Finanzmärkte zur Formierung einer globalen Finanzklasse führt, bedeutet dies, dass die Globalität von Global Cities nicht einfach als ein abstraktes und ortloses Konzept existiert. Vielmehr muss Globalität lokal (re-)produziert werden, was sich auch in konkrete Formen der geschäftlichen und kulturellen Praktiken von Finanzakteuren in den Business Districts von Frankfurt und Sydney übersetzt. Als eine wirtschaftlich starke und politisch einflussreiche Fraktion des Geschäftslebens hat die moderne Finanzklasse die Möglichkeit, das urbane Umfeld globaler Finanzplätze nach ihren Interessen und kulturellen Vorlieben zu organisieren. Im Weiteren soll daher unser Augenmerk auch darauf gelegt werden, wie sich der Prozess einer globalen Klassenbildung in seinen konkreten Auswirkungen jeweils lokal gestaltet.

5 Globaler Markt – globale Klasse: Professionelle Praktiken und Karrieren

In unserer Untersuchung dient die Analyse der Karriereverläufe von Finanzakteuren der Rekonstruktion des Gebrauchs von ökonomischem, kulturellem und sozialem Kapital sowie gemeinsamer Strategien, welche die Financial Professionals in ihrer beruflichen Laufbahn nutzen. Zusätzlich bilden sich in diesen Berichten die geteilten Weltsichten der Akteure und deren Habitus ab, die die geschäftlichen Praktiken prägen.

Unser Sample besteht aus 42 Interviews aus Frankfurt und Sydney und umfasst drei Kohorten: Neueinsteiger, Etablierte sowie Akteure am Ende ihrer Karriere. Die Befragten der jüngsten Kohorte sind zwischen 20 und 30 Jahre alt, die mittlere Kohorte zwischen 30 und 45 und die älteste zwischen 45 und 60. Das Sample wurde zudem so angelegt, dass es die wichtigsten Tätigkeitsfelder des Investmentbankings einschließt: Handel und Produktentwicklung, Mergers & Acquisitions, Portfolio Management und Analyse.

In unserer Analyse folgen wir zunächst der Abfolge von Karrierephasen, wie sie sich aus den Interviews erschlossen hat (Kapitel 5.1). Entlang dieser Karrierephasen strukturieren sich die Berufsbiographien unserer Befragten. Am Anfang steht der Einstieg in den Beruf, entweder direkt aus einer schulischen bzw. universitären Ausbildung heraus oder aus einer anderen beruflichen Tätigkeit, gefolgt von einer Phase der Aus- und Weiterbildung am Arbeitsplatz. Der darauffolgende Karriereabschnitt ist von Wechseln des Tätigkeitsbereiches, Arbeitsortes oder auch des Arbeitgebers gekennzeichnet. Einige der Befragten hatten ihre Tätigkeit im Finanzwesen zum Zeitpunkt des Interviews bereits beendet, was uns zusätzlich einen Einblick auf die Möglichkeiten des Ausstiegs aus der Branche eröffnet. Im Anschluss an diese Analyse gehen wir auf bestimmte Spannungsfelder in der Finanzwelt ein: kultureller und technologischer Wandel, die Beziehung zwischen Akteuren, Märkten und Unternehmen sowie Geschlecht und Ethnizität (Kapitel 5.2). Den Abschluss dieses Kapitels bildet eine

Zusammenfassung, in der die Erkenntnisse aus den Interviews auf die Kategorien unseres theoretischen Modells zur Klassenbildung auf globalen Märkten bezogen werden (5.3).

5.1   Karrieren im globalen Markt: Das Berufsleben der Financial Professionals

Berufseinstieg

Ausbildung, Aspiration und vorherige Arbeitserfahrung

Wie der Überblick über unsere Gesprächspartner in Abbildung 2 und 3 (Kapitel 3) zeigt, gibt es unterschiedliche Möglichkeiten für den Einstieg in das berufliche Feld globaler Finanzmärkte. Ein erster Unterschied zwischen Deutschland und Australien zeigt sich dabei in der Rolle von Bildungsabschlüssen beim Berufseinstieg: Während praktisch alle australischen Studienteilnehmer ein Universitätsstudium absolviert haben – auch jene in der ältesten Kohorte – stellt in Deutschland die Lehre als Bankkaufmann/-frau ebenfalls einen typischen Einstieg in das Finanzwesen dar. Im Rahmen des dualen Ausbildungssystems ermöglicht eine solche Lehre als Bankkaufmann/-frau die praktische Ausbildung am Arbeitsplatz. Für gewöhnlich werden Ausbildungsstellen mit der Aussicht auf eine Festanstellung angeboten und bieten so einen frühen Einstieg in eine Berufskarriere. Diese Form der Ausbildung war ursprünglich auf Schaltertätigkeiten und andere Bereiche des Verkaufs und der Kundenbetreuung ausgerichtet. Durch den technologischen Wandel, wie etwa der Ausbreitung des Onlinebanking und der Digitalisierung von Transaktionen, sind viele dieser Stellen im letzten Jahrzehnt obsolet geworden. Diese Entwicklung spiegelt sich auch im Rückgang der Absolventenzahlen wieder, die von 21.015 im Jahr 1997 bis 2015 auf fast die Hälfte (12.234) sank (BIBB 2016: 2). Während Arbeitgeber die praktische Orientierung der Ausbildung und die durch sie vermittelten grundlegenden beruflichen Kenntnisse weiterhin positiv bewerten, hat die Modernisierung der Finanzindustrie dazu geführt, dass die Bedeutung tertiärer Bildungsabschlüsse (Bachelor und höher) als Voraussetzung für eine Karriere in der Finanzwelt zugenommen hat. Daher werden Bankausbildungen seit einigen Jahren vermehrt als ›duales Studium‹ in Verbindung mit einem wirtschaftswissenschaftlichen Universitätsabschluss angeboten. Dieses Modell hält an den spezifischen Eigenheiten des deutschen Bildungssystems fest, das auf einen frühen Einstieg in die Berufswelt ausgerichtet ist, und bezieht gleichzeitig den internationalen Standard eines Universitätsstudiums in die Ausbildung für Fachkräfte im Finanzsektor mit ein.

Vor allem ein wirtschaftswissenschaftliches Studium ebnet den Weg in den Finanzsektor, zeugt es doch von einem allgemeinen Interesse für ökonomische Zusammenhänge sowie von einem Talent zum Umgang mit Zahlen. Elias' Geschichte ist ein typisches Beispiel dafür – über seiner Entscheidung, nach dem Abitur ein wirtschaftswissenschaftliches Studium aufzunehmen, sagt er folgendes:

Ich konnte eigentlich immer ganz gut mit Mathe, mit Zahlen. Und dann konnte ich mit Sprachen, meine Mutter ist ja Französin, das heißt, mit Menschen austauschen, auch in unterschiedlichen Sprachen, das waren so Punkte, die mich interessierten. Mathematik, Sprachen und irgendwie Zahlen, so wirtschaftliche Zusammenhänge, das hat mich interessiert und dann hab' ich gedacht: Ok, so 'n BWL-Studium.

Elias, 25, Frankfurt

Elias arbeitet bei einer Förderbank in der Bilanzerstellung. Als Kind eines Lehrerehepaares ist er in Norddeutschland aufgewachsen, von wo aus er nach Frankfurt zog, um am wichtigsten deutschen Bankenplatz seine Karriere zu starten. Elias hat ein duales Studium der Betriebswirtschaft in Kombination mit einer Bankkaufmannlehre abgeschlossen. Nach Beendigung seiner Ausbildung wurde er von seinem Arbeitgeber in die Bilanzabteilung übernommen, sieht dies jedoch lediglich als Sprungbrett, um in einen marktnahen Bereich zu gelangen. Sein unmittelbares Karriereziel ist es, in einer aktiven Rolle »am Markt« tätig sein zu können, »dort, wo das Leben ist«. Zu diesem Zweck plant er auch Auslandsaufenthalte und absolviert im Selbststudium eine Ausbildung zum ›Certified Financial Analyst‹.

Sein allgemeines Interesse an »*wirtschaftlichen Zusammenhängen*« wurde durch die Kombination eines Wirtschaftsstudiums und einer Banklehre in eine berufliche Laufbahn im Finanzsektor gelenkt:

> *Ich hatte so ein bisschen Sorge, dass ich das an der Uni, wenn man mich so ins kalte Wasser wirft, nicht direkt schaffe und hab' mir halt gedacht, wenn mir eher so 'n Rahmen gegeben wird von einem Unternehmen, das sagt: Ok, musst eher das machen und dann musst du da erscheinen, das waren so für mich die Beweggründe, überhaupt ein duales Studium zu machen.*

Elias' Motivation ist von einem Streben nach unmittelbarem Erfolg gekennzeichnet. Er wollte »*es direkt schaffen*«, trotz seiner Bedenken, mit der selbständigen Arbeitsweise an der Universität nicht zurechtzukommen und dort »*unterzugehen*«. Obwohl die Kombination von Studium und Berufsausbildung recht zeitintensiv ist, bot die Kopplung von Unterrichtszeit und beruflichen Verpflichtungen Elias eine Struktur, in der er nicht nur rasch seinen Studienabschluss erreichen konnte, sondern zur gleichen Zeit die Möglichkeit zum Berufseinstieg in die Finanzbranche erhielt. Elias' Biographie ist typisch für die jüngere Kohorte aus Frankfurt, die fast alle unmittelbar nach Abschluss ihrer Ausbildung eine Laufbahn bei einer Bank einschlugen, wenn auch nicht immer sogleich im Investmentbanking.

Der Einstieg in den Finanzsektor gestaltet sich jedoch nicht immer so geradlinig, wie der Vergleich mit dem Sample aus Sydney demonstriert. So haben sämtliche der Befragten aus Sydney vor ihrem Wechsel zum Investmentbanking in anderen Berufen gearbeitet, meist in verwandten Bereichen, wie etwa in der Buchhaltung oder im Versicherungswesen. Gemeinsam ist den Beispielen aus beiden Städten eine starke Karriereaspiration sowie eine Unzufriedenheit mit vorherigen Anstellungen, vor allem aufgrund fehlender Herausforderungen für den beruflichen Aufstieg. Dies war etwa bei William der Fall, der zu Beginn seiner Karriere als Buchprüfer für einen Finanzdienstleister arbeitete. Nach drei Jahren kündigte er und ist jetzt als Junior Analyst bei einer großen Investmentbank tätig:

> *My previous job was more accounting-based. I didn't like accounting. Well, there's a bit of a stigma attached to it. Accounting, it's not seen as that good of a job. Like it's an okay job but it's seen as a boring job and – I think it was a good place to*

start. They offer good training programmes internally and you learn how to deal with clients from quite a young age. You also learn how to train staff pretty quickly, so by my third year I was already coaching up accountants on jobs that I was working on. So, in that respect it was good, but the work wasn't complex or technical enough to keep me interested, so after three years I wasn't learning enough new things and so I'd be spending a lot more of my time then starting to manage upward and downward expectations between my managers and my accountants – and so that would be a lot of your time and that wasn't always interesting for me. Learning new things and executing my work was a lot more interesting to me. So to come across to [the bank], into a new role, where I had some skills that were translatable but broadly a lot of it was learning from scratch. That was kind of what I wanted to do – I wanted to still be learning, because I was only 25–26 years old and still had a lot to learn obviously, so that was the main reason why I left.

William, 27, Sydney

William ist in Sydney als Sohn einer Kindergärtnerin und eines Kleinunternehmers aufgewachsen. Trotz dieser, von ihm als Nachteil empfundenen »einfachen Herkunft« schaffte er die Aufnahme in eine *selective high school*[1] – ein Umstand, der seiner Meinung nach für eine Karriere im Finanzbereich sehr förderlich ist, auch wenn ihm die Verbindungen der »private school boys« fehlen. Nach einem Wirtschaftsstudium arbeitete er erst als Accountant für eine weltweit aktive Wirtschaftsprüfungsgesellschaft, bis sich ihm über einen Schulfreund die Möglichkeit bot, als Junior Equity Analyst bei einer australischen Investmentbank einzusteigen. Er übt diesen Beruf seit einem Jahr aus und plant als nächsten Karriereschritt einen Auslandsaufenthalt in New York.

Williams Unzufriedenheit mit seinem Job als Buchprüfer stammt einerseits von einem vermeintlichen niedrigen sozialen Prestige (»*Stigma*«), andererseits von einem Wunsch nach einer größeren intellektuellen Herausforderung. Er wechselte die Arbeitsstelle, als er durch einen Freund von einer offenen Posi-

---

1 Selective Schools sind öffentliche Eliteschulen, für die die Zugangsvoraussetzung ein Eignungstest ist. Die Schulgebühren sind hier jedoch wesentlich geringer als auf angesehenen Privatschulen.

tion bei einer australischen Investmentbank erfuhr, und von diesem auch für die Stelle empfohlen wurde:

> *He used to work at [Bank A]. He was in a different sector. And so he recommended me. He knew that I was looking for a job at the time and that I had a bit of experience in terms of financial services and so he recommended that I should apply for the job. So, I gave him my CV and I went through the interview process after that, which was quite strenuous, like five or six interviews, some testing and whatever. But, I was looking and I was always interested in finance. So, I graduated university in 2008–2009 which is when the financial crisis was, so there weren't many finance jobs going around. So that's why I went into accounting earlier, just as a bit more of an easier job to get. But after a couple of years there I got some experience up and I was prepared to switch and this was sort of a natural progression into finance, but not necessarily an easy switch to make. A lot of people would have to go through more management accounting jobs first and then from management accounting they might go into another forecasting or business analysis role, but it was good that I had a contact within [the bank] to be able to sort of put me forward.*

Obwohl er das reguläre Bewerbungsverfahren durchlaufen musste, schreibt William seinen erfolgreichen Einstieg in das Investmentbanking seinem Kontakt innerhalb der Bank zu. Dessen Empfehlung hätte seine mangelnde Berufserfahrung kompensiert.

Die Fälle von Elias und William sind Beispiele dafür, wie sich der Einstieg in die Finanzbranche zwischen Frankfurt und Sydney unterscheidet: So bietet das duale Ausbildungssystem in Deutschland einen direkteren Weg in eine Anstellung. Durch die Berufsausbildung in Banken, die mit einem Universitätsabschluss kombiniert werden kann, lassen sich junge Menschen einfacher in den Arbeitsmarkt integrieren als in liberalen Marktwirtschaften (wie etwa Großbritannien oder Australien). Allgemein weisen diese Volkswirtschaften eine schwächere Kopplung zwischen dem Bildungssektor und dem Arbeitsmarkt auf, was sich unter anderem in höherer Jugendarbeitslosigkeit niederschlägt. Die institutionalisierten Lebensläufe und stärker ausgeprägten »Normalbiographien« in eher korporatistischen Volkswirtschaften wie Deutschland führen demgegenüber zu höherer Arbeitslosigkeit unter der älteren Bevölkerung (Allmendinger/ Hinz 1998; Heinz 2005: 188f).

Allerdings scheinen die Unterschiede zwischen Frankfurt und Sydney hinsichtlich der Ausbildungswege vor dem Berufseintritt abzunehmen. Durch die zunehmende Akademisierung des Investmentbankings infolge von Globalisierung, technologischem Wandel und finanzwirtschaftlicher Innovation (Morrison/Wilhelm 2007) ist ein Universitätsabschluss mittlerweile auch in Deutschland zur grundlegenden Voraussetzung für eine erfolgreiche Bewerbung auf eine Stelle in diesem Bereich geworden.

Unterschiede zwischen Frankfurt und Sydney zeigen sich vor allem in der älteren Kohorte. Ein gutes Beispiel hierfür ist Joshua, dessen Weg in das Investmentbanking weniger direkt verlief. Nachdem er zunächst Hotelmanagement studiert hatte, wechselte er in ein wirtschaftswissenschaftliches Studium und begann als Versicherungsanalyst zu arbeiten.

Joshua, 60, Sydney

Joshua begann seine Karriere im Investment Banking, als der Sektor in Australien im Zuge der Marktliberalisierung Anfang der 1980er Jahre gerade expandierte. Er wechselte nach seinem Einstieg als Optionshändler bei einer australischen Handelsbank rasch zu einer international tätigen US-Investmentbank, in deren Auftrag er bis 1987 eineinhalb Jahre in Los Angeles im Bereich Corporate Advisory arbeitete. Als dort der Markt zusammenbrach, kehrte er nach Australien zurück, wo er in den folgenden Jahren für verschiedene Investmentbanken im Bereich Cross-Border-M&A tätig war. Im letzten Abschnitt seiner Karriere arbeitete er mehrere Jahre in leitender Position in der Investmentabteilung einer Universalbank, ehe er für sechs Monate zu einer US-Investmentbank zurückkehrte. Nach einer Meinungsverschiedenheit mit dem dortigen CEO beschloss er, »it's enough« und ging 2006 in den Ruhestand. Seither ist er noch gelegentlich als selbstständiger Berater tätig, hauptsächlich für Freunde und ehemalige Kollegen.

Most people who left an economics degree in those days would go to work for the government in treasury. That's what a lot of people did. This new market, the insurance market was growing, there was a change in the requirements for them, so they were paying more. So, they started to pay more money. And I thought I'm gonna go and work for them. I had been there [at the insurance company] for twelve months and the man sitting next to me was forty-two. I knew how much money I was going to earn the time I was forty-two and I thought: Well, that's not a lot of money...and he dropped dead on a holiday. And I thought: There's no way I'm going to stay in this job until I drop dead. I was lucky, I was advising the general manager, I was writing his speeches, I was preparing all his research papers, I had to do a lot of research on the industry and do comparisons, you know, what are all the competitors doing? So, that's what I did while I worked at the insurance company. I was an analyst. And then, I thought after a year, I don't want to stay here forever. And then an opportunity came up to work in the options market.

Zwar liegen beinahe 30 Jahre zwischen Williams Karrierebeginn Anfang 2010 und Joshuas Eintritt in das Berufsfeld in den frühen 1980er Jahren, doch beruhte Joshuas Wechsel zum Investmentbanking ebenfalls auf einem Streben nach einem aufregenderen Arbeitsalltag. Seinen Wunsch nach einem höheren Gehalt bringt er allerdings deutlicher zum Ausdruck als seine Altersgenossen in Deutschland. Schon in den frühen Achtzigerjahren boten sich ihm aufgrund des liberalisierten Finanzmarktes äußerst lukrative Verdienstmöglichkeiten. Jens, der ungefähr zur gleichen Zeit eine Tätigkeit im Investmentbanking in Frankfurt aufnahm, beschreibt im Vergleich dazu, wie die beruflichen Gelegenheitsstrukturen in Deutschland damals noch von der Erwartung lebenslanger Beschäftigung und vergleichsweise geringen Gehaltssprüngen geprägt war:

Jens, 47, Frankfurt

In den letzten zwanzig Jahren war Jens in der Betreuung institutioneller Kunden und Fondsgesellschaften für das europäische Aktiengeschäft tätig. In den neunziger Jahren wurde er von der deutschen Großbank, bei der er auch seine Banklehre absolviert hatte, für drei Jahre nach Tokio entsandt, wo er seine Frau kennenlernte. Nach seiner Rückkehr arbeitete er für verschiedene amerikanische Investmenthäuser und internationale Banken in Frankfurt. Er ist verheiratet und hat zwei Kinder, daher war es ihm ein Anliegen, in Frankfurt und nicht erneut im Ausland zu arbeiten. Den Verlust seines letzten Arbeitsplatzes im Zuge der Finanzkrise 2008 nahm er zum Anlass, sich »*ein paar Jahre Auszeit zu gönnen*« und sich neu zu orientieren, da ihm die zunehmend hierarchische und kompetitive Kultur im Finanzwesen nicht mehr zusagte.

Also, ich kann das insofern ganz gut vergleichen, weil ich ja die Bank noch aus einer Zeit kenne, wo dieser ganze Investmentbanking-Bereich keine Rolle spielte. Das heißt, als ich damals die Ausbildung gemacht habe, Mitte der 80er Jahre, da gab es selbst im Börsenbereich keine Boni in dem eigentlichen Sinne. Der Vorstand hatte keine Boni gehabt, die bekamen ein Fixgehalt und auch die Händler, die Aktienhändler zum Beispiel, bekamen ebenfalls meines Wissens keine Boni, die bekamen dann im Grunde genommen das dreizehnte Gehalt, dann haben sie 'ne kleine Tantieme oben drauf, das war ungefähr noch mal ein Monatsgehalt oder zwei Monatsgehälter, und das war es dann. Und die Leute damals, die speziell bei meiner Bank waren, die haben da eigentlich auch gearbeitet bis zur Rente. Also auch die Leute aus den Bereichen, wo heute ein deutlicher Turnover stattgefunden hat, was die Verweildauer der Mitarbeiter angeht. Damalige Aktienhändler, die haben da begonnen und sind auch da geblieben und sind vielleicht mal zu einer anderen großen Bank gewechselt und sind dann da in Rente gegangen. Also, es war vielleicht einer von hundert, der dann mal irgendwie zu einem Amerikaner gewechselt ist oder so. Also das war eine absolute Rarität und mein damaliger Chef, das war so mit der Letzte, der noch so diese alten Wertvorstellungen hochgehalten hat.

In seinem Umfeld war es zunächst nicht so sehr die Aussicht auf ein hohes Einkommen, die Jens motivierte, sondern eine zuverlässige und beständige Anstellung. Erst später wurde sein Interesse für die Arbeit im Ausland geweckt. Die Möglichkeit dazu bekam er aufgrund des einsetzenden Wandels der Branche, die sich auch in Deutschland ab den 1990er Jahren global auszurichten begann.

Im Unterschied zu den zwischen Frankfurt und Sydney divergierenden Karriereausrichtungen der älteren Generation ist die jüngere Kohorte aus Deutschland ihrem australischen Pendant sehr viel ähnlicher. Elias erklärt, dass das Bestreben, »sehr viel Geld zu machen«, in seiner Generation nicht nur der vorherrschende Beweggrund dafür sei, eine Anstellung bei einer Bank anzustreben, sondern insbesondere bestimmte Front-Office-Funktionen attraktiv erscheinen lässt. Über sich und seine Jahrgänge äußert er:

Das, was man aus den Medien mitbekommt, irgendwelche Broker und irgendwelche, die Millionen gemacht haben und so. Und dann versucht man natürlich irgendwie in seiner persönlichen Laufbahn möglichst auch in die Bereiche zu kommen, die dem am ähnlichsten sind. Also, wo viel Geld verdient wird und was auch immer, ja? Und deswegen entsteht da so 'n bisschen der Drang, in diese Bereiche rein zu kommen. So dass man selber dann sagt: Weiß nicht, Back Office oder so, das ist was für irgendwelche Hanswurste oder was auch immer.

Tatsächlich sind die Gehälter im Investmentbanking sowohl in Frankfurt als auch in Sydney wesentlich höher als in anderen Bereichen des Finanzwesens. So entsprechen bereits die Einstiegsgehälter für Analysten in etwa dem Durchschnittseinkommen der Finanzbranche allgemein und verdoppeln sich in der Regel schon nach den ersten drei Jahren. Die Grundgehälter in administrativen Back Office-Bereichen sind zumeist etwas höher als in kundennahen Tätigkeiten, deren Entgelte durch erfolgsbezogene Boni jedoch wesentlich aufgebessert werden können. Um in eine solche Position zu gelangen, muss allerdings erst grundlegendes Wissen über die entsprechenden Arbeitsabläufe und Geschäftspraktiken erworben werden. Elias sieht daher seine derzeitige Aufgabe in der Bilanzerstellung als Sprungbrett zu einer lukrativen marktnahen Tätigkeit:

Je weiter man sich vom Markt wegbewegt, umso trockener wird's, umso mehr beschäftigt man sich eigentlich mit dem Abfallprodukt, das am Markt entsteht. Also mit irgendwelchen Zahlen, irgendwelchen Geschäftsabschlüssen. Je weiter man nach hinten kommt, umso mehr beschäftigt man sich mit diesem Abfallprodukt. Vorne wird abgeschlossen, dann wird's erfasst und dann gibt's irgendwelche, die nehmen die Daten und analysieren das nur auf Risikoaspekte, und andere beschäftigen sich nur mit bilanziellen Aspekten. Vorne hat man das große Ganze, und das wird dann aufgesplittet in einzelne Arbeitsteile. Und man muss sich erst mal hinten durchfressen, bevor man überhaupt weiter nach vorne kann.

Die Nähe zu den Vorgängen am Markt und die direkte Belohnung von Geschäftserfolgen durch Bonuszahlungen machen Tätigkeiten im Front Office nicht nur finanziell interessant, sondern erzeugen auch ein starkes Leistungsbewusstsein, dass sich in Statusdifferenzen zwischen Front- und Back Office ausdrückt, wie Elias weiter beschreibt:

Wenn du direkt am Markt bist und weißt, wenn sich der Markt so entwickelt, dann mach' ich so viel Gewinn und bekomme diesen oder jenen Bonus, da ist natürlich enorm viel Leben und Spannung drin. Während das Back Office beschäftigt sich quasi nur noch mit totem Material. Und es gibt halt immer Reibereien, weil sich diese Front Offices immer als sehr wichtig erachten und quasi die anderen Bereiche übergehen.

Elias' Ausführungen stehen in Kontrast zu dem von Jens gezeichneten Bild des ›langweiligen‹ Banking. Beide Erzählungen berichten, dass sich mit dem Wandel des Finanzsektors im Zuge der Globalisierung auch die dort vorherrschenden Wertvorstellungen geändert haben. Während monetäre Aspirationen in die korporatistischen Gegebenheiten lebenslanger Arbeitsplatzsicherheit eingebettet und dadurch zu einem gewissen Grad neutralisiert waren, sind dreißig Jahre später für Elias eben jene monetären Aspirationen der hauptsächliche Grund für sein Interesse am Investmentbanking, wobei es nicht nur darum geht, einfach ein hohes Gehalt zu beziehen, sondern »*Millionen zu machen*«. Zwar beruhen diese Vorstellungen, wie Elias sie beschreibt, in erster Linie auf einem Medienklischee – längst nicht alle Beschäftigten in diesem Bereich verdienen tatsächlich solche Summen –, doch verdeutlichen sie den Wandel der Erwartungen, die hinter der Berufswahl stehen. Dies geht einher mit einer Abkehr vom Ideal ›langweiliger‹ Laufbahnen mit berechenbarem Einkommen und frei von Überraschungen. Während die ältere Kohorte die Stabilität von Karrieren noch als den Normalfall beschreibt, aus dem sowohl Joshua als auch Jens auszubrechen suchten, stellt dieser Normalfall in der Erfahrung von William bereits ein »*Stigma*« dar. Trotz der Nachwirkungen des Korporatismus im deutschen Bildungssystem lässt sich festhalten, dass sich die Karrierebestrebungen in Deutschland und Australien angenähert haben. Das Erlernen von Neuem und nicht zuletzt die Aussicht auf ein hohes Einkommen wurden zu zentralen Motivationen für die Arbeit im Finanzsektor, was sich in der liberalen Marktwirtschaft Australiens ein bis zwei Jahrzehnte früher als in Deutschland vollzog. Die gemeinsamen Präferenzen für Mobilität, ›Excitement‹ und hohe Einkommen dienen dazu, sich von ›alten‹ Wertvorstellungen wie Stabilität und Berechenbarkeit abzugrenzen.

Class counts – Einstellungspraxis in der älteren Kohorte

Die ersten Merchant Banks, Vorläufer des Investmentbankings, gehen auf das London des späten 18. und frühen 19. Jahrhunderts zurück (vgl. Bowen 1996). Sie befanden sich im Besitz nur weniger Familien, von denen viele nicht britischer Herkunft waren, die jedoch rasch enge Beziehungen mit der englischen Aristokratie eingingen. Dieses Milieu etablierte eine ›sittliche Ordnung‹, die eine Grundlage für die Entwicklung des modernen Finanzmarktes schuf. Diese Ordnung beruhte auf dem Vertrauen in das ›Wort eines Gentlemans‹ und vereinte den patriarchalen Herrschaftsanspruch des englischen Landadels mit dem Elitismus der Absolventen der *Public Schools*[2] (vgl. McDowell 1997: 48). Alex Preda (2009: 52ff.) argumentiert, dass die soziale Geschlossenheit dieser Statusgruppen nicht allein Vertrauen und eine gemeinsame Kultur garantierte, sondern auch zur Bildung einer exklusiven Sphäre innerhalb der Finanzwelt führte, die sich von den ›niederen‹ Sphären des Bankgeschäfts, wie der moralisch anrüchigen Kreditvergabe, abhob. Eine ähnliche soziale Geschlossenheit wiesen die Aktienmärkte in Frankreich und den USA auf, zu denen der Zugang durch rechtliche und informelle Regelungen, wie etwa durch die Notwendigkeit gewisser Clubmitgliedschaften, beschränkt war. Nirgends jedoch war der Klassencharakter der Finanzwelt ausgeprägter und langlebiger als in London, wo das Merchant-Banking noch bis weit in das 20. Jahrhundert hinein eine exklusive Domäne von Familiendynastien darstellte. Die Dominanz der ›Old City‹ nahm erst mit den häufig als *Big Bang* bezeichneten Finanzmarktreformen des Jahres 1986 ab, mit denen die City of London für internationale Banken geöffnet wurde, die bald begannen, das Geschäft zu dominieren (McDowell 1997: 49).

Das Fortwirken der sozialen Geschlossenheit des Merchant-Bankings kam in London in den Einstellungspraktiken zum Ausdruck. Diese basierten auf informellen Auswahlprozessen, in denen der Klassenzugehörigkeit eine weitaus größere Bedeutung zukam als der individuellen Leistung von Bewerbern. Mit dem richtigen familiären Hintergrund waren männliche Kandidaten oftmals auch ohne höheren Bildungsabschluss dazu in der Lage, sich durch persönliche Netzwerke im ›Boy's Club‹ der City eine Anstellung zu sichern (Ashley et al. 2016: 64). Christopher, der heute in Frankfurt arbeitet, seine Karriere aber in London begann, erlebte die Spätphase dieser Finanzkultur. Seinen Einstieg in das Bankgeschäft verdankt er einem Zeitarbeitsjob, in dem er in den frühen 1980er Jahren nach einem abgeschlossenen Germanistikstudium in London tätig war.

---

2 In England bezeichnet der Begriff *public school* unabhängige private Eliteschulen im Unterschied zu öffentlichen *state schools*.

Christopher, 50, Frankfurt

Christopher kommt ursprünglich aus Großbritannien, ist seit fast 30 Jahren im Investmentbanking tätig und lebt mit seiner Familie in Deutschland. Christopher begann seine Karriere nach dem Studium der Germanistik in Frankfurt in der Londoner City, kehrte beruflich erstmals 1990 nach Deutschland zurück und hat seitdem zeitweise auch wieder in London gearbeitet. Momentan ist er in Frankfurt tätig und leitet eine neu gegründete Abteilung für institutionelle Kunden einer deutschen Großbank. Aufgrund seiner Deutschkenntnisse betreute er zeitweilig auch deutsche Kunden für englische Firmen, wofür er regelmäßig nach London gependelt ist.

> *Da sollte ich eine Hilfskraft ersetzen und die Sekretärin unterstützen bei Abrechnungen, für vielleicht eine Woche. Weil irgendjemand krank geworden ist. Und da bin ich dann so im Anzug und ganz passabel erschienen und zu dem einen Direktor der Abteilung hingegangen und hab' mich vorgestellt. Und er hat mich beobachtet während dieser Woche und hat gesagt: Ja, was machen Sie hier? Und da hab' ich gesagt, ich will mich so 'n bisschen umhören, wie das jetzt in der City ist, und ich suche einen Job und ich will die City mal kennen lernen. Und dann hat er gesagt, ah ja, ok, viel Glück und gucken wir mal. In der zweiten Woche hat er gesagt, die Kollegin da drüben wird in die Filiale in die Schweiz versetzt, möchten Sie sich bewerben auf diese Position? Gut, dann sprechen Sie mit meinem Kollegen, Direktoren-Niveau, dann morgen 10 Uhr. Das Interview bestand aus drei Fragen: Was mein Vater machen würde, welche Zeitung ich lese und ob ich Cricket spiele. Ich hab' Cricket gespielt, hab' ich damals gesagt, gelesen hab' ich Daily Telegraph und die Financial Times natürlich, und mein Vater ist damals ein Ingenieur in Rente gewesen. Ich hab' das erzählt, auch wenn die Wirklichkeit war, dass er einen Tante-Emma-Laden geführt hat. Er ist ausgestiegen aus dem Ingenieursleben und hat gesagt, das reicht und jetzt wollte er mit seiner Familie dann einen Tante-Emma-Laden, also einen Corner Shop heißt das ja in England, und das war mir klar, das würde ich jetzt nicht erzählen, deswegen sagte ich: retired engineer, das hat sich sehr gut angehört. Damals war es ganz groß, dieses Old Boy's Network.*

Christophers Bewerbungsgespräch bestand ausschließlich aus Fragen, die entweder auf seine soziale Herkunft abstellten oder sich auf seine politischen

Ansichten bezogen, was mit seiner Vorliebe für bestimmte Zeitungen in Verbindung gebracht wurde. Mit strategischen Antworten und einem sorgfältig gewählten Äußeren war es ihm möglich, ein Bild abzugeben, das den Erwartungen seiner neuen Arbeitgeber entsprach. Dieses Auftreten zeigte er auch während unseres Interviews, bei dem er einen dunklen Maßanzug, goldene Manschettenknöpfe und handgefertigte Oxford-Schuhe trug.

Verglichen mit Großbritannien spielt Klasse in der australischen Gesellschaft scheinbar eine untergeordnete Rolle. Einerseits herrscht im öffentlichen Diskurs noch immer die Idealvorstellung von Australien als einer egalitären Gesellschaft vor, die von den Verstoßenen und Außenseitern des britischen Imperiums aufgebaut wurde und vom Prinzip des ›fair go for everyone‹ geprägt sei. Und tatsächlich kam dem Egalitarismus ein gewichtiger Einfluss auf Alltagskultur und Politik zu. So erhielt etwa die australische Arbeiterklasse relativ früh Zugang zu politischen Institutionen, lange bevor in Großbritannien das allgemeine Wahlrecht eingeführt wurde (Thompson 1994: 13)[3]. Andererseits jedoch hielten die herrschenden Klassen der früheren Kolonie, die Nachfahren reicher Siedler und militärisch-politischer Eliten, enge Verbindungen nach Großbritannien. Diese Verbindungen waren nicht nur ökonomischer Natur, mit ihnen drangen auch Elemente der britischen Klassenkultur in die (post-) koloniale Gesellschaft Australiens ein. Die Besitzer von Land und Kapital imitierten die gesellschaftlichen Verhältnisse ihres Herkunftslandes und entwickelten ein Selbstverständnis als »koloniale Aristokratie« (Cann 1995: 33). Viele Kennzeichen des britischen Klassensystems wurden daher in Australien reproduziert. Am deutlichsten drückt sich dies im System prestigeträchtiger Privatschulen aus, die auf die Bedürfnisse einer Wirtschaftselite ausgerichtet sind (Connell 1977: 158) und Klassengrenzen von früh an reproduzieren.

Ähnlich wie in London etablierten auch die australischen Finanzmärkte Grenzen kulturell-sozialer Geschlossenheit um die Börsen in Sydney und Melbourne. Insbesondere die Börse in Sydney war bis zu den Deregulierungen der 1980er Jahre auf eine »kosmopolitische, clubartige« Art und Weise organisiert und wurde von nur wenigen kleinen, familiengeführten Firmen dominiert (vgl. Tilston 2016: 85). Die ersten, in den 1950er Jahren gegründeten australischen Handelsbanken entstanden aus diesem Milieu heraus und führten dessen Kul-

---

3 Dieser Egalitarismus bezog sich allerdings stets nur auf die Kolonialbevölkerung und schloss die Aboriginales aus, die bis heute die am stärksten benachteiligte Gruppe innerhalb der australischen Gesellschaft sind.

tur fort (Sedgwick 1984: 29), wie auch Joshuas Bericht über sein erstes Bewerbungsgespräch bei einer Investmentbank in den 1980ern zeigt. Nachdem er für eine Versicherungsgesellschaft gearbeitet hatte, wollte er in das neu entstehende Feld des Investmentbankings wechseln. Ohne Vorerfahrung in diesem Bereich bewarb er sich auf eine Stellenausschreibung als Optionshändler. Sein Bewerbungsgespräch beschreibt er folgendermaßen:

They asked me – this interview went for five minutes. They said what school did I go to. I said I went to [prestigeträchtige Privatschule] and they said: »Oh that's a tick«. Because you couldn't have gone to a Catholic school. Stockbrokers typically weren't Catholic. The second thing they asked me how rich my father was, and I explained what my father did. He owned a series of companies. And he was very successful. It was a very big concern, so that gave me a tick and they said: »What clubs do you belong to?« and I thought, well, I just joined the Young Liberal Club [Jugendorganisation der Australian Liberal Party]. So, that was a tick, because the stockbroker I happened to have been talking to was [internationale Investmentbank], which was the number-one house at the time, and they were a funder of the Liberal Party and, you know, they had all these associations, so it was a very good tick. And they said: »You can start Monday«. That was my job interview. Nothing about do I know anything about options – which I didn't. Nothing else about really where I'd worked previously. But you had a degree, you look a smart person, you come from a wealthy, well-off family: you got the job.

Joshuas Erfahrung in Sydney ist beinahe identisch mit der, die Christopher zur gleichen Zeit in London machte. Auch in diesem Fall entsprechen die Fragen des Arbeitgebers jenen, die etwa ein Soziologe stellen würde, wenn er nach der sozialen Herkunft einer Untersuchungsperson fragen wollte: Beruf des Vaters, Bildungshintergrund, politische Präferenz. Joshua und Christopher beschreiben ihre Einstellungsverfahren als informelle Gesprächssituationen, in denen nicht ihre Fähigkeiten oder Arbeitserfahrungen, sondern soziale Merkmale wie Erscheinungsbild, familiärer Hintergrund und kulturelle Passung zur sozialen Gruppe der Merchant-Banker im Vordergrund standen. Dies illustriert die Relevanz der Kategorie Klasse für die Finanzbranche in Großbritannien und Australien, zumindest in jener Zeit, in der Christopher und Joshua ihre Karrieren begannen.

Auch für andere Berufsgruppen, wie etwa Anwälte und Mediziner, wurde vielfach festgestellt, dass die Herkunft aus der gehobenen Mittelklasse eine entscheidende Rolle in der Rekrutierung spielt. Die Mechanismen, die die Kategorie Klasse in diesen Fällen reproduzieren, stützen sich auf die soziale Selektion über das Bildungs- und Universitätssystem, in dem sich die Klassenstrukturen durch den Vorsprung manifestieren, welchen die Kinder aus gehobenen Klassen aufgrund ihrer besseren Ausstattung mit sozialem, ökonomischem und kulturellem Kapital im Wettbewerb um Bildungstitel haben. (vgl. Bourdieu/Passeron 1990; Breen/Jonsson 2005; Weeden 2002). Diese Mechanismen der Klassenreproduktion wirken auch im sozialen Feld der Finanzmärkte. Doch kommt hier eine noch unverblümtere Form der sozialen Schließung hinzu – Joshua und Christopher berichten von einem beruflichen Umfeld, in dem bestimmte Klassenmerkmale offenkundig sind und den Akteuren als selbstverständlich gelten.

Im Unterschied dazu erscheint Klasse in Deutschland auf den ersten Blick eine weniger wichtige Kategorie zu sein. So ist die Einkommensungleichheit in Deutschland geringer als in Australien oder Großbritannien. Die Gini-Koeffizienten für die Verteilung des Haushaltseinkommens liegen im Vereinigten Königreich bei 0,358 und in Australien bei 0,337, in Deutschland dagegen nur bei 0,292. Damit nehmen Australien und Großbritannien bei der Einkommensungleichheit in OECD-Ländern Spitzenplätze ein, während Deutschland unter dem OECD-Schnitt von 0,318 liegt (OECD 2016: 6). Die soziale Mobilität zwischen Klassen liegt jedoch in Deutschland und dem Vereinigten Königreich auf einem ähnlichen, und im Vergleich zu anderen europäischen Ländern, relativ niedrigen Niveau (Breen/Luijkx 2004: 47). Auch im intergenerationellen Vergleich erweist sich die Klassenstruktur Deutschlands trotz des Strukturwandels hin zu einer Dienstleistungsökonomie als äußerst rigide (Hertel 2016; Müller/Pollak 2004).

Diese vergleichsweise starren Klassenstrukturen sind in Deutschland vor allem deswegen weniger sichtbar, weil Institutionen mit einem eindeutigen Klassencharakter, wie etwa Privatschulen oder ausgewiesene Eliteuniversitäten, kaum in dieser Form existieren. Während Abschlüsse in Oxford, Cambridge oder an prestigeträchtigen Colleges in der britischen Gesellschaft eindeutige Klassenmerkmale darstellen, erfolgt die soziale Reproduktion in Deutschland auf andere Weise. So belegen entsprechende Untersuchungen eine starke soziale Stratifikation vor allem im deutschen Schulsystem. Dies liegt in der frühen

Aufteilung von Schülern auf verschiedene Schulformen mit unterschiedlichen Bildungszielen begründet (Müller et al. 2007; Krüger et al. 2010). Darüber hinaus argumentiert die Elitenforschung in Deutschland, dass für den Zugang zu den Spitzenpositionen in Politik und Wirtschaft weniger offen sichtbare Klassensignale ausschlaggebend seien. Viel eher würden die Kandidaten bei ihrer Rekrutierung auf subtilere Merkmale wie bestimmte persönliche Eigenschaften hin getestet, mithin auf ihren Klassenhabitus (vgl. Hartmann 2000: 257).

Andrejs Bericht liefert ein Beispiel hierfür. Da sich die Entwicklung des Investmentbankings in Deutschland etwa ein Jahrzehnt später vollzog, existierte seinerzeit noch keine soziale Rangordnung wie jene, die sich unter den Handelsbanken in Sydney oder London herausgebildet hatte. Allerdings bedeutete das nicht, dass die Rekrutierung im Investmentbanking hauptsächlich auf Merkmale beruflicher Qualifikationen und Leistungen ausgerichtet war, wie aus Andrejs Schilderungen hervorgeht:

Andrej, 56, Frankfurt

Andrej arbeitete lange für verschiedene deutsche und Schweizer Großbanken als Risikomanager im Investmentgeschäft. Er ist verheiratet und lebt im Raum Frankfurt. Seit der Finanzkrise 2008 tritt Andrej in verschiedenen Foren als Kritiker einer unzureichenden Finanzmarktregulierung auf. Nach seinem Ausstieg aus der Finanzbranche ist er freiberuflich als Rechtsanwalt tätig. Seine Laufbahn führte ihn zeitweilig nach Zürich, überwiegend war er aber in Frankfurt tätig. Das internationale Umfeld der vernetzten Finanzcommunity empfand er als anregend und motivierend, auch betont er seine weltweiten Kontakte in zahlreiche Finanzfirmen. Als leitender Manager baute er Geschäftsbereiche im Investment- und Privatbankenbereich auf. Verbundenheit und Zusammengehörigkeitsgefühle zwischen den Mitgliedern internationaler Teams entstünden vor allem in den intensiven Arbeitswochen von über 70 Stunden, in denen gemeinsam »*für einen guten Deal*« gearbeitet wird.

[Auszug aus einem Gesprächsprotokoll]. Andrejs Einstieg in die Finanzbranche erfolgte seinen Aussagen zufolge eher zufällig. Er hatte Jura studiert, ohne zu wissen, als was er danach arbeiten wollte, und am Ende seines Studiums 1993 einen Freund auf einer Party getroffen, der beruflich an den Kapitalmärkten tätig

war, eine Armani-Brille trug und eine schicke Wohnung hatte. Während Andrej
sein Zweites Staatsexamen absolvierte, rief sein Freund an und bot ihm den eige-
nen Job an, obwohl Andrej nicht einmal über Grundkenntnisse des Bankenwesens
verfügte und auch kein gutes Business-English sprach. Im Vorstellungsgespräch
für den Posten eines Vorstandsassistenten am Frankfurter Standort einer Schwei-
zer Bank wurde er mit Fragen wie »Wollen Sie an einem Herzinfarkt sterben?«
konfrontiert. Später habe er sich in einer Bar mit dem Vorstandschef getroffen.
Auch bei diesem Treffen sei es nicht darum gegangen, seine Kompetenzen zu prü-
fen, sondern auszuloten, ob man sich sympathisch sei. Das angebotene Gehalt sei
dann jenseits von allem gewesen, womit er damals gerechnet habe, so dass er sich
sagte: »Wenn ich nur ein halbes Jahr dort arbeite, habe ich gut ausgesorgt für ein
weiteres Jahr.«

Anders als die unverblümte Bedeutung von Statusmerkmalen in der Erfahrung
seiner angelsächsischen Kollegen wurden in Andrejs Fall eine Freundschaft aus
Studienzeiten und seine ›persönliche Ausstrahlung‹ zu wichtigen Faktoren bei
der beruflichen Rekrutierung. Die »Stärke schwacher Bindungen« (Granovetter 1973) ermöglichte es ihm, von einer offenen Position zu erfahren und trotz
fehlender beruflicher Qualifikationen in einer relativ hohen Position in der Fir-
menhierarchie einzusteigen. Das Treffen in der Bar wird von Andrej selbst als
ein Test beschrieben, bei dem es darum ging, seine persönliche Passung für die
Finanzwelt zu ermitteln und ob er die ›richtige Haltung‹ hat.

Die neue Meritokratie? Einstellungspraktiken der Gegenwart

Die Angehörigen der älteren Kohorte, die in den 1980er Jahren in die Finanzbranche einstiegen, berichten sowohl in Frankfurt als auch in Sydney allesamt
von beruflichen Rekrutierungen nach Klassenmustern, wobei die konkreten
Einstellungsprozeduren je spezifische Ausformungen annahmen. Im Zuge der
ökonomischen und gesellschaftlichen Veränderungen, die mit dem Prozess
der Globalisierung einhergingen, haben sich jedoch die Rekrutierungsmuster
gewandelt. Ein verändertes Verhältnis zum Kriterium der sozialen Herkunft
zeigt sich etwa darin, dass Investmentbanken heute die kulturelle Diversität
ihrer Belegschaft betonen und sich so von der sozialen Homogenität absetzen
möchten, die einst die Finanzwelt prägte. Während früher Karriereeinstiege

in die Finanzwelt zudem spezifische nationale Ausprägungen aufwiesen – die Bankkaufmannlehre in Deutschland, Eliteschulen im angelsächsischen Kontext sowie lokale Elite-Netzwerke in beiden Fällen – findet die Rekrutierung heute gleichermaßen über Assessment Center statt. Diese Praxis weitet den Pool möglicher Bewerber aus und entspricht der Absicht der Investmentbanken, formal gleiche Voraussetzungen für Bewerber zu schaffen. Nicholas, CEO in einer großen australischen Investmentbank, kommt daher auch gleich auf das Thema *Diversity* zu sprechen, als wir ihn nach dem Einstellungsverfahren in seiner Bank fragen:

Nicholas, 47, Sydney

Nicholas begann seine Karriere als Chartered Accountant, bevor er in einem kleinen Investmenthaus in den Bereich Structured Finance einstieg. Als sein Arbeitgeber von einer internationalen Großbank aufgekauft wurde, nahm er dies zum Anlass, zu einer auf Mergers & Acquisitions spezialisierten Firma zu wechseln. Diese Firma wurde in der Folge mehrmals von Großbanken ge- und verkauft, wodurch er zu seinem aktuellen Arbeitgeber, einer großen australischen Investmentbank, gelangte. Von dieser Bank wurde er zweimal für je zweieinhalb Jahre nach Hong Kong entsandt, wo er eine ausgegründete Holding leitete, bevor er auch aus familiären Gründen – er ist verheiratet und hat drei Kinder – in einer leitenden Position nach Sydney zurückkehrte. Mittlerweile ist er als CEO für das gesamte Asiengeschäft zuständig.

> *Recruits come from all sorts of backgrounds, so we obviously do on-campus recruiting, we do referrals – we get referrals from people, we take people from industry, people are referred to us. I mean there's a whole variety of ways that we capture a very large talent pool. And then the way that we recruit as an organisation: we have a fairly rigid interview process – it's a reasonably strong and comprehensive interview process. Right the way through from a HR process, and obviously through the business unit. And it's comprehensive in that there's typically lots of interviews and then at the end of that or toward the end of that process, we also put our people through a psychometric test – psychometric analysis, which is personality and I guess as well as EQ and IQ. And that test together with the interview together with the experience, I guess, is the totality that makes up the decision. But,*

yeah, we obviously have quite a diverse population – both gender diversity, racial diversity. Obviously geographically quite diverse and the population mix looks different all over the world.

Nicholas gibt sich große Mühe, die Einstellungspraxis seiner Firma als ein faires, inklusives und auf Diversität ausgerichtetes Verfahren zu beschreiben, wobei die Hervorhebung der wissenschaftlichen Tests *(»EQ and IQ«)* die ›Objektivität‹ des Verfahrens unterstreichen soll. Die kulturelle Diversität der Angestellten resultiert Nicholas zufolge hauptsächlich aus der globalen geschäftlichen Ausrichtung der Bank. Zudem soll die Diversität der Belegschaft auch die Bedeutung der Bank als Global Player darstellen, da eine weltweit agierende Bank *»obviously«* auch eine ethnisch vielfältige Mitarbeiterschaft haben müsse.

In Nicholas' Beschreibung moderner Rekrutierungsverfahren kommt auch die Auffassung zum Ausdruck, die finanziellen und technischen Innovationen im Investmentbanking hätten die Finanzbranche als solche verändert (vgl. auch MacKenzie 2006), so dass die Zeiten einer offensichtlichen sozialen Exklusivität der Branche überwunden wären. Die Einstellungspraktiken der Gegenwart wirken meritokratisch und auf das Ziel ausgerichtet, ›the best and brightest‹ herauszufiltern und hierbei Diversität als eine Quelle für Kreativität und unternehmerischen Spirit zu nutzen. Um all dies sicherzustellen, folgen internationale Investmentbanken formalisierten Auswahlverfahren. Sie zielen in erster Linie auf Universitätsabsolventen ab und sind daher in Jahreszyklen getaktet, die mit den akademischen Rhythmen übereinstimmen. Sie basieren auf standardisierten Tests, einer Reihe von Interviews und Teamwork-Aufgaben, um die Bewerberauswahl so ›objektiv‹ wie möglich zu gestalten. Aufgrund der Komplexität dieser Verfahren werden Teile davon häufig an spezialisierte Personalagenturen übergeben.

Trotz dieser Standardisierung können sich die Verfahren im Detail von Bank zu Bank unterscheiden. Beispielsweise sind Praktika nicht immer verpflichtend, vor allem wenn Bewerber über vorhergehende Berufserfahrung verfügen. Speziell in Deutschland bietet die Banklehre eine Berufserfahrung schon als Teil des Bildungswegs, wodurch der Bedarf für längere Praktika entfällt. Studien über die führenden globalen Investmentbanken in Großbritannien zeigen hingegen, dass 77 Prozent aller Stellen mit Kandidaten besetzt werden, die im Vorfeld als Praktikanten bei der entsprechenden Bank gearbeitet haben (Ashley et al. 2016: 67).Gerade Praktika bei besonders angesehenen Banken und Finanzfirmen können für Berufsanfänger einen wichtigen Schritt auf der Karriereleiter bedeuten, wie etwa Ramin beschreibt, der in Frankfurt für eine auf Mergers & Acquisitions spezialisierte Firma arbeitet, die auf dem Markt für kleine und mittelgroße Betriebe in Deutschland aktiv ist. Seine ersten Erfahrungen sammelte er in einem Praktikum bei einer großen global agierenden Investmentbank:

Ramin, 32, Frankfurt

Ramin arbeitet seit mehreren Jahren für eine unabhängige Corporate Finance-Beratungsgesellschaft, die Fusionen und Übernahmen im deutschen Mittelstandsgewerbe begleitet. Zuvor war er bereits für eine Frankfurter Privatbank tätig. Er wuchs als Kind iranischer Akademiker-Eltern in Frankfurt auf und hat dort BWL studiert. Kontaktpflege hält Ramin für das A und O in seiner Branche, allerdings sieht er für sich den Karriereweg in die global umsatzstärksten Investmenthäuser versperrt, weil seine Netzwerke sich auf kleinere und weniger international ausgerichtete Firmen beschränkten. Daher überlegt er, auf lange Sicht aus der Finanzbranche auszusteigen. Vorerst ist für ihn jedoch das relativ hohe Gehalt eine Motivation, diesen Ausstieg noch hinauszuzögern.

Ich hab' mich dort [bei einer internationalen Investmentbank] gleich nach meinem Studium beworben. Dort haben sie mich dann allerhand komische Sachen gefragt, als Teil eines Psychotests, und um zu prüfen, ob man auch »out of the box« denken kann. Und dann haben sie mir ein Praktikum am Analysedesk für vier Wochen angeboten. Ich war einer von vieren, und am Ende hat einer den Job bekommen, man hat also nicht gerade Freundschaften geschlossen dort. Aber man hat Kontakte bekommen. Aber ich hab' den Job nicht gekriegt, und bin fast froh drum, weil das war alles sehr unter Druck und sehr kompetitiv. Aber sogar heute noch, wenn mein Chef einen Deal pitcht und das Team vorstellt, erwähnt er immer, dass ich mal bei [große internationale Investmentbank] war, weil das schon sehr prestigeträchtig ist, jemanden von dort zu haben.

Obwohl die Firma nur auf dem lokalen deutschen Markt aktiv ist, wird Ramins Praktikum bei einer großen globalen Investmentbank ein hoher symbolischer Wert beigemessen. Nicht nur Ramin persönlich profitiert davon, auch die Firma als Ganzes verspricht sich dadurch Profil. Die standardisierten Tests im Assessment-Center werden als ein geeignetes Instrument angesehen, um die richtigen Bewerber auszuwählen, die die notwendigen Qualifikationen und Kompetenzen aufweisen und ausreichend anpassungsfähig für technische Innovationen sind. Gleichwohl bleibt fraglich, ob die Standardisierungen und Formalisierungen der Auswahlverfahren das Investmentbanking tatsächlich als solches meritokratischer gemacht und sozial geöffnet haben. Sebastian, ehemals Managing Director einer multinationalen Investmentfirma in Australien, sieht eher eine Entwicklung zu einem härteren Wettbewerb:

Sebastian, 62, Sydney

Aus einer wohlhabenden Familie stammend, arbeitete Sebastian nach einem rechts- und wirtschaftswissenschaftlichen Studium in Sydney zunächst für das australische Treasury Department, ehe er auf Empfehlung eines Vorgesetzten (*»employees can be fired, get yourself a proper trade«*) seine Anwaltsprüfung ablegte und in eine auf Firmenübernahmen spezialisierte Kanzlei einstieg. Dort brachte er es rasch zum Teilhaber und baute sich ein breites Kontaktnetzwerk auf, zu dem auch der CEO einer großen amerikanischen Investmentbank zählte. Als diese Bank nach der Finanzkrise ihre australische Niederlassung 2009 neu strukturierte, wurde ihm eine Position als Managing Director des Mergers & Acquisitions-Bereichs angeboten. Eigentlich wollte Sebastian zu diesem Zeitpunkt bereits in den Ruhestand treten, ließ sich jedoch überzeugen, diese Position für fünf Jahre zu übernehmen. Heute ist er als Senior Advisor für eine kleine chinesische Investmentfirma tätig und nimmt darüber hinaus verschiedene Aufsichtsratsmandate wahr.

> *Generally, the way it is, you'll complete a, say, a MBA, or a Master or a PhD. There's no real basis, it would be good, could be in finance, it could it be in quant, it could be maths, could be, you know. And, in Australia for example, each bank might hire fifteen or twenty people in each year. The field from graduates is huge. There may be 4,000 applying for 200 jobs, in the top tier. So, very intense. There are tests, interviews, IQ tests, you know. And, if you're lucky, you'll get a position.*

Sebastian zufolge sind höhere Studienabschlüsse mittlerweile eine Voraussetzung, um überhaupt in die Auswahl für ein Assessment-Center zu kommen.

Das jeweilige Fach spiele jedoch kaum eine Rolle (»there's no real basis«). Damit unterscheiden sich heutige Einstellungspraktiken von denen der älteren Kohorte. Dass allein für Jobs in der oberen Führungsebene gewisse akademische Qualifikationen eine Voraussetzung waren, lässt sich etwa an einem Bericht von Joshua zeigen:

> I think, in the investment context, in the advisory context you still typically have to be a lawyer, or have a PhD or a MBA to do it now. I actually worked with one gentleman who worked for [große internationale Investmentbank] for quite a long number of years. He had no qualifications. Don't you think that's amazing in corporate advisory with no qualification, for what is now the number one investment bank in Australia? I always thought that was amazing. I don't know whether his employer knew that he had no qualifications, because he was brought in from the outside, by another person who worked for him who did have a qualification, and they had worked previously in another job. And I always wondered whether [Name der Investmentbank] ever knew that this guy had no qualification. I didn't tell them...

Ein Universitätsabschluss wird zwar nicht als Beleg für spezifische Fähigkeiten im Finanzwesen angesehen, mittlerweile aber als notwendig vorausgesetzt. Das Fehlen eines akademischen Grades wird, wie aus Joshuas Anekdote ersichtlich ist, auch bei einer einschlägigen Berufserfahrung noch als Makel betrachtet. Akademische Abschlüsse bilden daher eine erste Hürde für den Eintritt und die weitere Karriere im Investmentbanking.

Um die Eignung eines Bewerbers zu bestimmen, führen des Weiteren Assessment-Center Wissens-, Intelligenz- und Persönlichkeitstest durch, die sich oftmals über mehrere Tage erstrecken. Nach diesen Tests wird am Ende allerdings nach wie vor in einem Bewerbungsgespräch über die Einstellung entschieden. In dieser letzten Runde kommen wiederum andere Kriterien zum Tragen, wie Sebastian erläutert:

> If you had a room of top MBA graduates, or PhD graduates, and you had to predict who would be successful as a banker, you would never get it right. I interviewed lots and lots of people for jobs. And I asked myself fairly simple questions, you know, because I assume the qualifications are the same throughout. It's about how someone expresses themselves, how they project themselves. I try to get

a glimpse of their mind, I ask myself: Could I sit with them at the same desk for
the next five years? You know, would I have them to my house, you know, just how
do I feel about that?

In Sebastians Ausführungen wird deutlich, dass Unterschiede in den Testergeb-
nissen und den überprüfbaren Qualifikationen nicht weiter ausschlaggebend
für eine Einstellung sind. Nachdem ein Bewerber die standardisierte Testphase
bestanden hat, geht Sebastian davon aus, dass die formalen Fähigkeiten der Bewerber ›durchweg gleich sind‹. Am Ende kommt es auf Selbstdarstellung und
Selbstsicherheit an, darauf, wie der Kandidat ›sich nach außen hin gibt‹. Dieser
Eindruck baut nicht allein auf intellektuelle Fähigkeiten oder sprachliche Ge-
wandtheit auf, sondern auch auf Eigenschaften, die Sebastian mit explizit sen-
sorischen Begriffen umschreibt:

When you see a banker, what you want is someone who looks like a banker, smells
like a banker, feels like a banker.

Die Eigenschaften, die einen erfolgreichen Kandidaten ausmachen, sind offenbar nur sehr schwer zu greifen. Die Auswahl von Bewerbern basiert letztlich
auf Vertrautheit und Ähnlichkeit. Eine entscheidende Frage für Sebastian ist
schließlich, ob er die betreffende Person auch zu sich nach Hause einladen würde. Dies deckt sich mit den Erkenntnissen aus Studien aus den USA bzw. Großbritannien (Zaloom 2006; Rivera 2012; Ashley et al. 2016), die allesamt Formen
des ›cultural matching‹ als einen Hauptfaktor in Einstellungsentscheidungen
in Investmentbanken identifizieren. Großes Augenmerk wird demnach vor allem auf habituelle Formen des Auftretens gelegt, die sich ohne einen entsprechenden sozialen Hintergrund nur schwer erlernen lassen.

Die heutigen Einstellungspraktiken in der Finanzbranche unterscheiden
sich in diesem Punkt damit nicht wesentlich von denen, die etwa Andrej für die
1980er Jahre in Deutschland beschrieben hat. Die formalen Eignungstests stellen primär ein Vorauswahlkriterium dar. Die Informalität der entscheidenden
Bewerbungsgespräche am Ende ermöglicht es, dass der Habitus der Kandidaten zum wichtigsten Auswahlkriterium werden kann.

Auch wenn sich die Einstellungspraktiken im Laufe der Zeit verändert haben, bedeutet dies also nicht, dass die Finanzbranche sich dadurch sozial stark
geöffnet hätte. Während spezifische Marker der sozialen Herkunft bei der älte-

ren Kohorte das Hauptauswahlkriterium darstellten, wird heutzutage zwar eine Vorauswahl der Bewerber mit Hilfe von standardisierten Tests getroffen, die deren Qualifikationen messbar machen und auch psychometrisch begründete Ergebnisse liefern sollen – dadurch wird der Einstieg in das Feld formalisiert und der Pool potentieller Bewerber vergrößert. Der Klassenhabitus spielt aber für die Schlussauswahl der Bewerber noch immer die entscheidende Rolle.

Fort- und Weiterbildung

Die Bandbreite an mitunter auch fachfremden Disziplinen, aus denen die Finanzwirtschaft ihre Arbeitskräfte rekrutiert, führt dazu, dass viele zentrale Kompetenzen erst am Arbeitsplatz erlernt werden müssen. So kommt der Fort- und Weiterbildung eine große Bedeutung zu. Zwar unterscheidet sich das Investmentbanking in dieser Hinsicht nicht wesentlich von anderen Berufsfeldern, allerdings spielt die Art der Organisation der beruflichen Weiterbildung auch eine Rolle für die Konstitution der Finanzmärkte als globale Märkte.

Zeugnisse und Abschlüsse

In unseren Gesprächen wurde immer wieder erwähnt, wie wichtig es für Financial Professionals ist, an einem frühen Punkt in ihrer Laufbahn durch einen entsprechenden Fachverband zertifiziert zu werden. Eines der wichtigsten Zertifikate in diesem Zusammenhang ist der *Chartered Financial Analyst* (CFA), der vom CFA Institute, einer global agierenden, privaten Aus- und Weiterbildungsfirma, verliehen wird. Der Erwerb dieses Zertifikates dient dem Nachweis von technischen und methodischen Kompetenzen ebenso wie der Kenntnis ethischer und professioneller Standards des Feldes. Ähnliche Zertifikate existieren auch für andere spezialisierte Gebiete wie Internationales Investment, Risikomanagement, Buchhaltung oder für alternatives Investment (McKeen-Edwards/ Porter 2013: 70ff).

Zertifikationsprogramme erfüllen drei Funktionen: Indem sie Best Practice Modelle entwickeln und unterrichten, formen sie zum einen die konkreten Arbeitspraktiken und sorgen so für die Angleichung des Geschäftsablaufs über nationale Grenzen hinweg. So werden weltweit dieselben professionellen

Standards gesetzt. Zweitens verbreiten sie mit entsprechenden Modulen die Kenntnisse ethischer Normen im Finanzfeld. Und drittens vermitteln sie die Zugehörigkeit zu einer sich auf gemeinsame Standards und Werte gründenden globalen Community. Dadurch werden diese Programme auch zu einem Bestandteil der professionellen Sozialisation von Finanzakteuren. So beschreibt etwa das CFA-Institut die Gemeinschaft seiner Alumni als:

»an elite global community of investment professionals committed to the highest standards of investment education, ethics, and professional excellence [...]. This community is a true meritocracy based not on wealth or geography but the personal commitment to master a rigorous body of knowledge. It represents a globally diverse range of people joined by a mutual drive to excel in the investment profession« (CFA Institute 2017, vgl. McKeen-Edwards/Porter 2013: 95).

Aus dieser Beschreibung wird deutlich, wie im Zuge der Professionalisierung und Standardisierung des Investmentbankings auf symbolischer Ebene auch eine Gemeinschaft geteilter Werte und Normen konstruiert wird. Aufgrund der Bedeutung solcher Zertifikate für Karrieren in der Finanzindustrie kommt den durchweg privat geführten Institutionen, die diese Titel verleihen, eine zentrale Position bei der Formung des sozialen Feldes moderner Finanzmärkte zu. Die Vorstandsmitglieder des CFA rekrutieren sich beispielsweise aus global agierenden Großbanken und kleineren internationalen Investmentbanken. Als transnationale Finanzverbände (TFA) spielen solche Organisationen eine wichtige Rolle in der globalen Koordination von Institutionen an Finanzmärkten. Da es sich aber um privatwirtschaftliche Einrichtungen handelt, beruht deren Legitimität gänzlich auf der Anerkennung ihrer Autorität durch andere Akteure des Feldes (McKeen-Edwards/Porter 2013: 70f; 94ff). Diese feldinterne Struktur einer weitestgehend privatisierten fachlichen Zertifizierung von Financial Professionals stellt sowohl eine Form der Professionalisierung als auch einen Modus der Selbstregulierung dar, während sie zugleich die Autonomie der globalen Finanzwirtschaft von öffentlichen oder staatlichen Institutionen unterstreicht.

Stärker noch tritt dies durch den Umstand zutage, dass das vom CFA-Institut festgelegte Curriculum und die von ihm zur Verfügung gestellten Unterlagen Teil auch von staatlichen Universitätslehrplänen werden. So listet etwa das CFA-Institut weltweit 331 Universitäten als Partner auf, »who have included a significant portion of the CFA Program Candidate Body of Knowledge (CBOK) –

including the Code of Ethics and Standards of Professional Conduct – into their curricula« (CFA Institute 2017). Dadurch werden Universitätskurse zu einem Teil der Vorbereitung für den Erwerb des CFA, wobei die Zertifizierung selbst dem CFA-Institut vorbehalten ist. Die Vermittlung und Produktion von Wissen über finanzökonomische Praktiken und Standards wird so auch im universitären Kontext maßgeblich von den Akteuren des Feldes selbst beeinflusst.

Gleichwohl spielen auch die von Hochschulen selbst verliehenen Abschlüsse eine wichtige Rolle für die Laufbahn von Investmentbankern. Ein typischer Titel, der mit hohem Ansehen verknüpft ist, ist der MBA (Master of Business Administration), der vorzugsweise mit internationalen Erfahrungen wie einem Auslandsaufenthalt verbunden ist und im besten Fall an einer renommierten Wirtschaftshochschule erworben wurde. Während Bewerber auf Stellen im Investmentbanking in der Regel vor ihrem Berufseinstieg bereits einen Hochschulabschluss erworben haben, absolvieren viele zusätzlich einen MBA zu einem späteren Zeitpunkt ihrer Laufbahn. Anders als die Berufszertifikate, die konkrete Kompetenzen für den Geschäftsablauf vermitteln, sind die Studieninhalte eines MBA eher allgemein gehalten, wie Jan aus Frankfurt ausführt:

Jan, 32, Frankfurt

Jan ist Head of Trading bei einer Frankfurter Privatbank, wo er auch seine Karriere als Analyst begann. Er beschreibt ein hochtechnisiertes Arbeitsumfeld, das mit den großen Börsenplätzen weltweit vernetzt ist. Ursprünglich stammt er aus Berlin, sein Vater ist promovierter Physiker, die Mutter ist ebenfalls Physikerin und im Qualitätsmanagement einer Elektronikfirma tätig. Jan studierte Mathematik und VWL in Dresden und war dort im Börsenverein der Uni aktiv. Aktienhandel fasziniert ihn schon, seit er mit 16 Jahren sein erstes Börseninvestment tätigte. Seine Arbeitsstationen befinden sich bisher ausschließlich in Deutschland, während des Studiums war er für einen Kurzaufenthalt in China.

Zum einen wollte ich mich weiter entwickeln und hatte auch einen hohen Anspruch an mich selber, sozusagen ein super Aktienfachmann zu werden, im Handelsbereich. Und da hilft dann so ein funktionsübergreifendes Studium wie der MBA, der einen wirtschaftlich aufstellt, auf die Zukunft ausgerichtetes unternehmerisches Denken und Handeln beibringt, um sozusagen aus meiner Spezialisie-

rung des Aktienhandels etwas heraus zu treten und mehr Generalist zu werden. Ich wollte quasi nicht weiter nur der Aktienhändler sein und spezialisiert darin, sondern den nächsten Karriereschritt dann auch angehen und hab' dann auch während des Studiums die Personalverantwortung mitbekommen, und das kann man nicht sagen, dass das nur auf den MBA zurückzuführen ist, das sind immer mehrere Punkte, die eine Rolle spielen. Aber am Ende war's dann halt auch ein Faktor, der dafür förderlich war. Man muss aber klar sagen, das ist das Privatleben, auf das man verzichtet, und sehr viel Energie, die man da reinsteckt, und sehr viel da drunter leidet. Und dadurch, dass dann das so breit gefächert ist, kriegt man auch 'ne ganz andere Sichtweise als dieses Out-of-the-Box-Denken, und nicht, dass man schon zu blind von seinem eigenen Business geworden ist.

Jans primäre Motivation, ein MBA-Studium aufzunehmen, war es, ›seinen Horizont zu erweitern‹ und ›sich persönlich weiterzuentwickeln‹ anstatt sich ausschließlich auf seine Arbeit als Aktienhändler zu konzentrieren, wie er am Beispiel seines Auslandsaufenthalts in China erzählt:

Beruflich müsst' ich alles, was mit dem Handel zu tun hat, verwerten, und da bin ich im Studium jetzt nicht so in Kontakt gekommen. Wir waren natürlich in Shanghai mal an der Börse, das war ganz interessant, aber das ist jetzt nicht so, dass ich das jetzt für meine berufliche Praxis verwende. Das hat mir aber persönlich viel gegeben, um das einmal zu sehen und um diesen ganzen Austausch, diese Kultur, kennenzulernen, also eher auf 'ner irgendwie höheren Meta-Ebene, jetzt nicht nur philosophisch, sondern auch wie die Chinesen-Einstellung ist, ihr Konsum-Verhalten, mit welchen Problemen sie kämpfen. Das hat jetzt nichts mit dem Aktienhandel an sich zu tun. Also auf jeden Fall kommt das, glaub' ich, immer gut im Lebenslauf, wenn man im Ausland mal aktiv war. In der Finanzbranche sehr wohl, es sind ja viel internationale Firmen, die ihre Niederlassungen überall in der Welt haben und von dort verschiedene Bereiche heraus steuern.

Obwohl für ihn das MBA-Studium eine Karriereentscheidung war, gibt Jan an, dass das Curriculum des MBA nur indirekt auf seine Arbeitspraxis anwendbar ist. Seine Bedeutung erhält der Abschluss vielmehr durch den internationalen Austausch, ›das Erleben einer fremden Kultur‹. Es ist diese im Studium erworbene transnationale Perspektive, welche dem Master of Business Administration Gewicht im Lebenslauf verleiht. Auch schreibt Jan seine letzte Beförderung in eine leitende Funktion größtenteils diesem Studium zu.

Bildungszertifikate sorgen für eine internationale Homogenisierung des beruflichen Feldes globaler Finanzmärkte. Stärker noch als in der Berufseingangsphase werden dadurch nationale Unterschiede zurückgedrängt. Dies ergibt sich in erster Linie aus der globalen Standardisierung von Zertifikaten. Durch sie werden weltweite Standards für berufliche Praktiken gesetzt sowie auf symbolischer Ebene eine globale Community von Financial Professionals erzeugt. Höhere Universitätsabschlüsse wie der MBA, die oftmals nur einen geringen arbeitspraktischen Bezug aufweisen, lassen sich demgegenüber vor allem als kulturelles Kapital verstehen, das im Feld als ein Zeichen für Status und persönliche Einsatzbereitschaft angesehen wird. Ein wichtiger Beitrag zum Wert dieses kulturellen Kapitals sind zudem Auslandsaufenthalte, die auf das Interesse von Absolventen an der Erweiterung ihrer Erfahrungen verweisen und auf deren Bereitschaft, eine globale Perspektive zu entwickeln.

Globalität bei der Arbeit lernen: Internationaler Austausch und Entsendungen

Viele Investmentbanken integrieren internationale Austauschprogramme in die Berufseingangsphase neuer Aspiranten. Dass internationaler Erfahrung im Finanzwesen eine bedeutende Rolle zukommt, erschließt sich auch daraus, dass 65 Prozent der Vorstandsmitglieder der größten deutschen Banken und 50 Prozent der Vorstandsmitglieder der weltgrößten Banken (mit Ausnahme der USA) internationale Erfahrungen in ihrem Lebenslauf aufweisen, wie wir in einer Vorstudie zu dieser Untersuchung ermittelt haben (vgl. Kap. 2). Der Vergleich mit anderen Studien (vgl. Hartmann 2016; Pohlmann 2009) zeigt, dass dieser Anteil in der globalen Finanzwirtschaft wesentlich höher ist als in anderen Wirtschaftssektoren. Internationale Entsendungen wurden auch in unseren Interviews als Standardanforderung für einen Karriereaufstieg geschildert. So hebt etwa Sebastian hervor, dass internationale Erfahrungen als eine Art Lern- und Sozialisationsinstanz ein wesentliches Element der Jobeingangsphase von Financial Professionals seien:

Normally it's a two- or three-year training programme. You start as associate and move to an analyst, for three years. You're sent to headquarters or somewhere overseas to complete your studies. So, it's like a post-MBA intensive.

Diese Darstellung, nach der die ersten drei Jahre am Arbeitsplatz als ›Ausbildung‹ gelten, bekräftigt, dass Bildungsabschlüsse, die vor dem Berufseinstieg absolviert wurden, als Nachweis des sozialen Status dienen und einer generellen Leistungsbereitschaft, während das Lernen in der Praxis der zentrale Weg bleibt, um spezifisches Wissen im Finanzbusiness zu erwerben.

Internationale Berufserfahrung soll dabei vor allem ein Verständnis der lokalen Spezifik von Märkten schaffen. Im Rahmen von Arbeitsentsendungen wird eine Spezialisierung in bestimmten Fachgebieten und eine Vertrautheit mit lokalen Besonderheiten aufgebaut oder vertieft. So ist etwa Linus, der auf Immobilien spezialisiert ist, für einen Aufenthalt von drei Jahren von Frankfurt nach Sydney gezogen:

Linus, 33, Frankfurt

Linus studierte Wirtschaftswissenschaften in den USA, wo er die Arbeitskultur jedoch als zu hierarchisch und kompetitiv empfand und deshalb für seinen Berufseinstieg nach Frankfurt zurückkehrte. Nach drei Jahren als Analyst bei einer internationalen Großbank wurde er nach Sydney entsandt. Dies war als Austauschjahr geplant; aufgrund besserer Jobaussichten in Sydney verlängerte Linus seinen Aufenthalt jedoch um zwei weitere Jahre. 2012 verlor er seine Stelle und arbeitet seitdem für eine große deutsche Immobilienfirma. Obwohl er diesen Job über einen Kundenkontakt bekam, bezeichnet Linus den Aufbau von Netzwerken als eine seiner Schwächen und als Karrierehindernis.

Also, der Standard in den Investmentbanken ist, wenn du hier in Frankfurt anfängst, weil es kleine Büros sind, dann gehst du halt irgendwann mal nach zwei, drei Jahren offshore. Normalerweise nach London, da werden die meisten Leute hingeschickt. Einfach, damit das Netzwerk breiter wird, und du was lernst, weil in Deutschland sind es meistens so Allgemeinteams. Also du kümmerst dich um jeden Kunden, egal, ob das jetzt ein Chemiekunde ist oder ein Immobilienkunde oder eine andere Bank, die du berätst. Und in London, in den größeren Offices, gibt es dann so Sektorteams. Also, da fokussierst du dich dann ein halbes oder ein Jahr lang einfach nur auf Chemiekunden oder nur auf Autokunden, was auch immer. Und dann bist du sozusagen, wenn du dann nach Frankfurt zurückkommst, Spezialist für den Bereich, weil du den deutschen Kunden besser hilfst bei einem Investment in Europa oder einem Investment in den USA.

Durch die internationale Vernetzung von Finanzzentren wird Wissen zwischen unterschiedlich spezialisierten lokalen Märkten ausgetauscht. Damit kommt der internationalen Mobilität von Financial Professionals neben der persönlichen Karriereentwicklung auch eine gewichtige ökonomische Funktion für die Entwicklung von Finanzplätzen und dem globalen Transfer von geschäftlichen Praktiken zu.

Ein Blick auf die Übersicht der beruflichen Biographien unserer Gesprächspartner bestätigt, dass internationale Entsendungen am häufigsten zwischen Frankfurt und Sydney einerseits und London und New York andererseits erfolgen. Allerdings bewegten sich einige unserer Befragten zusätzlich in andere Finanzzentren ähnlichen Ranges, in denen die lokalen Finanzmärkte andere Spezialisierungen aufweisen. Je einer ging von Sydney nach Los Angeles, von Frankfurt nach Tokyo und von Sydney nach Hongkong. Durch internationale Entsendungen bilden sich auf diese Weise nicht nur personelle Netzwerke; es ergeben sich auch strukturelle Verbindungen zwischen Finanzzentren unterschiedlicher Spezialisierungen. Die Karriereverläufe im Investmentbanking werden zu einem *global flow* von Wissen und Kapital.

Bei internationalen Entsendungen ist der Anspruch an die Akteure hoch: Sie sind nicht nur mit der Aufgabe konfrontiert, sich in einem fremden Land zu orientieren, sondern sie müssen sich auch in die lokalen und regionalen Spezifika ihres jeweiligen Fachgebiets einarbeiten. Entsendungen dienen dazu, sich aus dem vertrauten Umfeld des heimischen Marktes über den regionalen Kontext auf die globale Ebene hochzuarbeiten. Die Erwartungen, die dabei an die Financial Professionals gestellt werden, beschreibt Sebastian wie folgt:

So, for example, if you're given insurance companies, or banks, or mining companies, you have to know every possible deal, every combination deal, you have to know intimately their balance sheet, their cash flows, their financials. You would read all of the analysts' report by every other competing bank on that, including your own, economists' and researchers' report. You would attend every annual meeting, every conference call. You would then have intense meetings as a group to develop how you can help that client or those clients. And your responsibility would be to know, before it happens, what those needs of that client are. You would have to know it intimately. You would have to know that [australisches Bergbauunternehmen] will need a billion dollars in two years' time to pay for this project. Or there's this small company in Spain that it makes a lot of sense to take over. So, you have to know the whole sector. So, you start in Australia, then you move Asia, then you move globally.

Sebastian zufolge müssen Analysten mit dem betreffenden Sektor so vertraut sein, dass sie in der Lage sind, Bedürfnisse und Pläne ihrer Klienten zu antizipieren. Es geht in dieser Phase einer Karriere darum, einen unternehmerischen Blick zu entwickeln. Diese Perspektivenübernahme führt dazu, dass Investmentbanker proaktiv auf die unternehmerischen Entscheidungen ihrer Klienten einwirken, etwa indem sie Firmenübernahmen oder andere Marktstrategien vorschlagen. Hierin bildet sich ein zentraler Aspekt dessen ab, was Paul Windolf (2008) meint, wenn er von Finanzakteuren als »Eigentümer ohne Risiko« spricht: Financial Professionals übernehmen, indem sie mit entsprechenden Vorschlägen das Handeln von Kunden beeinflussen, gewissermaßen selbst die Rolle eines Unternehmers, agieren jedoch mit dem Kapital ihrer Klienten, die daher auch das Risiko dieser Unternehmungen tragen.

Auch Nicholas hebt diese unternehmerische Funktion im professionellen Handeln von Investmentbankern hervor:

I think, investment banks, you know the good ones anyway, are often characterised by that entrepreneurialism – to create opportunities out of challenging situations if you like, or to be able to sit in a room with a whiteboard and dream up interesting ideas and then try and prosecute those ideas with your clients. I think that a commercial bank is a little bit different in the sense of its modus operandi, if you like, is lending money and getting a range of business out of lending money. It's just a little less creative and a little less entrepreneurial.

Dieser unternehmerische Aspekt seiner Tätigkeit fiel in Nicholas Berufsbiographie besonders mit einem Auslandsaufenthalt in Hongkong zusammen. Dort entwickelte er eine Marktstrategie für seinen Arbeitgeber im Medienbereich, die in der Ausgründung einer eigenen Firma unter der Kontrolle seiner Investmentbank mündete. Er implementierte dabei einen von ihm entwickelten Businessplan, dessen Erfolg ihn für höhere Positionen bei seiner Rückkehr nach Australien empfahl:

> There were some particular things I wanted to go and do there; from a career perspective it was nice to go and run a P and L [Publicly listed company, eine Ausgründung seiner Investment Bank] and have responsibility for a broad range of activity. There were also some particular objectives I set out with our CEO for the group up there. And then about two years later I came back to Australia and I'm now the chairman of the Asian business and I also look after our investment banking business in Asia and I'm also the head of our, what we call the principal transactions group, which is the group around the world which is responsible for deploying capital into transactions. I was quite clear in a business sense with what I wanted to achieve when I went up there. I was also clear around the time frame in which I was going to do that. And I set objectives and agreed to objectives, if you like, I thought I could meet within a certain time frame. And once those objectives were met, and they were met earlier than I had initially projected, I put my hand up: »So, I've done what I've said I would do here and I want to come back to a different role.« And so there I was. From a business perspective it made sense to do that because I had achieved a bunch of stuff I wanted to achieve. From a personal perspective the move up and the move back were very straightforward.

Nicholas betont in seinen Ausführungen vor allem seine eigene ›agency‹ – es sind nicht Kundenwünsche, auf die er reagierte, sondern eine von ihm entwickelte Strategie, die er sowohl seinem Arbeitgeber als auch dessen Kunden verkaufte und die er selbst implementierte. Auch wenn sich Nicholas' Rolle in der ausgegründeten Firma zwischenzeitlich formal zum CEO wandelte, folgten seine unternehmerischen Bestrebungen stets typischen Geschäftspraktiken des Investmentbankings und zielten auf einen persönlichen Karriereschritt.

Die Bewegung durch den *physischen* Raum, die Finanzakteure mit solchen internationalen Berufserfahrungen auf sich nehmen, wird daher für sie auch zu einer Bewegung im *sozialen* Raum der Organisation. Die Notwendigkeit ins Ausland zu gehen, ist tief in den Karrierevorstellungen der Financial Professionals verwurzelt, wie auch die Aussage von William verdeutlicht:

I think down the track going abroad can be looked at quite favourably – people that have had experience offshore. So, in that respect I do think it's beneficial. It gives you another perspective as well. Australia is a really small market – in a global context. So, compared with the UK, the US, the European markets, Australia is quite small. So, you just get the idea of how big everything is on an increased scale and then interacting in those environments, I think is beneficial. And also, it reflects positively on people, they are able to show that they can move locations, adapt and handle change, and then use those experiences and get different perspectives and be able to translate that back to our situation in Australia.

Jens bestätigt diese Sichtweise von seiner Position am Ende seiner Laufbahn her. Für ihn, der dreieinhalb Jahre seiner Karriere in Japan verbracht hat, war diese Erfahrung nicht nur von großer persönlicher Bedeutung, weil sie ihm die Möglichkeit bot, seinen Horizont zu erweitern und eine andere Kultur kennenzulernen; sein Auslandsaufenthalt kennzeichnete auch einen wichtigen Schritt in seiner Karriere:

Eigentlich wird so was eher angesehen hier in Europa, denke auch in den USA, aber vor allem hier in Europa, als Karrieresprung. Ich denke mal, wenn ich jetzt so sagen könnte, von zehn Leuten, die in ihrem Lebenslauf 'nen Auslandseinsatz drinnen hatten, war es wahrscheinlich für sieben von Vorteil. Vielleicht drei würden sagen, naja, ich kam zurück, da war meine alte Stelle nicht mehr da und da musste ich mir was Neues suchen und das hat irgendwie nicht mehr funktioniert. Aber bei sieben von den zehn, würde ich sagen, war es eher positiv.

Auch wenn internationale Entsendungen einen wichtigen Karriereschritt darstellen können, so bergen sie doch zugleich das Risiko, den Bezug zum Mutterunternehmen und den bisherigen Kundenstamm zu verlieren. Diese Problematik wurde auch von der Karriereforschung aufgegriffen (vgl. etwa Evans et al. 2002; Davione/Ravasi 2013; Hartmann 1996; 2002). So würden auch in der globalisierten Ökonomie Karrieren primär in den Headquarters der Unternehmen gemacht. Indem sie die Stammhäuser für internationale Entsendungen verlassen, würden Fachkräfte ihr soziales Kapital und somit ihre Karriereperspektiven verlieren. Hartmann (2002) sieht internationale Entsendungen daher eher als Karrierehindernis als einen Schritt aufwärts auf der Organisationsleiter. Unsere Gesprächspartner betonen hingegen die positiven Aspekte ihrer Arbeit im Ausland. Die Finanzindustrie scheint in dieser Hinsicht nach einer anderen Logik als andere Wirtschaftsbereiche zu funktionieren, was sich an einer Passage aus dem Interview mit Linus verdeutlichen lässt:

Wenn du eine Organisation hast, die sehr international ist, und wo das Headquarter halt nicht in Deutschland ist, sondern für das Investmentbanking beispielsweise in London, oder, halt wirklich international, wo die Führung für dein Unternehmen nicht aus Deutschland kommt, macht es auf jeden Fall Sinn. Weil, je näher du an die Spitze vom Unternehmen kommst, je näher du die Leute kennenlernst auf irgendwelchen Transaktionen oder auch intern, Seminaren, Initiativen, was auch immer, desto besser ist dann die Wahrscheinlichkeit, dass, wenn dann mal in ein paar Jahren so eine große Runde ansteht, wo dann, sagen wir mal 25 wichtige Banker in einem Raum zusammen sitzen, und dann wird dein Name aufgerufen und die Frage ist, ob wir den jetzt dieses Jahr befördern oder lassen wir den noch auf seinem Level, dass sich dann einer von den eher wichtigen internationalen Leuten an dich erinnert und sagt: Ja, der ist es, ich habe den als zuverlässigen Typen kennengelernt. Und wenn dann nur dein deutscher Chef sagt: Ja, der ist schon seit sieben Jahren bei mir in Deutschland, für den leg' ich meine Hand ins Feuer. Und die anderen 24 Leute sagen: Ja, schön, dass du das sagst, ein bisschen vertrauen wir dir auch, aber wir kennen hier Leute, die wir alle kennen und die wir genauso für förderungswürdig halten, dann kann es das gewesen sein.

Linus beschreibt, dass die berufliche Weiterentwicklung darauf basiert, dass man als Person an mehreren Orten bekannt ist, es daher also durchaus ein Nachteil für die eigenen Karriereaussichten sein kann, wenn man sich zu lange an einem Ort aufhält. Er weist auf ein zentrales Problem des Geschäftsmodells von großen Investmentbanken hin: Auf der einen Seite ist das Investmentbanking (und dort vor allem der M&A-Bereich, in dem Linus gearbeitet hat) ein auf sozialen Kontakten und Netzwerken aufbauendes Geschäft, das von lokalem Wissen und sozialem Kapital der einzelnen Banker profitiert. Die physische Präsenz am Geschäftsort und die Pflege von Kontakten sind daher wichtige Voraussetzungen. Andererseits aber integrieren die Geschäftsmodelle von Investmentbanken lokal ansässige Kunden in ihre globalen Investitionsstrategien, so wie umgekehrt global agierende Unternehmen zur Investition in lokale Märkte animiert werden.

Diese wechselseitige Beziehung von Globalität und Lokalität lässt sich auch nicht einfach durch die virtuelle Kommunikation zwischen Akteuren an unterschiedlichen Standorten globaler Märkte herstellen. Denn das konkrete lokale Erfahrungswissen sowie das Vertrauen seitens des Kunden bestehen weder unabhängig von Personen noch ist beides einfach auf andere Personen übertragbar. Als High Potentials des Feldes gelten daher diejenigen, die sich an verschiedenen globalen Standorten bewähren können.

Globale Entsendungen sind aber nicht nur darauf beschränkt, zu einer anderen Niederlassung derselben Firma zu wechseln – sie werden auch genutzt, um eine engere Zusammenarbeit mit potentiellen Kunden sowie anderen Investmentfirmen und Unternehmen aufzubauen, wie Joshua beschreibt:

We started doing this at [australisches Bergbauunternehmen], seconding young, clever staff to go and work for one of the customers, or a potential customer. So that they could either share information, could learn how they operate, and so that would start developing a relationship. And quite often those people wouldn't come back to the investment bank. They would stay there. And so that was now a new customer. And you would remain connected, you'd keep your relationship.

Durch solche Entsendungen erlangt die entsprechende Finanzfirma eine ›Innenansicht‹ des Klienten, wodurch ihr nicht zuletzt auch vertrauliches Wissen zugänglich wird. Im Gegenzug erhält der Klient einen direkten Zugriff auf die Expertise der Investmentbank. Derartige Arrangements können darauf hinauslaufen, dass entsandte Mitarbeiter dauerhaft bei einem Kunden verbleiben, weshalb solche Übereinkünfte zu starken Bindungen zwischen Firmen und Investmentbanken führen, mit Vorteilen für beide Seiten.

Internationale Entsendungen haben wichtige Funktionen für Investmentbanken. Sie lassen neue *business opportunities* sichtbar werden und dienen dazu, globale Kundennetzwerke aufzubauen. Diese Entsendungen finden dabei nicht nur innerhalb der eigenen Organisation statt, sondern oft auch zu Firmen, mit denen eine Geschäftsbeziehung besteht. Internationale Entsendungen ermöglichen Finanzakteuren nicht nur, mit anderen Ländern und Kulturen vertraut zu werden; sie dienen auch dazu, internationales soziales Kapital aufzubauen, welches als Transmissionsriemen für Informationen über Marktlagen und Karrieremöglichkeiten zwischen verschiedenen Orten und Organisationen fungiert.

Aus unseren Interviews wird deutlich, dass sowohl in Frankfurt als auch in Sydney internationale Arbeitserfahrung als Voraussetzung für eine Karriere in der Finanzindustrie angesehen wird. Die Zielorte internationaler Entsendungen folgen dabei einer geographischen Rangordnung. Für Akteure aus Frankfurt sind die Hauptziele London und New York, da diese Finanzzentren im globalen Vergleich eine Hierarchieebene über dem Frankfurter Markt rangieren. Auch in Sydney finden Entsendungen nach London und New York statt; zusätzlich orientiert man sich hier allerdings auch auf asiatische Zentren wie Hongkong, mit denen der australische Finanzplatz um Rang und Märkte im pazifisch-asiatischen Raum konkurriert.

Follow the money – Wechsel zwischen Firmen

Dem internationalen Austausch zwischen Finanzzentren kommt eine wichtige Rolle in der Dynamik beruflicher Laufbahnen im Feld globaler Finanzmärkte zu. Sie dienen der Karriereentwicklung von Financial Professionals, indem sie diese dazu befähigen, auf anderen, komplexeren Märkten zu operieren, und ermöglichen dadurch den Austausch von Wissen und Erfahrung zwischen unterschiedlich spezialisierten Unternehmen und Finanzplätzen. Probleme für Finanzakteure können allerdings dann entstehen, wenn der weitere Verlauf ihrer Karriere stark an einen lokalen Markt gebunden ist. Ein gutes Beispiel hierfür ist Linus, der von Frankfurt nach Sydney entsandt wurde, um Erfahrung am deutlich weiter entwickelten australischen Immobilienmarkt zu sammeln:

Ab etwa 2004 wurde über Gesetzgebung hier [in Deutschland] gesprochen, deshalb war es dann auch sinnvoll zu sagen: Gut, geh doch in ein entwickeltes Land, dann kannst du 2008 zurückkommen, dann geht's richtig los an den Börsen mit Immobilienfirmen. Dann kannst du den deutschen Kunden erzählen: So läuft das in Australien. Und das habe ich da jetzt auch ein Jahr lang gemacht. Wir haben die ganze Expertise – gebt uns doch mal den Auftrag! War ein guter Plan, außer dass dann die Börsen 2008 eingebrochen sind und dann auch in Deutschland nicht so viel passiert ist, als es in Australien noch ganz gut lief, und dann bin ich halt da geblieben.

Die Erwartung, die sowohl Linus als auch sein Arbeitgeber hatten, war, dass er sich im Ausland spezifisches Fachwissen aneignen würde, das im Falle einer Liberalisierung des deutschen Immobiliensektors von Vorteil wäre. Dieser Plan scheiterte jedoch, als die Auswirkungen der Finanzkrise von 2008 Deutschland trafen, die erwartete Liberalisierung nicht erfolgte und sich der Bedarf für Linus' fachliche Qualifikation, die er in Sydney erworben hatte, nicht einstellte. Linus entschied sich daher in Sydney zu bleiben, bis die Umstände seiner Arbeit ihn dazu brachten, zu kündigen:

Jetzt bin ich im Immobiliengeschäft selbst. Also, ich bin sozusagen zu 'nem Kunden gegangen, den ich früher beraten hatte. Und warum? Weil ich 2012 rausgeflogen bin bei der [großen Investmentbank]. Wurde halt gefeuert, wir haben 'nen neuen Chef bekommen eineinhalb Jahre davor. Nachdem die Hälfte des Teams zu [einem US-Investmenthaus] gegangen war, da war ich dann quasi der Dienstälteste von denen, die noch übrig waren. Was ganz cool war, schön Verantwortung übernommen für die vier Wochen, wo wir allein waren, aber dann kam ein neues Team, das wir von [demselben US-Investmenthaus] gehired haben. Das hatte schon seine Strukturen, da gab's einen klaren Boss und ja, mit dem war ich nicht immer auf einer Wellenlänge und hab' da ein paar Differenzen gehabt, und am Ende hatte ich keine Lust mehr unter ihm zu arbeiten, aber gleichzeitig ist es nun mal so im Banking.

Trotz seiner fünfjährigen Arbeitserfahrung und als ranghöchster Mitarbeiter der Firma in seinem Sektor wurde Linus entlassen, da er nicht Teil dieses neu eingestellten Teams war. In hochspezialisierten Arbeitsumfeldern wie dem von Linus werden oftmals bereits bestehende Teams eingestellt – häufig von direkten Konkurrenten. Diese Praxis wird im Jargon der Branche auch als ›Poaching‹ bezeichnet und vor allem dann angewandt, wenn führende Banken in neue Märkte vordringen wollen und spezifische Fähigkeiten schnell benötigt werden.

Derartige Episoden, die so oder so ähnlich viele Befragten zu berichten hatten, verdeutlichen die *hire-and-fire* Kultur im Investmentbanking. Sobald ein Markt ›versiegt‹, von einer unerwarteten Krise getroffen wird oder wenn bestimmte Leistungskriterien nicht erreicht werden, strukturieren Investmentbanken schnell ihre Operationen um. Linus erklärt dies am Beispiel einer großen amerikanischen Investmentbank in Deutschland:

Dann ist natürlich mal wieder irgendwie Krise oder das deutsche Büro hat nicht genug Umsatz geliefert oder was auch immer, und dann muss man Kosten sparen, ja? Und zwar dieses Jahr Kosten sparen und ja, machen wir halt mal das deutsche Büro zu, die zehn Leute, die wollen, können ja nach London kommen, die anderen zehn feuern wir. Und eh, Deutschland ist ein wichtiger Markt, aber können wir auch aus London raus covern, ist ja kein Problem, ja? Zwei Jahre später merken sie dann, oh, keine Krise mehr, gute Zeiten, Kunden, da müssen wir nah dran sein, machen wir doch mal ein Deutschland-Büro auf. Also, wenn ich mich nicht täusche, hat [große amerikanische Investment Bank] das hier ein oder zwei Mal gemacht. In den letzten 20 Jahren. Das sind halt kurzfristige Entscheidungen, die getroffen werden, und manchmal geh'n die nach hinten los. Pech gehabt.

Linus akzeptiert es als Tatsache (»Pech gehabt«), dass kurzfristige Kostensenkungen und Renditen Vorrang vor langfristiger Kontinuität haben. Solch kurzfristige Planungen seitens der Finanzunternehmen lassen sich als Folge der Ausrichtung von Investmentbanken am Prinzip des Shareholder Value ansehen. So argumentiert etwa Karen Ho (2009a), dass Investmentbanker die Orientierung am Profit der Aktionäre selbst so stark internalisiert hätten, dass sie auch daran festhielten, wenn diese Orientierung sich zu ihren eigenen Ungunsten auswirkt. Da die Investmentbanken den Shareholder Value schon aus Eigeninteresse als ideologische Grundlage der globalen Wirtschaft ansehen, ist die daraus resultierende Kurzfristigkeit Teil ihrer Organisationskultur. Eine Konsequenz dessen ist die geringe Loyalität der Beschäftigten gegenüber ihren Unternehmen, was Sebastian aus der Sichtweise des Managements darlegt:

In banking relationships are temporary, bigger turnover, churn. Very few people last many years in banking, a handful. In banking, very few people last ten years, very few. It's just draining, it's too much. Some will last fifteen, some last for three, some last one. So, you tend to not develop strong bonds with people in investment banking.

Um der fehlenden Bindung an den Arbeitgeber entgegenzuwirken, setzt das Management unter anderem Bonuszahlungen ein. Solche ›variablen Gehaltskomponenten‹ werden oft als ›deferred remuneration‹ ausbezahlt, die erst nach einer gewissen Verweildauer im Unternehmen eingelöst werden kann, zumeist in Form von Aktienoptionen, die bei einem vorzeitigen Ausscheiden aus dem Unternehmen verfallen, wie Linus erklärt:

> *Wenn du da 'ne Weile lang arbeitest, dann wirst du nicht in Cash, sondern in Aktien bezahlt. Die Aktien kann man aber nicht sofort einlösen, da musst du drei Jahre warten. Wenn du von dir selbst aus kündigst, verfallen deine Aktien, das heißt, das schöne Geld, was du dir eigentlich letztes und vorletztes Jahr verdient hast, ist dann weg.*

Die Bezahlung in Aktienoptionen bindet die Mitarbeiter im Investmentbanking nicht nur an ihre Arbeitgeber, auch ihr Vermögen wird direkt an den Finanzmarkt gekoppelt. Dies dient nicht zuletzt der Disziplinierung allzu risikofreudiger Banker. So sollen die Wartefristen von drei bis fünf Jahren sicherstellen, dass dem längerfristigen Ertrag des Unternehmens Vorrang vor kurzfristigen, aber riskanten Profitchancen eingeräumt wird. Ein Nebeneffekt davon ist, dass sich in der Wartefrist der Wert einer Bonuszahlung erheblich verändern kann, wie Joshua schildert:

> *So, you'd get a long-term incentive which would be 100 % of your salary in shares, which you couldn't touch for 5 years or 3 years. When they started to click in after 5 years I started to say, well I might as well sell – I mean the share price had gone from 2 dollars to 20 dollars and, well, in my case it was quite a large number of shares, so it was very profitable. It paid for this house, in cash.*

Erworbene Bonusansprüche müssen durch einen nächsten Arbeitgeber abgegolten werden, um einen Mitarbeiter von einem Konkurrenten abwerben zu können. Entsprechend werden Jobwechsel im späteren Karriereverlauf seltener, wie Joshua weiter ausführt:

> *Yeah, if you start young, you could possibly work anywhere. The higher you move up, the more expensive you become, the ability to move becomes a lot less.*

Im Fall einer Abwerbung erhalten Banker als Kompensation für erworbene Bonusansprüche einen ›signing bonus‹, auch als ›golden hello‹ bezeichnet. Diese können für die ›Stars‹ der Branche beachtliche Höhen erreichen.

Obwohl solche Arrangements und die generell hohen Gehälter im Finanzgeschäft für eine materielle Sicherheit sorgen, wurden unsichere Arbeitsplätze und die beständige Möglichkeit plötzlicher beruflicher Veränderungen von fast allen unserer Gesprächspartner als eine starke Belastung beschrieben. Gleichwohl werden sie als fester Bestandteil einer Karriere in der Finanzindustrie akzeptiert. Als Konsequenz halten sich Investmentbanker zu jedem Zeitpunkt ihrer Laufbahn die Möglichkeit eines Jobwechsels zu anderen Arbeitgebern offen. Als etwa Linus aus seinem Job bei einer großen internationalen Investmentbank entlassen wurde, fand er schnell eine neue Stelle bei einem ehemaligen Kunden. Hierfür nutzte er den direkten Kontakt, den er als Associate Analyst der Investmentbank mit dieser Firma hatte.

Die Beziehung zwischen den zahlreichen beruflichen Veränderungen und der Volatilität von Finanzmärkten kam in unseren Interviews häufig zur Sprache. So hatten die meisten der Befragten, die zum Zeitpunkt der Finanzkrise von 2008 nicht bereits eine Managerposition innehatten, ihren Job verloren oder gewechselt. Angestellte in der Finanzindustrie verhalten sich daher bewusst strategisch, um sich gegen solche Wechselfälle abzusichern. Eine solcher Vorkehrungen ist es, Qualifikationen ständig weiter zu entwickeln, was vornehmlich *on the job* passiert. Viele der Befragten sehen einen Jobwechsel als Chance, in ein anderes Tätigkeitsfeld zu wechseln, wo sie neue Kompetenzen erwerben und damit den eigenen ›Marktwert‹ in der Branche steigern können. Manchmal ist ein solcher Wechsel auch die einzige Möglichkeit, um die eigene Position nachhaltig zu sichern, wie am Beispiel von Jens deutlich wird:

Ich sah mich dann in '99 quasi genötigt zu wechseln, weil alle Kunden sagten mir damals aufgrund der Einführung des Euros, ich gucke mir nicht mehr rein deutsche Aktien an. Zu dem Zeitpunkt habe ich deutsche Aktien vertrieben, in die Schweiz und nach Österreich. Und mein Kunde, der sagte mir: Ich vergleiche jetzt nicht mehr 'ne Daimler mit 'ner VW, sondern ich vergleiche im Grunde genommen die VW mit der Renault, mit der Peugeot und mit der Fiat. Das heißt, du musst sehen, dass du aus deinem kleinen Deutschlandbereich raus kommst, du musst im Grunde genommen, genau wie wir auch, die Gelder europäisch verwalten. Und das konnte ich bei meiner Bank nicht, weil wir in Deutschland halt diesen Stempel hatten, als Deutscher bei einer deutschen Bank macht ihr halt Deutschland, das wurde immer mehr zum Nischenmarkt. Da hab‹ ich dann zu meinem Chef gesagt, ich würde gerne europäische Aktien machen. Das wird bei uns aber nur aus London heraus gemacht und in London haben wir gerade Leute eingestellt, die halt von ausländischen Instituten gekommen sind. Das heißt, ich habe keine Möglichkeit gesehen, mich europäisch aufzustellen. Und dann blieb mir im Grunde genommen entweder nur ein Versauern in so 'ner Deutschland- nische, was aber immer mehr an Bedeutung verloren hat, oder aber halt die Flucht nach vorne anzutreten und dann den Arbeitgeber zu wechseln.

Diese Episode verdeutlicht zum einen, dass sich die interne Arbeitsteilung von Investmentbanken über verschiedene Finanzzentren erstreckt, wodurch bestimmte Positionen an spezifische Orte gebunden sind. Die Ansiedlung ei- ner Tätigkeit an einem bestimmten Ort folgt dabei der firmeninternen Hierar- chie, die höherrangige Funktionen (hier etwa der europäische gegenüber dem rein deutschen Aktienhandel) in höherrangigen Zentren ansiedelt. Zum ande- ren zeigt diese Episode auch, dass die allgemeine Marktlage sich relativ unver- mittelt auf die einzelnen Angestellten einer Investmentbank auswirkt. Dies ist nicht auf Krisen beschränkt. So war Jens nicht mit einer Marktkrise konfron- tiert, vielmehr bedrohte die Expansion, die von der Währungsreform der Eu- ropäischen Union ausgelöst wurde, seine Stellung. Die für seinen Arbeitgeber positive Veränderung des ökonomischen Umfeldes wirkte sich negativ auf sei- nen persönlichen Marktwert aus, da er in eine, aus seiner Sicht, zu schmale Ni- sche gezwungen wurde. Er entschloss sich daher, seinen Arbeitgeber zu wech- seln, und heuerte in der Folge bei einer amerikanischen Investmentbank an, die gerade mit einer neuen Zweigstelle in Frankfurt auf den europäischen Markt expandierte.

Neben der stetigen Weiterentwicklung der eigenen Kompetenzen ist die Pflege von Netzwerken eine wichtige Karrierestrategie. Jannis etwa, der sich selbst als »nicht sehr geselligen Menschen« beschreibt, berichtet von folgendem Karriereratschlag seines Chefs:

Jannis, 33, Frankfurt

Jannis arbeitet als Product Manager im Investmentbereich einer Privatbank. Er kommt aus Frankfurt, wo er Mathematik studiert hat und anschließend bei ver- schiedenen Großbanken und Privatbanken arbeitete. Er unternimmt regelmäßige Geschäftsreisen nach Frankreich, in die Niederlande und die Schweiz und steht dort mit Kunden und Geschäftspartnern in regelmäßigem Austausch. Er ist Vater eines Kleinkindes und nutzte, wie er betont, im Unterschied zu seinen männlichen Kollegen die Möglichkeit, Elternzeit zu nehmen. Seiner Ansicht nach weist ihn dies, neben seinen »*mangelnden Fähigkeiten als Netzwerker*«, gegenüber seinen Kollegen als nicht sehr karriereorientiert aus.

> *Um ein erfolgreicher Banker zu sein, da musst du dieses Netzwerk in der Community leidenschaftlicher pflegen. Da musst du richtig eine Präferenz dafür haben, dass du dich halt viel auch mit anderen Bankern oder Finanzdienstleistern da umgibst. Ich hab' neulich mit meinem Vorgesetzten über Weiterentwicklung gesprochen und da meinte er ganz im Ernst, da brauchst du nicht irgendwelche Qualifikationen, sondern viel wichtiger ist das Netzwerk. Da gehst du halt mit irgendwelchen Leuten essen, das bringt dich weiter im Leben und nicht nur deine Expertise.*

Durch Praktiken des Networking machen sich Financial Professionals für potentielle Arbeitgeber und Kunden aktiv sichtbar, um von neuen beruflichen Möglichkeiten zu erfahren und die eigene Karriere voranzubringen. Ihrem Bemühen, auch außerhalb der eigenen Firma Aufmerksamkeit zu erregen, kommt dabei das gezielte *Scouting* durch Headhunting-Agenturen entgegen, die innerhalb der Finanzbranche einen eigenen dynamischen Arbeitsmarkt für Fachkräfte entstehen ließen. Entsprechend ist das Gegenstück der *Rapid-Fire-Kultur* in Zeiten von Marktkrisen eine *Rapid-Hire-Kultur* in Zeiten der Expansion von Märkten. Zudem wird gerade der Aufstieg in der Hierarchie von Investmentbanken oftmals durch einen Arbeitgeberwechsel erreicht, ebenso wie ein solcher Wechsel oftmals zu einem besseren Gehalt führt, wie Helmut erklärt:

Helmut, 60, Frankfurt

Helmut ist verheiratet und hat zwei erwachsene Kinder. Seinen Einstieg in die Finanzbranche fand er Ende der 1970er Jahre durch eine Bankkaufmannslehre. Später holte er ein Volkswirtschaftsstudium nach und war die ersten Jahre danach im Investmentbanking-Bereich bei verschiedenen kleineren Bankhäusern in Frankfurt tätig, ehe er zu einer deutschen Großbank wechselte. Nachdem er dort den Großteil seiner Laufbahn vom Händler bis zum Vorstandsmitglied absolviert hatte, wechselte er für die letzten Jahre seiner Karriere zu einer konkurrierenden Großbank, da sich wirtschaftliche Schwierigkeiten seines Arbeitgebers abzeichneten. Im Zuge der Finanzkrise stieg er aus der Finanzbranche aus und ist seither ein scharfer Kritiker des Finanzsystems, das er durch Gier, Statusdenken und Imponiergehabe gekennzeichnet sieht. In den 1990er Jahren führte ihn ein Auslandsaufenthalt für eineinhalb Jahre nach London.

Diese Jobwechsel, die finden in der Regel von unten nach oben statt. Außer man hat seinen Karrierezenit überschritten, dann geht's meistens von oben nach unten, aber man kriegt unten mehr Geld. >lacht< Das ist so diese Logik, die dahintersteht. Das heißt, sie versuchen sich im Prinzip zu verbessern. Das ist, um beim Fußball zu bleiben, das ist so, als würden sie halt von Paderborn nach München gehen. Und das hat mit Status zu tun, das ist nicht notwendiger Weise so, dass der Job dann irgendwie besser wäre oder was. Einmal, in der Regel gibt's mehr Geld, das ist wie bei Fußballern, die ihren Marktwert erhöhen, ja? Sie stehen ja unter Beobachtung. Vor allem durch ihre Kunden. Und durch Headhunter. Also, ich mein', heute ruft mich keiner mehr an, aber zu meiner Hochzeit, Mitte der 90er, drei Mal die Woche.

Wie wichtig Networking-Praktiken für die berufliche Weiterentwicklung sind, betont auch eine Headhunterin für Investmentbanker aus Frankfurt. Da man die Professionals aus der Finanzindustrie hinsichtlich ihrer Qualifikationen, Fähigkeiten und Ausbildung kaum unterscheiden könne, käme es besonders darauf an, wer der »bessere Netzwerker« sei:

Gut sind die alle. Tolle Ausbildung haben die alle. Die sind wie geklont. Am Ende kommt der weiter, der der bessere Netzwerker ist. Und das ist, glaube ich, aber eine Karriere-Regel, die immer wichtiger wird. Umso globaler das alles wird, umso schneller alles geht, überlebt ja nur der, der gut vernetzt ist. Und das ist eine, glaub' ich schon, große Revolution von Karrieren, seit den letzten 10, 20 Jahren. Ist jemand darin gut, macht er Karriere, wenn nicht, dann bleibt er stecken. Und es gibt nichts Schlimmeres, als stecken zu bleiben, in so 'nem leistungsorientiertem Bereich.

Auch Termine außerhalb der konkreten geschäftlichen Tätigkeiten, wie etwa Mittagspausen, After-Work- oder Kundenveranstaltungen, werden daher minutiös geplant, wie Carolin, eine ehemalige Account Managerin einer Frankfurter Bank, erklärt:

Carolin, 40, Frankfurt

Carolin stieg in die Finanzbranche über eine Ausbildung als Bankkauffrau ein und startete ihre Laufbahn in der Auslandsabteilung einer Bremer Bank. Nach einigen Jahren wechselte sie in das Investmentbanking einer deutschen Großbank und zog dafür nach Frankfurt. Dort missfiel ihr jedoch die Organisationskultur und der Umgangston, insbesondere mit ihren männlichen Kollegen, weshalb sie sich dazu entschloss, eine Stelle bei einem globalen Finanzinformationsdienstleister anzunehmen, für den sie mittlerweile seit über zehn Jahren tätig ist. Obwohl ihre Aufgaben stets international ausgerichtet waren, hat sie nie ihren Wohnort ins Ausland verlagert. Sie verbrachte jedoch jahrelang bis zu vier Tage die Woche geschäftlich in anderen europäischen Finanzzentren, um dort Kunden zu betreuen. Ein Stellenangebot in Sydney schlug sie aus, da dies für ihre Karriere zwar förderlich gewesen wäre, die Distanz zu Deutschland für sie jedoch eine zu große Belastung darstellte.

> Zum Mittagessen trifft man sich immer mit einem Kollegen und dann pflegt man seinen Terminkalender. Es gibt Kollegen, die eineinhalb Jahre im Voraus ihre Mittagsessen-Dates abgeschlossen haben.

Diese Dichte an Networking-Aktivitäten von Financial Professionals trägt zur Herausbildung einer ›Financial Community‹ bei, die die Grenzen einzelner Firmen überschreitet. Der regelmäßige, meist informelle Austausch mit Kollegen und Konkurrenten ist allerdings auch von Relevanz für die geschäftlichen Interessen der Firma, wie Jan erläutert:

> Da ist es auch manchmal einfach auf Mittagessen beschränkt. Es ist gut, einen Austausch zu haben, der ist auf jeden Fall immer nützlich, weil man weiß, was abgeht in der Branche. Das ist quasi so ein indirektes Netzwerk, wo man mehr erfährt als wenn man irgendwas in der Zeitung liest oder einfach nur per Mail oder sowas schreiben würde. Dann weiß man ungefähr, was bei der anderen Bank ab-

geht, auch intern, und kriegt dann ein gutes Gefühl für die Branche hier in Frankfurt. Und das läuft dann regelmäßig.

Dave berichtet Ähnliches aus Sydney, wo sich in den Bars rund um den Finanzdistrikt eine Kultur von After Work-Drinks als ein Netzwerk des sozialen Austausches etabliert hat:

Dave, 61, Sydney

Dave war, bevor er kürzlich pensioniert wurde, als Senior Executive im Risk Management einer australischen Investmentbank tätig. Geboren in Kanada, übersiedelte er nach einem Studium der Politikwissenschaft und Mathematik mit seiner australischen Frau nach Sydney und suchte dort einen Job, »*any job, really, and I ended up taking the best paying one*«. Er ging zu einer australischen Universalbank, für die er in verschiedenen Bereichen tätig war, ehe er aufgrund der Eintönigkeit seines Jobs zu einer Unternehmensberatung wechselte. Von dort wurde er nach wenigen Jahren von einer gerade expandierenden Investmentbank abgeworben, in deren Risk Management er die letzten 15 Jahre seiner Karriere tätig war. Er bezeichnet sich selbst als nicht besonders karriereorientiert, weshalb er auch nie einen Vorstandsposten anstrebte. Seine Rolle im Risk Management war gut bezahlt und er war froh darüber, dass die Kultur dieser Abteilung sich nicht so kompetitiv gestaltete wie in den marktnahen Geschäftsbereichen.

> *In this business, you have to know what's going on. In the end, it's about information. So, people talk to each other, all the time. If you wanted to know what was going on with a certain deal, or who did what, you'd head down to the bar and you would hear most of what you'd need to know. The thing is, it becomes very boring very soon, everybody talking about work all the time.*

Was Dave und Jan an regelmäßigen informellen Austausch beschreiben, wird in der Literatur als »local buzz« (Bathelt et al. 2004: 36ff.) bezeichnet. Der strategische Einsatz dieser Art von Kommunikation zeigt, dass die Zugehörigkeit zu solchen informellen Netzwerken und Communities ein wichtiges Werkzeug für eine Karriere in der Finanzindustrie ist.

Insgesamt kann festgehalten werden, dass sich Karrieren im Investmentbanking von anderen Wirtschaftssektoren wesentlich unterscheiden. So gilt außerhalb der Finanzindustrie noch immer der klassische Karriereweg einer schrittweisen Beförderung bei gleichzeitig lebenslanger Beschäftigung im selben Unternehmen als das am weitesten verbreitete Muster (vgl. Davione/Ravasi 2013; Evans et al. 2002; Hartmann 2002). Im Investmentbanking existieren solche typischen Karriereverläufe dagegen praktisch nicht. Orts- und Arbeitsplatzwechsel sind hier nicht nur in Krisenzeiten unvermeidbar, sie sind auch eine entscheidende Strategie für den Aufstieg in der Unternehmenshierarchie. Diese Tendenz scheint sich zunehmend zu beschleunigen, wie die von uns befragte Frankfurter Headhunterin anmerkt: »*Früher sind die auch mal sieben, acht Jahre in einer Bank geblieben. Jetzt wechseln die im Zwei-Jahres-Takt*«.

Die hohe Fluktuation von Fachkräften in Investmentbanken, die große Unsicherheit von eingenommenen Positionen und die häufigen Unternehmenswechsel in der Finanzindustrie machen es für die Angestellten schwer, Stabilität, langanhaltende soziale Bindungen und Loyalität innerhalb einer Firma zu entwickeln. Andererseits ermöglicht das regelmäßige Wechseln zwischen verschiedenen Firmen und Orten auch, Karrierehindernisse in einzelnen Unternehmen zu umgehen.

Die Networking-Praktiken lassen eine Business Community entstehen, die als lokaler Informationskanal wirkt und soziale Verbindungen über Unternehmensgrenzen hinweg erzeugt. Im Vergleich von Frankfurt und Sydney wird deutlich, dass diese Kultur des Netzwerkens ein integraler Bestandteil beider Finanzzentren ist und auf der individuellen Ebene eine wichtige Karrierestrategie für die einzelnen Akteure darstellt. Die Existenz der Financial Communities in beiden Städten ist gleichwohl ein jeweils lokales Phänomen. Als Communities funktionieren sie nur, wenn eine hinreichende physische Nähe der Akteure gegeben ist, die sich an den spezifischen Orten eines regelmäßigen informellen Zusammentreffens verdichten kann, wie etwa in den After Work-Bars. Der lokale Charakter der Communities wird jedoch zugleich von der Internationalität der Karrieren begleitet, die das Wissen und die beruflichen Fähigkeiten der Akteure zwischen verschiedenen Finanzzentren zirkulieren lässt.

Exit options – Ausstiege und Karriereende

Herkömmlicherweise werden Karrieren als ein linearer Aufstieg in der Hierarchie von Organisationen begriffen. Der Endpunkt einer Karriere ist dementsprechend erreicht, wenn die Karriereleiter so hoch erklommen wurde, dass kein weiter Aufstieg mehr möglich ist, ehe man am Ende seines Arbeitslebens in den Ruhestand übergeht. Dieses Modell scheint sich jedoch nicht auf die Finanzwelt anwenden zu lassen. Die Karrieren im Investmentbanking sind kurz, »*only a few last ten years*«, wie Sebastian es ausdrückt. Der Stress langer Arbeitszeiten, die zahlreichen Arbeitsplatzwechsel und Entsendungen und Umzüge in andere Länder fordern ihren Tribut. Es stellt sich daher die Frage nach den Fluchtpunkten der Karrieren im Investmentbanking. In unserem Sample haben Dave, Joshua und Sebastian aus Sydney sowie Helmut und Andrej aus Frankfurt das Ruhestandsalter erreicht. In der jüngeren Kohorte haben Kim und Thomas aus Sydney und Linus, Carolin und Jens aus Frankfurt die Finanzbranche verlassen.

Zunächst werden Karrieren in der Finanzbranche, wie bereits dargestellt, nicht nur bei einzelnen Unternehmen gemacht. Ausgenommen davon sind Positionen im Back Office, bei denen nur minimaler Kundenkontakt besteht und die Möglichkeiten eines weiteren Aufstiegs generell relativ gering sind. Um überhaupt eine leitende Position zu erreichen, werden Tätigkeiten im Front Office, d. h. mit Kundenkontakt, vorausgesetzt. Schließlich wird der professionelle Status von Akteuren in der Branche vor allem anhand abgeschlossener Deals gemessen.

Durch die Normalität von Kündigungen und Arbeitsplatzverlusten ist es zudem schwierig, das Ende von Karrieren konkreten Ereignissen zuzuschreiben, weshalb sich auch die Frage nach den Motiven der Befragten für einen Ausstieg aus der Finanzbranche stellt. Eine interessante Beobachtung lässt sich diesbezüglich in Hinblick auf die hohen Gehälter machen, die im Investmentbanking aufgrund des Wettbewerbs um *the best and the brightest* gezahlt werden. So sind die hohen Einkommen für unsere Gesprächspartner oft der ausschlaggebende Grund, um in die Finanzbranche einzusteigen. Später werden Bonifikationen als Anreize genutzt, um leistungsstarke Fachleute der Konkurrenz abzuwerben oder um Mitarbeiter im eigenen Unternehmen zu halten. Zum Ende der Karriere tritt bei den Befragten jedoch eine Sättigung hinsichtlich der motivierenden Funktion von Gehältern ein. Sie haben dann in aller Regel so viel verdient, dass sie die Möglichkeit sehen, ihren Job zu verlassen. So hatte beispielsweise Jens zum Zeitpunkt des Interviews seine Stelle bereits seit einem Jahr aufgegeben, um mehr Zeit mit seiner Familie zu verbringen und sich umzuorientieren:

Ich hab' jetzt 20 Jahre im institutionellen Bereich im Investmentbanking gearbeitet. Und wir haben ja auch viel über die Bonifikationen gesprochen und das bietet mir halt jetzt die Möglichkeit, auch in meinem jetzigen noch durchaus durchschnittlichen Alter auch mal 'nen anderen Weg einzuschlagen, wo ich halt nicht auf ein regelmäßiges Einkommen angewiesen bin.

Entsprechend denkt Jens darüber nach, etwa ein Studium der Asienwissenschaften zu beginnen. Seine Entscheidung zu kündigen, fiel dabei in einem beruflichen Umfeld, in dem wenig Wert auf langjährige Erfahrungen gelegt wurde:

Da haben sie auf einmal 'nen Chef in London, der ist 31, 32, an den müssen sie dann wöchentlich berichten, und der sagt ihnen dann andauernd, wie das Geschäft wohl zu funktionieren hat. Und da sagt man sich mit 50, ja, das muss ich mir jetzt nicht mehr antun.

Während die Abwertung seiner Berufserfahrung für Jens ausschlaggebend war, kündigten Kim und Thomas aus Sydney früher im Karriereverlauf – Kim, weil sie ihre Aufstiegschancen in dem stark weiß und männlich dominierten Berufsfeld als ziemlich beschränkt ansah:

Kim, 46, Sydney

Als Kind einer aus Südostasien eingewanderten Unternehmerfamilie wuchs Kim in Sydney auf, wo sie Wirtschaftswissenschaften und Accounting studierte. Nach ersten Tätigkeiten für die Reserve Bank of Australia und eine britische Investmentbank wechselte sie als Spezialistin für internationale Steuerfragen und Corporate Valuation zu einer Wirtschafts- und Anlageberatungsgesellschaft, in der sie sowohl für Firmen- als auch Privatkunden tätig war. Nach einer mehrjährigen Karriereunterbrechung aufgrund der Geburt ihrer zwei Kinder stieg sie bei einer australischen Großbank als Projektmanagerin wieder in das Arbeitsleben ein. Dort koordinierte sie die Integration einer Investmentfirma nach deren Übernahme. Nach Beendigung dieses Projektes wechselte sie erneut zu ihrem alten Arbeitgeber, kehrte dem Finanzbereich jedoch nach wenigen Jahren den Rücken, da sie für sich keine Karriereperspektive mehr sah. Sie schloss daraufhin eine Promotion im Bereich Sozialwissenschaften ab und arbeitet nun als Beraterin für eine internationale NGO.

> *I didn't want to build the networks. And when I say networks, I'm talking about –*
> *well, if you think about it, all the corporations are owned by white men. You see, I*
> *don't have that network. I'm a very good worker, but a good worker will only get*
> *you to senior management level. The good worker will not get you to partnership –*
> *it will not get you to CEO.*

Thomas' Geschichte ähnelt jener von Kim insofern, als dass auch er unzufrieden mit den hierarchischen Strukturen und dem Führungsstil in seiner Firma war. Als sein damaliger Arbeitgeber, ein am Währungsmarkt tätiges Handelshaus, von einer großen amerikanischen Investmentbank übernommen wurde, bekam er eine hohe Abfindung für ein freiwilliges Ausscheiden geboten. Thomas entschied sich, dieses Angebot anzunehmen. Nach einer Auszeit von einem Jahr rief ihn ein unterdessen nach London gewechselter Schulfreund an. Dessen Arbeitgeber hatte gerade ein Büro in Sydney eröffnet, wo Thomas einen Job als Fondsmanager erhielt. Als nach mehreren Jahren eine große Bonuszahlung anstand, erlaubte ihm das, seinen Job zu kündigen:

Thomas, 30, Sydney

Thomas' Eintritt in die Finanzbranche ist insofern ungewöhnlich, als dass er diesen Eintritt ohne einschlägige Ausbildung bewerkstelligte. Nach seinem High-School-Abschluss arbeitete er zunächst in der Großkundenbetreuung eines internationalen Konzerns, ehe er über einen Freund seines Vaters, eines Unternehmers, eine Stelle bei einem auf Immobilienfinanzierung spezialisierten Finanzdienstleister bekam. Nachdem im Zuge der Finanzkrise 2008 seine Stelle dort abgebaut wurde, vermittelte ihm ein Bekannter eine Position als Broker bei einem Unternehmen im Währungshandel, für das er wiederum zwei Jahre tätig war, ehe er über Umwege zu einer britischen Handelsfirma kam. Nachdem er ein

Jobangebot in den USA aufgrund von Visabestimmungen nicht annehmen konnte, beschloss er, doch noch ein Studium zu beginnen, und begann gleichzeitig als selbstständiger Unternehmer tätig zu werden.

> *I resigned, went over to the States, looking for work, got offered a job with an amazing Swiss hedge fund over there. I came back to Australia, applied for my visa and got denied for a visa because I never went to university. So, I didn't have the requirements to get an E3 visa [Visum mit Arbeitserlaubnis] which is what you need. That really bummed me out, but I was fed up with finance anyway.*

Thomas' Fall ist selten, da seine Karriere allein auf praktischen Erfahrungen aufgebaut war und er nicht über einen Universitätsabschluss verfügte. Aufgrund des fehlenden Abschlusses erhielt er kein Arbeitsvisum für die USA und kehrte schließlich auch nicht mehr in den Finanzsektor zurück. Stattdessen entschied er sich dazu, in Sydney Betriebswirtschaftslehre zu studieren. Während seiner Zeit an der Universität lernte er einen Mitstudenten kennen, mit dem er inzwischen ein Start-Up-Unternehmen gegründet hat, das Apps für Smartphones entwickelt.

Unüberhörbar zieht sich in unseren Gesprächen mit den Aussteigern aus dem Finanzbusiness eine Stimmung des Verdrusses. Beständig neue Marktlagen und berufliche Umgebungen, die physische und psychische Erschöpfung durch hohe Anforderungen und großen Druck, lange Arbeitszeiten und viele Umzüge lassen sich oftmals nur schwer mit den Erwartungen vereinbaren, die man an das Privatleben stellt. Ähnlich sind auch die Ansichten über die Kultur am Arbeitsplatz, die von den Befragten oftmals als stressig, belastend, hierarchisch und hart beschrieben wird. Gerade bei Jobverlusten kommt dies zum Tragen, wie etwa Thomas schildert:

> *They handled it in a really, really crappy way. I got pulled, invited into the boardroom, and there was just the HR manager in there. My boss, who I'd become quite close with 'cause we'd go out drinking a lot together, had given me a heads up and said, you're gonna get offered a redundancy, it's gonna be really nice, so just take it. So, the HR manager said: This is how it works, if you want it, you need to sign for it now. It's a one-time only offer. And if you do sign it you need to hand over your phone, you're not allowed to go back to your desk, all your stuff will be packed up for you. You'll be escorted out of the building right now. I always felt like, such*

a horrible way to handle something like that. If I'd stolen from the company or
cheated the company in some way, yeah, march me out the door like a traitor, but
I'd done nothing wrong by the company, ever.

Allerdings finden sich manchmal Nischen, die einen Verbleib im Business dennoch möglich machen. So wechselte etwa Christopher von einer großen, auf
Derivate spezialisierten Londoner Handelsfirma in die Investment-Abteilung
einer kleineren deutschen Bank, weil ihm die Arbeitskultur dort besser gefiel:

Ich bin inzwischen 51 Jahre alt und ich brauch's nicht mehr so spannend. Dieser
Druck, den ich in London hatte, auf Tagesbasis, das war verrückt. Das war sehr un-
angenehm teilweise, mit unangenehmen menschlichen Vorgesetzten, die nur mit
der Peitsche gearbeitet haben und Angst und Druck. Kein menschliches Miteinan-
der, das hab' ich sehr vermisst, das war wirklich die Höhle des Löwen in London.

Obwohl Christophers Jobwechsel ihm den Eintritt in die Führungsebene des
neuen Arbeitgebers eröffnete, brachte diese Veränderung doch eine Gehalts-
kürzung mit sich, da er zu einer wesentlich kleineren Firma wechselte. Trotz
der nominal höheren Position gibt er an, nun weniger Verantwortung zu tragen,
da er ein geringeres Handelsvolumen betreut. Das Gehalt sei so zwar geringer,
es bliebe allerdings mehr Zeit für die Familie.

Auch der Eintritt in das gesetzliche Rentenalter bedeutet für einige der Befragten nicht automatisch, ihre Arbeit in der Finanzindustrie vollständig aufzu-
geben. So haben etwa Helmut aus Frankfurt und Joshua aus Sydney nach dem
Eintritt in den Ruhestand eigene Beratungsfirmen gegründet. Joshua führt seine Firma von zuhause aus, gibt allerdings an, dass er im Grunde nur ein paar
Stunden die Woche arbeite und hauptsächlich, um »Freunden« einen Gefallen
zu tun. Auch Sebastians Frau hatte nach seiner arbeitsintensiven Karriere auf
mehr Zeit mit ihm gehofft. Stattdessen, und trotz eines Herzinfarktes, den er
vor ein paar Jahren erlitten hat, arbeitet Sebastian noch immer mindestens drei
Tage die Woche als Senior Advisor für eine Beteiligungsgesellschaft in Sydney.
Als Grund dafür nennt er die starke Identifikation mit seiner Tätigkeit:

My wife, she understands why I need to do what I need to do. And what makes me
happy. She doesn't think I should be doing this. But she understands I will not be
happy unless I'm doing it, you know.

Beide Männer geben an, dass es ihnen in erster Linie nicht um das Geld gehe. Als »*self-identified workaholics*« – ein Ausdruck, den im Gespräch beide benutzen – seien es eher die Begeisterung und Befriedigung, die mit der Arbeit verknüpft sind, die beide motivieren, auch im Ruhestand weiter zu arbeiten.

5.2 Spannungsfelder in der beruflichen Alltagspraxis

Bislang folgte unsere Darstellung der Karrieren im Investmentbanking dem berufsbiographischen Verlauf, angefangen mit dem Einstieg in die Finanzindustrie, gefolgt von einem Stadium der Weiterbildung, einer mittleren Phase, geprägt von häufigen Stellenwechseln und oftmals verbunden mit internationalen Entsendungen, sowie schließlich dem Austritt aus der Branche. Unsere folgenden Berichte sind dagegen thematisch gegliedert und umfassen die zentralen Spannungsfelder in der beruflichen Alltagspraxis von Financial Professionals.

Digitale Arbeitspraxis und globale Kommunikation

Der technologische Wandel der letzten drei Jahrzehnte hat die Arbeitspraktiken im Finanzbereich grundlegend verändert. Dies betrifft insbesondere den Handel mit Finanzprodukten, seien es Aktien, Derivate, Bonds oder Währungen. Obwohl das Bild des hektischen *trading floor* der Börse, auf dem sich Händler laut ihre Kaufgesuche und Preise zurufen, häufig noch als Illustration der Geschäftigkeit des Finanzmarktes benutzt wird, ist diese Art des Börsenhandels im Aussterben begriffen. Zwar wird der Parketthandel an einigen Börsen nach wie vor praktiziert, vor allem in den USA und an kleineren Regionalbörsen, insgesamt dominieren inzwischen jedoch elektronische Handelssysteme als digitale Marktplätze, auf die von überall auf der Welt zugegriffen werden kann. So stellte die Australian Securities Exchange in Sydney bereits 1990 komplett auf ein elektronisches Handelssystem um. An der Frankfurter Börse wurde der Parketthandel 2011 geschlossen. Auch die Chicagoer Mercantile Exchange als eine der größten Börsen der Welt verzichtet seit 2015 auf die physische Präsenz von Aktienhändlern.

Elektronische Handelssysteme haben es Investmentbanken ermöglicht, das Handelsgeschehen ins eigene Haus zu holen. An die Stelle der Kopräsenz von Handelspartnern ist die Arbeit vor Bildschirmen getreten, hektisches Zurufen von Angeboten und Preisen wurde durch digitale Messages ersetzt. So wird der heutige Arbeitsplatz in Investmentbanken von Computermonitoren dominiert, auf denen digitale Abbildungen des Marktes, aktuelle Nachrichten aus aller Welt, Handelsplattformen und nicht zuletzt der Stand des eigenen Portfolios zusammenlaufen. So beschreibt Jan, Head of Trading bei einer deutschen Privatbank, seinen Arbeitsplatz:

Je nach Spezialisierung hat da jeder sechs oder acht Monitore vor sich, man hat so die Handels-Software, wo man an die Börsen direkt angebunden ist, weltweit. Und dann hat man noch mal mindestens zwei Monitore nur für Informationsdienstleister wie Bloomberg oder Reuters auf dem Schreibtisch.

Informationsdiensten wie Bloomberg kommt dabei besondere Bedeutung zu. Als Plattformen, auf denen interaktive Finanzdaten, Nachrichten, Berichte und Analysen dargestellt werden, sind diese Informationssysteme zentrale Elemente und Voraussetzungen globalisierter Finanzmärkte. Sie prägen durch ihre Visualisierungen das ›Bild‹ des Marktes und schaffen durch die simultane Verbreitung von Informationen die notwendige Gleichzeitigkeit über verschiedene Handelsplätze hinweg. Die von der Software erzeugte Darstellung vereinheitlicht die Wahrnehmung des globalen Marktgeschehens und steht stets im Zentrum der Aufmerksamkeit der Händler, wie Jan weiter ausführt:

Nehmen wir mal an, ich würde jetzt irgendwo eine Order kaufen. Ganz entscheidend ist, dass ich auch sofort reagieren muss, wenn irgendwo jemand spricht, eine Zahl reinkommt, eine Entscheidung getroffen wird, die diese Aktie gerade betrifft. Deswegen tickert da ständig was rein. Aber wenn du dann eine Order hast, dann guckst du da drauf und siehst: Ah, ok, jetzt kommen zum Beispiel Quartalszahlen am Nachmittag, waren nicht eingeplant vom Markt. Muss ich sofort schalten als Händler, das sind super Zahlen, die Aktie wird gleich hochgehen, also muss ich jetzt noch schnell kaufen, weil wer zuerst da ist, hat halt den besten Preis. Und danach steckt der Kurs weg und man hat 'n Nachteil.

Neben dem richtigen Zeitpunkt muss auch der passende Marktplatz für eine Transaktion berücksichtigt werden, wie Jan beschreibt:

> *Zu der Zeit, wo ich etwas handeln möchte, muss ich die sogenannte ›best execution policy‹ erfüllen, das heißt, ich habe wirklich dann europaweit den besten Markt-platz ausgewählt, mit dem besten Preis. Normalerweise orientiert man sich natür-lich an der Heimatbörse von so einer Aktie, aber die Fragmentierung der Märkte ist so weit fortgeschritten, dass eine Aktie mittlerweile an mindestens drei, vier ver-schiedenen anderen Börsen landen wird.*

Die Digitalisierung der professionellen Geschäftspraxis ermöglicht den ortsun-abhängigen Zugriff auf verschiedene Handelsplätze, die so miteinander in Be-ziehung gesetzt werden. Um Zeitpunkt und Ort richtig auszuwählen, bedarf es oftmals aber auch direkter Kommunikation. So fungieren Bloomberg-Ter-minals über ihre eingebaute Messaging-Funktion auch als weltweiter Kommu-nikationskanal unter Bankern, die sich über Gerüchte austauschen oder Infor-mationen überprüfen wollen. Knorr-Cetina und Brügger (2002: 907ff.) haben diese Formen der Kommunikation als »globale Mikrostrukturen« virtueller Fi-nanzmärkte beschrieben. Die kurzen Interaktionen von Händlern vermittels der Terminals dienen danach nicht nur der Koordination des Marktgeschehens, sondern erzeugen in ihrer Regelmäßigkeit wechselseitiges Vertrauen und eine globale Interaktionskultur, die für das Funktionieren der modernen Finanz-märkte entscheidend ist.

Solche globalen Kommunikationen sind nicht auf Händler beschränkt. Um einen reibungslosen Geschäftsablauf zu ermöglichen, sind internationale In-vestmentbanken auf einen dichten täglichen Informationsfluss angewiesen. Daher stehen die Mitarbeiter mit Kollegen, Handelspartnern und Vorgesetzten im In- und Ausland in engem Austausch. Mario, der in Frankfurt für eine in-ternationale Investmentbank als Produktentwickler arbeitet, schildert so seinen Arbeitsalltag:

Mario, 38, Frankfurt

Mario ist in Frankfurt aufgewachsen und hat bis auf einen kurzen Aufenthalt in London auch sein gesamtes bisheriges Berufsleben dort verbracht. In die Finanzbranche ist er über eine Bankenlehre eingestiegen. Er arbeitete zunächst im Handel einer deutschen Mittelstandsbank, ehe er zu einer internationalen Investmentbank wechselte, bei der er sich auf Produktentwicklung spezialisierte. Von dort wurde er nach zwei Jahren von seinem jetzigen Arbeitgeber abgeworben, dem deutschen Tochterunternehmen eines globalen Investmenthauses, wo er nunmehr den Verkauf von Derivateprodukten an institutionelle Investoren leitet.

> *Also, ich hab' Kollegen in London, mit denen hab' ich täglich mehrfach zu tun. Und das sind 'ne ganze Menge. Das sind große Gruppen von Leuten, mit denen ich täglich zu tun habe. Mit denen interagiere ich sogar mehr, also regelmäßiger am Tag, als mit den Kunden. Das ganze Management, das hab' ich jeden Tag, die sitzen in London. Ich hab' auch Kollegen, mit denen ich fast täglich in Hong Kong kommuniziere oder in New York. Wir können manchmal gar nicht frühstücken gehen, ohne vorher in London Bescheid zu geben.*

Auch marktferne Tätigkeiten im Back Office sind in solche Abläufe eingebunden, wie Max, Praktikant in der M&A-Abteilung einer deutschen Privatbank, schildert:

Max, 27, Frankfurt

Max kam für ein Praktikum im M&A-Bereich bei einer international tätigen Finanzholding nach Frankfurt. Seinen Master in Finance absolvierte er in Wien. Über das Praktikum in Frankfurt erhofft er sich den Einstieg in die Branche. Während des Studiums absolvierte er ein Auslandssemester in Amsterdam.

> *Wenn du jetzt in Frankfurt anfängst, dann hast du jetzt erst mal nicht so viel mit Ausland zu tun. Also im Sinne von, dass du jetzt wirklich in ein anderes Land fahren musst. Du hast aber natürlich schon mit dem Ausland zu tun, weil die Firmen, die wir betreuen, natürlich in vielen Ländern tätig sind, und du dich da auf dem Laufenden halten musst – also anrufen, Daten checken und so weiter.*

Häufig jedoch ist für den direkten Austausch innerhalb einer Firma oder für die internationale Kundenbetreuung mehr als nur telefonischer Kontakt nötig. Auch Videokonferenzen können eine persönliche Gesprächssituation unter Anwesenden nicht vollständig ersetzen, wie Carolin, Teamleiterin bei einem internationalen Finanzdienstleister in Frankfurt, berichtet:

> *Ich bin oft in London, alle zwei Wochen, weil wir dort uns treffen, alle Team-Leader, die Europa betreuen. Weil, es ist schon wichtig, dass man auch vor Ort ist. Klar kann ich mich einwählen, Videokonferenzen, kannst du alles machen. Aber dieser Austausch ist schon wichtig, auch die Gesichter zu sehen. Weil, wenn dann was Neues besprochen wird, sagt ein Ausdruck im Gesicht viel, viel mehr aus als die Stimme. Es gibt halt Profis, die kontrollieren ihre Stimme, aber das Gesicht lügt sehr selten. Deswegen ist es schon wichtig, sich dort auch vor Ort zu zeigen.*

Die Arbeitsweise auf den heutigen Finanzmärkten lässt sich als eine Praxis beschreiben, die auf permanenter Kommunikation zwischen Finanzzentren beruht. Eine wichtige Rolle spielen dabei digitale Technologien und deren vereinheitlichende Wirkung auf die Wahrnehmung von Märkten. Aus der grenzüberschreitenden Vernetzung auf elektronischen Handelsplätzen ergibt sich eine internationale Perspektive der Finanzakteure. Ihre Transnationalität ist nicht zwangsläufig an Auslandsaufenthalte gebunden, aber auch nicht vollständig über moderne Kommunikationstechnologie zu organisieren. Multilokales Arbeiten und regelmäßige Geschäftsreisen erzeugen über die Internationalität von Karrieren und die digitale Kommunikation hinaus einen globalen Bezugsrahmen.

Kultureller und technologischer Wandel

Ein häufiges Thema in unseren Gesprächen war der kulturelle Wandel der Finanzindustrie in den letzten Dekaden. Dieser Wandel wird besonders eindringlich von den Befragten der älteren Kohorte beschrieben, die die Finanzbranche noch vor der Globalisierungswelle und den weitreichenden Deregulierungsmaßnahmen der 1980er Jahre miterlebt haben. In Kapitel 5.1 wurde bereits das Beispiel von Jens angeführt, der von einem Arbeitsumfeld berichtete, in dem üppige Gehälter noch eine Seltenheit waren. Einen kulturellen Wandel, der in dieser Hinsicht in den letzten drei Jahrzehnten stattgefunden habe, beschreibt auch Joshua:

A cultural change has been one of the reasons I really wanted to get out of the market. It was, in the old days it was all about the customer. And it was all about what could you do for the customer and what clever products could you manufacture for them in order to resolve their issues. Now, it's all about how much money I can make. And it's being driven by the banks themselves. Because they can make more money actually participating or competing against their customers, than they can in providing pure advice. And that was what's driven that cultural change.

Joshua sieht sich selbst als ›ehrenwerten Banker‹ – ein Ideal, das er allerdings durch die modernen Geschäftspraktiken von Investmentbanken bedroht sieht. Diese würden primär zu ihrem eigenen Vorteil handeln, welcher dem Kundeninteresse nicht selten entgegensteht. Doch nicht alle Befragten teilen diese Sichtweise oder sehnen sich nach den ›guten alten Zeiten‹, wie Michael, der CEO einer großen australisch-amerikanischen Investmentbank, erklärt:

Michael, 57, Sydney

Michael stammt ursprünglich aus Perth in Western Australia, wo er seine Karriere als Analyst im Aktienhandel einer australischen Großbank begann. Nach einem Jahr ging er zu einem australischen Versicherungskonzern und spezialisierte sich auf die mathematische Modellierung von Kreditversicherungen. Dies führte ihn zu einer mit dem Konzern verbundenen Privatbank, bei der er seine Kenntnisse auf die Modellierung von Aktien übertrug, sich zum Aktienhändler ausbilden ließ und zum Head of Trading aufstieg. Als diese Bank Mitte der 1980er Jahre von einer der australischen *Big Four* übernommen wurde, beschloss er, das Stellenangebot einer amerikanischen Investmentbank anzunehmen, für die er bis heute tätig ist. Im Zuge seiner Karriere übersiedelte er in der Folge erst nach Melbourne und nach einer mehrjährigen Tätigkeit in der Zentrale in New York nach Sydney, wo er seit 2008 das Gesamtgeschäft als CEO leitet.

The culture that I entered into in the early eighties was more of long lunches and all that sort of stuff, but I didn't participate in that because I was so focused on trading and my company. The stockbroking community at that time, they would have long lunches, they would go to lunch and drink and you know, instead of being for an hour and a half or two hours, they would go out for lunch for three hours, maybe four. And sometimes they'd come back to the office, sometimes they wouldn't, so it was quite a different era of culture. But that's obviously changed pretty, you know, I sort of got the end of that culture. So, anyway, mine was more of a mathematical culture because I am an economist, and I didn't like that at all.

Michael kritisiert diese ›alte Kultur‹ dafür, nachlässig und »*lazy*« zu sein. Den Grund für den dann einsetzenden Kulturwandel sieht er in der zunehmenden Mathematisierung des Finanzsektors. Das Banking entwickele sich von einem »*people's business*«, bei dem der Kundenkontakt im Vordergrund stand, zu einem »*number's business*«, da bessere mathematisch berechnete Finanzprodukte höhere Renditen erzielten als herkömmliche Geschäftsmodelle. Auch Jens aus Frankfurt verknüpft den Kulturwandel der Branche mit ihrer zunehmenden Mathematisierung:

Das Geschäft ist insgesamt sehr viel mathematischer geworden. Früher, im Börsenbereich, musste man ein gutes Bauchgefühl mitbringen, die Händler und auch die Sales-Leute, um zu wissen, wo so ein Markt hingeht, da wurde viel mehr sich ausgetauscht über Gerüchte, weil es natürlich auch noch nicht diese Informationssysteme gab. Zu meiner Zeit früher hatte die Börse drei Stunden geöffnet, man hat Zeitung morgens gelesen und konnte dem Kunden noch Neuigkeiten aus der Zeitung mitteilen, und heutzutage ist ja aufgrund von Bloomberg, von Reuters, von NTV, ist es ja in dem Moment, wo irgendwas passiert auf der Welt, innerhalb von den nächsten ein, zwei Minuten weiß es jeder. Das heißt, man hat keinen Informationsvorsprung mehr. Und deshalb werden die Geschäfte heutzutage sehr viel mehr auch über mathematische Modelle abgebildet.

Was Jens beschreibt, ist eine grundlegende Veränderung im Charakter der operativen Praktiken auf Finanzmärkten. Da Informationen über das Marktgeschehen mittlerweile deutlich freier verfügbar seien, bestehe ein wesentlicher Teil des Geschäfts in der mathematischen Analyse und Formalisierung dieser Informationen. Das technische Wissen darüber, wie sich Informationen in mathematische Formeln übersetzen lassen, wird besonders wichtig und streng gehütet, da es sich in der Finanzbranche zum wichtigsten Wettbewerbsvorteil einer Firma verwandelt hat.

In den Beschreibungen von Michael und Jens wird allerdings auch deutlich, wie eng die Praktiken des operativen Geschäfts mit anderen Praktiken, etwa der

Pflege von Kontakten bei Business Lunches, verflochten sind. Insofern beeinflusst der technologische Wandel auch die Networking-Kultur. Das Vorantreiben der eigenen Karriere ist die primäre Motivation, Networking zu betreiben. Gegenstand der Networking-Praxis ist daher nicht mehr so sehr der Austausch über Kunden und deren Marktsituation, wie in der Geschäftskultur der Vergangenheit, sondern vielmehr der Austausch über die Marktlage anderer Finanzfirmen. Der Informationsfluss verläuft also vor allem marktintern, und ein entscheidender Aspekt scheint dabei zu sein, den eigenen Marktwert zu evaluieren und sich über Karrieremöglichkeiten zu informieren. So schildert etwa Jens den Inhalt typischer Gespräche unter Bankern:

> *Man redet recht viel über Boni und über Gehälter. Über das Geschäftliche, über die Erwartungen, die man so hegt. Und auch darüber, wer mal wieder gewechselt hat, das ist schon sehr ausgeprägt. ›Mensch, hast du gehört, der und der ist gewechselt, der soll jetzt angeblich das und das verdienen, und was glaubst du, wie wird es bei uns dann aussehen in einem Vierteljahr?‹*

Der Zusammenhang, den sowohl Jens als auch Michael zwischen der Mathematisierung und Technologisierung der Branche und dem Wandel der Arbeitskultur im Finanzwesen herstellen, erklärt aus ihrer Perspektive auch eine zunehmend instrumentelle Haltung gegenüber Kunden und Mitarbeitern sowie die Ausrichtung auf immer kurzfristigere Gewinne. Die Kritik daran ist nicht neu. Mit der zunehmenden Mathematisierung des Finanzwesens geht eine Organisation geschäftlicher Praktiken einher, die sich allein an numerisch bestimmbaren Indikatoren orientiert. Andere Orientierungen, wie etwa das Berufsethos des ›ehrbaren Bankers‹, werden dadurch zurückgedrängt. Was sich nicht mit Zahlen als finanzieller Profit ausdrücken lässt, verschwindet in diesem System aus dem Blickfeld, wie Jens erklärt:

> *Unser Geschäft, das ist schon die reine Form des Kapitalismus, da dominiert im Grunde schon dieses Profitdenken, alles andere wird dem untergeordnet.*

Die Logik dieses Geschäftsmodells bleibt dabei nicht auf die Finanzwirtschaft beschränkt, sondern wird durch das Investmentbanking in andere Wirtschaftssektoren exportiert. Wenn Financial Professionals, wie in unseren Interviews etwa von Sebastian beschrieben, immer stärker die Rolle von Unternehmern einnehmen und für ihre Kunden Business-Strategien entwerfen, so tun sie dies vor dem Hintergrund finanzwirtschaftlicher Profitinteressen sowie materieller Eigeninteressen. Dobbin und Zorn (2005) stellen denn auch zur zunehmenden Shareholder-Value-Orientierung amerikanischer Unternehmen fest, dass es vornehmlich Finanzakteure waren, welche die Managerelite von dieser Orientierung am *Return for Investors* als bester Unternehmensstrategie überzeugten. Ein nicht unwichtiger Aspekt dabei ist, dass sowohl Finanzmarktakteure als auch Manager zunehmend durch Boni in der Form von Aktien bezahlt werden, wodurch die Interessen beider Gruppen an die Finanzmärkte gekoppelt sind:

»This new corporate strategy was an idea hatched not by corporate executives, as was the case with previous strategies, and not by shareholders, as mythology suggests, but by professional groups in financial markets. These groups managed to change the incentives that executives faced and thereby to change the behavior of firms.« (Dobbin/ Zorn 2005: 181)

Es sind jedoch nicht nur die ökonomischen Beziehungen zwischen Finanzmarktakteuren und Unternehmen, durch die diese Orientierung an finanziellen Indikatoren verbreitet wird. Auch Prozesse der Finanzialisierung, etwa die Verbreitung finanzmarktbasierter Sparformen sowie Lebens- und Pensionsversicherungen, führen dazu, dass sich die Vorstellung vom Individuum als einem Investor als gesellschaftliches Leitbild weiter durchsetzt. Durch die Dominanz der Finanzmärkte in der heutigen Ökonomie wird auch weit außerhalb der Finanzsphäre wirkmächtig, was Joshua als allgemeine Einstellung unter Bankern formuliert: »*It's all about how much money I can make*«.

Auch wenn Michael und Jens den Wandel, der in der Finanzbranche in den letzten dreißig Jahren stattgefunden hat, subjektiv jeweils anders bewerten, so sind ihre Erzählungen doch von bemerkenswerter Ähnlichkeit. Dies ist nicht nur ein Hinweis auf die globale Dimension der Businesskultur im Investmentbanking. Praktiken, wie sie etwa infolge der mathematischen Formalisierung des Finanzwesens entstehen, bleiben nicht folgenlos für die zunehmend gemeinsame Weltsicht der Finanzakteure, die mehr und mehr von einem instrumentellen Gewinnstreben bestimmt wird. Auch wenn dies subjektiv unterschiedlich beurteilt wird, übersetzt es sich in Handlungsmuster, denen – mit einem Begriff Pierre Bourdieus – alle »Spieler« auf den Finanzmärkten folgen müssen, um im Feld konkurrenzfähig zu bleiben. Zusammen mit anderen Faktoren wie der Homogenisierung der professionellen Bildung und dem globalen sozialen Austausch zwischen den Finanzzentren ist hier die Herausbildung dessen zu sehen, was mit Bourdieu als die »Doxa« der globalen Finanzklasse bezeichnet werden kann.

Unternehmens- versus Marktorientierung

Die Grenzen von Investmentbanken und anderen Unternehmen, die auf Finanzmärkten agieren, sind oftmals unscharf und fließend. Anders als Organisationstheorien vielfach annehmen, sind Finanzunternehmen weniger durch klare Strukturen charakterisiert als vielmehr durch flexible Netzwerke. Deutlich wird dies an den häufigen Jobwechseln von Financial Professionals, aber auch an den internationalen Entsendungen zu Zweigstellen oder Kunden. Zwar sind die Professionals der Finanzindustrie Angestellte, ihr Gehalt ist aber in erster Linie von Boni und Vergütungen abhängig, die sich an Gewinnmargen und Abschlüssen von Verträgen bemessen. Zudem ist der Verlauf von Karrieren in der Finanzindustrie von der aktuellen Marktsituation abhängig, wie Linus dies am Beispiel von Jobwechseln erklärt:

> Normalerweise machst du das nach drei Jahren, und seltener mal später, das kommt immer auch auf den Bedarf an und auf die Situation. Aber manchmal ist da halt eine Stelle frei, weil jemand nach Hongkong gegangen ist oder jemand hat sonst das Unternehmen verlassen. Dann brauchen sie schon schnell jemanden und finden vielleicht nicht direkt jemanden, während du vielleicht einen langsamen Markt jetzt in Deutschland oder so hast, wo dein Chef sagt: Ja, ich habe jetzt drei Leute hier, die den Job machen müssen, aber eigentlich reichen mir zwei auch. Geh' doch mal woanders hin, mach' mal ein bisschen Glück. Kannst gern wiederkommen, wenn hier der Markt anzieht. Geht auch, ist besser, als entlassen zu werden.

Die hohe Frequenz an Jobwechseln ist Ausdruck der organisatorischen Volatilität der Finanzindustrie: regionale Niederlassungen multinationaler Banken werden in großer Geschwindigkeit geöffnet, geschlossen, gekauft, verkauft und ausgelagert, abhängig von den Möglichkeiten, die der betreffende lokale Markt gerade zu bieten hat. Daraus resultiert eine spezifische Beziehung zwischen den Finanzunternehmen und ihren Angestellten, wie sich anhand einer Interviewpassage mit Nicholas veranschaulichen lässt:

So, we try, I mean, in our case, what we try and do is articulate a story for the people that come on board; basically says something like, yeah, it is a little bit more subtle than this, but the message is: You are a smart person, you have got some great skills, you have gone through a long process to get on board. We are an organisation that is set up to prosecute and to take advantage of opportunities, to take advantage of change. You guys on the ground, wherever you are, in New York, or in the US, or in Asia, in Europe, wherever you happen to be, you guys on the ground are close to the opportunities.

Zur Arbeitskultur in Nicolas' Firma gehört ein spezifisches Verständnis von der Rolle der Angestellten. Von ihnen wird in einem hohen Maß Eigeninitiative und eine Art unternehmerischer Geist erwartet, wie Nicolas weiter berichtet:

So, and we as an organisation have an umbrella, if you like, of capabilities. Those capabilities could be people, they could be history and experience of doing particular things, they could be particular products that are useful, they could be money, obviously financing, they could be access to other things around the world, they could be a whole bunch of things. We have these capabilities. You on the ground need to... what we want you try and do is take advantage of all those opportunities, understand what our firm looks like, be close to your clients on the ground, identify the opportunities what we have can make a difference to the client, draw then what you need out of the organisation and then turn those dreams into a reality.

Nicolas' Firma stellt sich wie ein Ressourcenpool (*»umbrella«*) dar, den die Angestellten nutzen sollten, um die Möglichkeiten auf dem Markt selbstständig und in Eigenverantwortung auszuloten und produktiv zu verwerten. Die Financial Professionals sind zwar Angestellte, aber ihre konkrete Arbeitspraxis ähnelt der eines selbstständigen Unternehmers.

In diesem unternehmerischen Sinne nutzen Financial Professionals die Ressourcen, die von ihren Firmen bereitgestellt werden, nicht nur zum Vorteil der Unternehmen, sondern auch zu ihrem eigenen Gewinn. Joshua, der von einer ausschließlichen Investmentbank in die Investmentabteilung einer großen australischen Universalbank wechselte, beschreibt dies wie folgt:

At [Name der Investmentbank] you kept everything to yourself, you worked for yourself and you had your staff that worked for you. That was it. It was all kept very tight. I had developed certain things I would not tell anyone how it was done. If you want it, hire me. That's what I used to say, hire me. I'll come and work for you as part of your team, but I want a share of the pie at the end of the year. So, it was all about keeping the intelligence and the information to yourself. But when I worked for the retail bank it was about delegating. I never used to delegate. I was terribly bad at delegation. I started to share information and I'd keep their boss at the top informed. He used to look like a star because he'd go to the executive meetings and tell everybody what we were doing and they've just done this and there, you know, he always looked good in front of his peers, so I would then get a share. I used to involve other departments, get their thoughts, ideas because big retail banks had more knowledge than any investment bank could ever hope to. It is just because they've been doing it for so long and they just know so much about customers. Their knowledge is incredibly powerful so I started using the different parts of the bank. So, I'd get very big ticks about sharing that around and getting other people involved so that's what I did. I reversed exactly what I used to, involving other people and sharing information.

Diese Art des ›opportunity-seeking behaviour‹, die Joshua hier beschreibt, wurde von Olivier Godechot (2008) als »internal entrepreneurialism« bezeichnet: Anstelle organisatorischer Disziplin zählt in der Finanzbranche vor allem eigenständiges Unternehmertum. So gestalten Financial Professionals den organisatorischen Rahmen, in dem sie tätig sind so, dass sie ihn für ihre Zwecke optimal nutzen können. Dies weist Firmen vor allem als *Gate Keeper* und Einstiegpunkt zu den Finanzmärkten aus, die ihre Angestellten mit dem Versprechen anheuern, ihre materiellen Eigeninteressen verfolgen zu können.

Die Fähigkeit, solche Opportunitäten zu erkennen und zu nutzen, ist dabei wiederum vom Wissen über andere Finanzplätze und Unternehmen abhängig. In diesem Sinne werden die Karriereverläufe und die Erfahrungen in anderen Ländern und Organisationen selbst performativ für das Geschehen auf den Finanzmärkten. So stammt das Wissen über Geschäftspartner oder Marktsituationen, welches zur Anbahnung eines Deals führt, häufig von denjenigen, die von einer Organisation in die andere oder von einem Ort an einen anderen gewechselt sind.

Die Beziehungen zwischen den Finanzakteuren und ihren Firmen basieren auf einer gegenseitigen Abhängigkeit: Die Firma macht den Zugang zum Markt durch eine Anstellung möglich und profitiert zugleich von den Marktaktivitäten ihrer Angestellten. Andererseits handeln die Financial Professionals nach ihrer Ausbildungsphase in erster Linie selbständig und verwerten die Ressourcen, die von der Firma zur Verfügung gestellt werden, für ihren persönlichen Vorteil. Diese instrumentelle Beziehung, die sich aus der gegenseitigen Abhängigkeit von Firmen und Angestellten ergibt, betrachten beide Seiten in der Branche als legitim. Indem die Akteure den instrumentellen Modus in ihrer kollektiven Praxis habitualisieren, wird die instrumentelle Haltung zur wirtschaftlichen Umwelt zu einer finanzökonomischen Doxa. Und so gehören Kündigungen, häufige Stellenwechsel, Unternehmensfusionen sowie der ökonomische Druck, der von den Finanzmärkten als solchen ausgeht, zu einer Normalität, die die Akteure mit ihrem Handeln selbst erst verursachen.

Geschlecht und Ethnizität

In der Selbstdarstellung der Finanzbranche nimmt das Thema ›Diversity‹ einen zentralen Stellenwert ein. Das Feld präsentiert sich der Öffentlichkeit als eine Sphäre, in der die Firmen aktiv versuchen, Bewerberinnen und Bewerber mit unterschiedlichsten sozio-ökonomischen Hintergründen zu rekrutieren, nicht zuletzt, um sich vom Image eines elitären und abgeschlossenen ›Boy's Club‹ zu lösen.

Was das Geschlechterverhältnis im Finanzsektor betrifft, so finden sich in den einschlägigen Publikationen hierzu stets Sätze wie ›*Finance is a man's world*‹. Doch sind detaillierte Statistiken zum Geschlechterverhältnis im Investmentbanking rar. Annäherungsweise geben Daten aus den USA einen Einblick in die größten Banken der Branche (Crowe/Kiersz 2015). In der Literatur werden diese Daten als repräsentativ für das gesamte Feld betrachtet (vgl. Honegger 2010; Jäkel/Moynihan 2016). Blickt man auf die Belegschaft über alle Hierarchiestufen und Tätigkeitsfelder hinweg, so liegt das Geschlechterverhältnis im Investmentbanking etwa bei fünfzig zu fünfzig. Bei vier der sechs großen amerikanischen Investmentbanken sind mehr Frauen angestellt als Männer. Allerdings arbeiten die meisten Frauen in administrativen Funktionen des Back Office-Bereichs, abseits vom Kerngeschäft des Handels, und in Abteilungen wie

Personal oder Public Relations. In diesen Abteilungen stellen Frauen 60 Prozent bis 70 Prozent der Belegschaft. Je höher die hierarchische Position und je näher die Tätigkeit am Marktgeschehen ist, desto geringer wird jedoch der Frauenanteil. Im mittleren Management der sechs größten amerikanischen Investmentbanken stellen Frauen zwischen 24 Prozent und 51 Prozent der Belegschaft, in Exekutivrollen und unter Vorstandsmitgliedern sind es noch zwischen 19 Prozent und 34 Prozent, unter den CEOs sind keine Frauen vertreten (Crowe/Kiersz 2015).

Laut einem Bericht der Unternehmensberatung *Oliver Wyman* (Jäkel/Moynihan 2016: 9f.) können diese Zahlen auch auf einer globalen Ebene als repräsentativ für den Finanzsektor gelten, der allerdings neben Investmentbanken auch Unternehmensberatungen, Zentral-, Privatkunden- und Geschäftsbanken sowie andere Finanzdienstleister und Versicherungsgesellschaften umfasst. In diesem gesamten Bereich der Finanzbranche liegt der weltweite Durchschnitt an weiblichen Vorstandsmitgliedern bei 16 Prozent. Er schwankt jedoch zwischen Werten von 2 Prozent in Japan und 33 Prozent in Norwegen. In Australien sind 21 Prozent der Führungskräfte weiblich, in Deutschland sind es 10 Prozent. Auch hier bildet sich aber die branchentypische Verteilung ab, nach der Frauen vor allem in marktferneren Geschäftsbereichen vertreten sind wie dem Personalwesen und in juristischen Abteilungen. Dort sind Frauen mit 45 Prozent beziehungsweise 30 Prozent am stärksten repräsentiert. Hingegen sind gerade einmal 14 Prozent aller Führungskräfte in Front Office Abteilungen Frauen und nur 8 Prozent aller CEOs.

Es gibt daher für Frauen im Investmentbanking nicht nur eine ›gläserne Decke‹, wie sie auch typisch für andere Wirtschaftsbereiche ist. Es scheint zudem eine Art ›gläserne Wand‹ zu existieren, die die Geschlechterverhältnisse der Branche auch auf einer horizontalen Ebene organisiert. So arbeiten Frauen vor allem in den weniger lukrativen, administrativen und zuarbeitenden Abteilungen innerhalb der Finanzunternehmen. Die gläserne Wand scheint ein besonderes Kennzeichen des Investmentbankings zu sein. In der Literatur (für eine Übersicht vgl. z. B. Barreto et al. 2009) werden vor allem zwei Gründe dafür genannt, warum Frauen in den oberen Rängen von Unternehmenshierarchien unterrepräsentiert sind: So finden die wichtigsten Karrieresprünge in der Regel in einem Lebensalter zwischen dreißig und vierzig Jahren statt, also zu einem Zeitpunkt, zu dem viele Frauen Kinder bekommen und ihrem Familienleben mehr Zeit widmen. Wenn sie zu ihrem Arbeitsplatz zurückkehren, müssen sie mit einer jüngeren Kohorte um das Weiterkommen konkurrieren, während gleichaltrige Männer sie auf dem Karriereweg bereits überholt haben. Darüber hinaus wirken kulturelle Faktoren wie gesellschaftliche Rollenerwartungen, Geschlechterstereotype und sexuelle Diskriminierung, die für die ungleiche Verteilung von Karrierechancen zwischen Frauen und Männern sorgen.

Die gläserne Wand als besonderes Kennzeichen des Investmentbankings lässt sich gleichfalls einer spezifischen Männlichkeitskultur im Investmentbanking zuschreiben. Wie etwa McDowell (1997), Hassoun (2005) oder Honegger (2010) zeigen, belohnt die wettbewerbsorientierte Ausrichtung der Branche männliche Stereotype wie Aggressivität und Kampfeslust. Dies geht einher mit martialischen Selbstbildern der Männer, die die Branche dominieren und die sich als »Krieger«, »Soldaten« oder »Haie« beschreiben (vgl. Honegger 2010). Raue Umgangsformen, eine sexistische Sprache sowie aggressive Statusspiele am Arbeitsplatz sind ein weiterer Ausdruck hierfür.

Der Machismo des Investmentgeschäfts gilt oftmals nur als ein überzeichnetes Klischee der Branche. Doch haben sämtliche Frauen aus unserem Sample, die selbst direkt im Investmentbereich tätig waren, entsprechende Phänomene bestätigt. Sie beschrieben die Kultur eines »Boy's Clubs«, in dem sie sich als Frauen »fehl am Platz« fühlten, wie es etwa Carolin aus Frankfurt im Interview ausdrückte. Kim wiederum berichtet von folgender Begebenheit aus ihrer Zeit bei einer britischen Investmentbank:

> Swearing. All the time. You know, like, a lot of swearing, and they would say to you: ›Get that done! Get this done! Get that done!‹ You know, it's not nice language, you're being told what to do in a very rude way. You can say that ... you can't say these words in public though, yeah. And it's very fast. It's extremely fast. Yeah, and I think it wasn't great for me. I didn't like that aggressiveness, and I didn't like being told what to do either.

Kim beschreibt es als normal, dass Investmentbanker im Berufsalltag Kraftausdrücke gebrauchen, die sie jedoch im Interview nicht wiederholen wollte. Die Männer aus unserem Sample hatten dagegen weniger Probleme, diese Kultur zu beschreiben, wenn sie auf die Geschlechterverhältnisse der Branche angesprochen wurden. So hatte etwa Thomas aus Sydney keine Hemmungen, sich in einer unzweideutigen Art und Weise gegenüber dem (ebenfalls männlichen und ungefähr gleichaltrigen) Interviewer zu äußern, als er nach weiblichen Kolleginnen gefragt wurde:

> *There were quite a few women in the office, four girls on a desk. [Investmentfirma A] was small, we had four girls, one of them was a manager and she was just great at her job, like a really clever woman. One was a salesperson actually, no there were five. Two of them were salespeople, one was Greek and one was Chinese and they just looked after that market, so the Greek one had so many contacts in the Greek community she got all her business from there. The Chinese one, her dad owned a Chinese newspaper, so she got all the business through her dad, another girl was really good at derivatives, she worked on the derivatives desk. And another one had huge fabulous breasts and she used them to her advantage very very well in acquiring clients... Then in [Investmentfirma B], there were three, four girls that worked on the desk there, and that was like fifty people on the desk. And they were all hired because they were extremely good-looking and sluts as well. Two of them were twins and they were so sexy those two twins, and each of them slept with like eight or nine guys in the office, so they were just... At [Investmentfirma A], the women that worked there were good at their jobs, at [Investmentfirma B] the women that worked there were good at sleeping with the right people in the office to keep their jobs.*

Die Art und Weise, in der Thomas über Frauen spricht, demonstriert, welcher Umgangston in seinem beruflichen Umfeld als normal angesehen wird. Offen bezeichnet Thomas ehemalige Kolleginnen zum einen als »sluts«, während er andere stereotyp auf ihre ethnische Herkunft reduziert. Zurückhaltender äußert sich hingegen Sebastian und begründet die Tatsache, dass die Branche von Männern dominiert wird, wie folgt:

> *Women find professional places like that very hard because of the hours, so women tend to get to a certain level and not above. Very few women survive that type of environment, which is a shame, but it's true. With men, you find that those that have the ability to get up every day, persevere, no matter, just start again and start again because in banking you get knocked down ten times, you have to get up ten times, each day.*

Sebastians Darstellung von Frauen als das ›schwächere Geschlecht‹ und Thomas' unverhohlener Sexismus sind eindeutige Dokumente der Geschlechterstereotype in der Finanzbranche. Die Beteuerung eines ›So ist das nun mal‹ (»*it's a shame, but it's true*«), die in beiden Aussagen mitschwingt, verweist auf die Selbstverständlichkeit, mit der die Männer der Finanzwelt ihr Arbeitsumfeld als einen männlichen Raum begreifen. Zugleich stellen Gespräche wie die mit Thomas und Sebastian infrage, ob die Gleichstellung von Frauen und Männern wirklich so ein wichtiges Thema in der Finanzbranche ist, wie es die Unternehmen in ihren Selbstdarstellungen gerne vertreten. Sowohl für Carolin als auch für Kim waren die Erfahrungen einer teils offen frauenfeindlichen Kultur im professionellen Alltag des Investmentbankings der Anlass, die Branche schlussendlich zu verlassen.

Anders als bei dem Thema der Geschlechterverhältnisse wurde in den Interviews mehrfach betont, dass die ethnische und kulturelle Diversität der Finanzangestellten eine Selbstverständlichkeit sei. Mit einer diversen Belegschaft verknüpfe sich die Erwartung, dass unterschiedliche Herkünfte neue Perspektiven auf die Geschäftsfelder eröffnen könnten. In der Forschungsliteratur ist der tatsächliche Effekt von Diversity im Finanzwesen dagegen umstritten. So beschreibt etwa Zaloom (2006) einen Feldversuch in einer kleinen amerikanischen Investmentbank, in der gezielt Bewerber mit besonders untypischer Herkunft und Ausbildung eingestellt wurden. Das ausdrückliche Ziel dieser Vorgehensweise war es, aus den verschiedenen kulturellen Hintergründen der Mitarbeiter heraus Marktchancen zu nutzen, die von den bisherigen Händlern übersehen würden. Diversity wurde nicht als ein sozialer Gewinn an sich oder als Ausdruck gesellschaftlicher Chancengleichheit betrachtet, sondern als ein Mittel verstanden, den ›Tunnelblick‹ zu überwinden, der durch eingefahrene Routinen entsteht. Als Kriterium bei der Einstellungspraxis ist Diversity vornehmlich an einem ökonomischen Mehrwert orientiert. Diese auf kulturelle Diversität ausgerichteten Einstellungspraktiken stehen jedoch mit den konkreten alltäglichen Arbeitspraktiken in den Unternehmen in Konkurrenz. So zeigte sich in dem von Zaloom beschriebenen Versuch, dass sich die ›neuen Perspektiven‹ gegen die eingefahrenen Verhaltensweisen nicht durchsetzen konnten und die erwarteten Verbesserungen nicht eintraten.

Ähnliches wird in unseren Interviews von Helmut erzählt, ehemals Executive Director einer großen internationalen Bank in Frankfurt. Er gibt er an, dass

sich »nationale Besonderheiten« im Lauf der Zeit »abschleifen« und durch gleich-
förmiges Verhalten ersetzt würden:

> *Es gibt bestimmte Verhaltensweisen von bestimmten, ich sag' mal Völkern oder
> Ethnien, die sind eben so, ja? Also zum Beispiel ein Inder, den müssen Sie an so
> 'ner kurzen Leine managen, die Japaner dürfen nichts entscheiden, gleichzeitig
> darf man die das nicht merken lassen, ne? Aber in so 'nem Konzern schleifen sich
> dann aber mit der Zeit diese nationalen Besonderheiten ab, da wird sowas, das
> wird konform, ja? Das ist, wie wenn Sie 'n grobes Werkstück haben und da immer
> so dran rumschleifen. Am Ende hat das 'ne glatte Oberfläche. Also der Inder ist
> weniger Inder, der Deutsche ist weniger Deutscher, der Japaner ist weniger Japaner,
> Die einzigen, die da 'n bisschen aus der Rolle fallen, sind die Amis, ne? ›It's my
> way or the highway‹ also da wird nichts abgeschliffen. Die sind einfach so. Das ist
> ein ganz interessanter Effekt, wie sich das abschleift, nicht? Es gibt ja auch dann
> nur noch eine Sprache, nämlich Englisch. In der Regel Memos in Englisch. Wenn
> die [Bank A] innerhalb Frankfurt in 'nem Frankfurter Memo schreibt, schreibt die
> das auf Englisch, nicht auf Deutsch. Und ja, das ist dann so ein Weltenbürgertum.*

Allerdings sind von diesen Angleichungsprozessen nicht alle gleichermaßen
betroffen. So müssten sich Amerikaner Helmut zufolge weniger anpassen, allein schon wegen der allgemeinen Geschäftssprache Englisch. Auch in den In-
vestmentabteilungen deutscher Banken wird intern auf Englisch kommuniziert.
Helmut schreibt diesen Umstand auch dem besonderen Selbstbewusstsein
amerikanischer Banker zu (»my way or the highway«). Diversität im Finanzwesen scheint auch ein Tummelplatz ethnischer Zuschreibungen zu sein.

Zudem wird Diversität im Finanzwesen vor allem im Zusammenhang internationaler Arbeitskontexte zum Thema und weniger im Sinn der Gleichberechtigung von Minderheiten, so dass Diversität im Grunde mit Internationalität gleichgesetzt wird.

Daten zur ethnischen Differenzierung im Investmentbanking sind noch
schwerer zu finden als Daten über die Repräsentation von Frauen in der Branche. Eine Ausnahme bilden hier die USA, wo der gesellschaftliche Diskurs über
Rassismus eine Debatte über die *whiteness* der Finanzbranche angestoßen hat.
Zahlen zu den sechs größten Investmentbanken legen Crowe und Kiersz (2015)
vor. Sie zeigen auf, dass der Anteil nicht-weißer Angestellter in diesen Unternehmen zwischen 22 Prozent und 47 Prozent variiert. Ebenso wie beim Frauen-

anteil im Investmentbanking fällt dieser Wert auf ungefähr ein Drittel in der mittleren Führungsebene und schwankt bei den leitenden Angestellten zwischen 4 Prozent und 19 Prozent. Crowe und Kiersz kommen daher zu dem Schluss, dass in der Finanzbranche nicht nur für Frauen, sondern auch für ethnische Minderheiten eine gläserne Decke existiert. Für Großbritannien zeigen Ashley et al. (2016), dass ethnische Minderheiten bereits an jenen Universitäten unterrepräsentiert sind, aus denen die Finanzbranche ihre Fachkräfte rekrutiert. Mechanismen der sozialen Schließung wirken also schon vor dem Einstellungsprozess

Das Thema der Ethnizität wird in Australien und Deutschland unterschiedlich behandelt. In Australien, einer klassischen Einwanderungsgesellschaft, gilt die ethnische und kulturelle Vielfalt der Bevölkerung als integraler Bestandteil der nationalen Identität. Eine Ausnahme bildet die Bevölkerungsgruppe der Aboriginals, deren gesellschaftliche Benachteiligung als gewichtiges politisches Problem gilt. In den Berichten unserer Gesprächspartner kam dieses Thema jedoch vermutlich gerade deshalb nicht zur Sprache, da Aboriginals auch an den australischen Universitäten deutlich unterrepräsentiert sind und so schon mit Mechanismen gesellschaftlicher Ausgrenzung konfrontiert sind, bevor sie überhaupt für den Pool möglicher Bewerber infrage kämen. In den Selbstdarstellungen der australischen Finanzindustrie zeigt man sich jedoch gern der gesellschaftlichen Problematik bewusst, etwa in einem von Sydneys Finanzdistrikten – Barangaroo –, wo mit PR-Maßnahmen öffentlichkeitswirksam auf die Unterstützung und Integration von Aboriginals verwiesen wird (siehe auch Kapitel 6.4).

In Frankfurt wurde ethnische Diversität im Sinne der Gleichberechtigung von Minderheiten von den Befragten gar nicht erwähnt. In Sydney war es ausschließlich Kim, die auf ihre Herkunft verwies, indem sie sich als asiatische Australierin bezeichnete. Kim war es auch, die ihre ethnische Zugehörigkeit explizit problematisierte, indem sie angab, aufgrund ihres Geschlechts und ihrer asiatischen Herkunft nicht in der Lage zu sein, sich problemlos in denjenigen Netzwerken zu bewegen, die notwendig wären, um jenseits des mittleren Managements Karriere zu machen. Kims Erfahrungen unterstreichen, dass der ›Kosmopolitismus‹ der Finanzbranche nicht dasselbe ist wie ethnische Diversität. Auch wenn sich Financial Professionals in ihrer beruflichen Praxis als weltläufige Kosmopoliten verstehen, bleibt die Finanzindustrie ein ökonomisches Feld, das von einer männlichen, westlichen und ›weißen‹ Kultur dominiert wird.

Dieser Umstand wird dadurch überdeckt, dass sich Frankfurt und Sydney jeweils in westlichen Ländern mit überwiegend ›weißer‹ Bevölkerung befinden. Wie etwa Lars Meier (2009, 2016) in seinen ethnographischen Studien über deutsche Finanzmanager in Singapur und London darlegt, betonen diese ihre ›weiße Identität‹ vor allem an Orten, die sie als nicht-weiß empfinden. Während die deutschen Banker in London mit den Einheimischen um ihre soziale Akzeptanz konkurrieren müssen, signalisiert ihre *whiteness* in Singapur bereits einen sozialen Status, der sie als Mitglieder einer transnationalen Elite ausweist:

»In Singapore the bankers feel unchallenged in their social position as transnational elite because they consider themselves as whites both desired and required for the development of Singaporean society. They feel that their white, transnational elite identities make them welcome.« (Meier 2016: 500)

In dieser Hinsicht stellen die Kategorien ›weiß‹ und ›nicht-weiß‹ in der Finanzindustrie die entscheidende Demarkationslinie bei der Frage von ethnisch-kulturellen Benachteiligungen dar. Während Kim etwa mit Einschränkungen zu kämpfen hat, von denen sie berichtet, dass sie mit ihrer nicht-weißen Identität zusammenhängen, lassen sich andere Formen ethnischer Differenzen gezielt nutzen, um den eigenen Kosmopolitismus und die eigene Anpassungsfähigkeit an ein internationales Umfeld darzustellen. Ein Beispiel hierfür ist die Erzählung von Christopher, der sich situationsabhängig als »*Brite*« oder als »*Deutscher*« gibt, um aus sich selbst eine ›Marke‹ in der Branche zu machen:

Ich hab' jetzt die doppelte Staatsbürgerschaft. Ich bin jetzt seit letztem Jahr auch eingebürgert hier. Ich sag' immer gerne, ich bin Deutscher mit britischem Migrationshintergrund. Und abhängig von der Situation lass' ich 'nen Briten darstellen oder sag' ich, ich bin Deutscher. Und natürlich muss man als Sales-Mann gewissermaßen extrovertiert sein und man muss 'ne gewisse Duftmarke setzen in der Industrie. Auch wenn man so lange dabei ist, müssten die Leute einen kennen, und man muss bei denen in Erinnerung bleiben. Das eine ist mein Name natürlich, es gibt nichts Britischeres als meinen Namen, aber so einer bei einem deutschen Haus, der auch Deutsch spricht, das ist auffällig ungewöhnlich. Das zweite ist, morgen bin ich in Hamburg und hab' ich vor, mit meiner Melone auf den Termin zu kommen, also dieser britische Hut, die Hamburger lieben das. Und das ist auch ein gewisses Wiedererkennungsmerkmal als Brite. Früher bei [Bank A] war's *natürlich ganz klassisch, da komm' ich als Vertreter eines britischen Hauses, jetzt als Brite bei [Bank B] ist es eher Deutsch, Deutsch, Deutsch, aber da bleib' ich ja auch gerne in Erinnerung als Brite ... und beim Oktoberfest zum Beispiel, wenn man da mit Kunden unterwegs ist, da trage ich Tracht und sage, ich bin Deutscher <lacht>.*

Erneut zeigt sich an Beispielen wie diesem, dass Diversity im Vokabular der Financial Professionals hauptsächlich ein Synonym für den inszenierten Kosmopolitismus der Branche ist. Geschätzt werden Diversität und Unterschiede dort, wo sie sich profitabel verwerten lassen. In ähnlicher Weise lassen sich auch Thomas' Kommentare über die physische Attraktivität seiner weiblichen Kolleginnen lesen: Abweichungen von der männlichen Norm werden in der männlich dominierten Finanzindustrie zumindest dann akzeptiert, wenn sie sich performativ als Vorteil im Wettbewerb nutzen lassen.

5.3 Karrieren im Finanzwesen: Bildungswege einer globalen Klasse

Zum Abschluss dieses Kapitels sollen nun die hier dargestellten Befunde auf die analytischen Kategorien unseres in Kapitel 2 entwickelten theoretischen Modells bezogen werden, auf ökonomisches, soziales und kulturelles Kapital, auf Doxa und Habitus im globalen Finanzwesen. Die homogenisierenden Kräfte im Finanzfeld, dessen Autonomie und Schließungsmechanismen bilden den Unterbau für einen Prozess der Klassenformation, der im Habitus der Finanzexperten und ihrer Doxa am sichtbarsten ist.

Die Rekrutierungs- und Einstellungspraktiken von Finanzfirmen in Frankfurt und Sydney sind dabei gleichermaßen von Formen sozialer Schließung durchdrungen. Einige dieser Einstellungspraktiken weisen lokale Besonderheiten auf, in denen sich die historisch spezifischen Klassenstrukturen des jeweiligen Finanzplatzes widerspiegeln. Zugleich werden an diesen Finanzplätzen globale Standards, Ausbildungsprogramme und Best Practices etabliert. Mit dieser spezifischen Dynamik der Globalisierung des Feldes ist eine weitgehende Autonomisierung der Finanzindustrie vom Einfluss durch andere gesellschaftliche Bereiche verbunden. Dies wird etwa sichtbar an den Berufszertifikaten, die allein von global agierenden, privaten Institutionen aus dem Feld selbst vergeben werden.

Auf der Akteursebene bedeutet Globalisierung dagegen auch die Hervorhebung von Differenzen. Mitunter nutzen Akteure ihre Herkunft und ihren kulturellen Hintergrund, um sich im Feld erfolgreich zu vermarkten. Die Betonung ethnischer und kultureller Diversität in der Finanzbranche liegt allerdings quer zu der Tatsache, dass das Berufsfeld ›weiß‹ und männlich dominiert ist. Während aber der Selbstdarstellung von Kosmopolitismus ein relativ hoher Stellenwert in der professionellen Praxis in der Finanzwelt zukommt, erscheint das Geschlecht ein deutlich größeres Hindernis im Fortkommen zu sein.

Eine weitere Dimension von Globalität dokumentiert sich in den Karrierestrukturen der Financial Professionals. Von Anfang an sind Karrierewege gezeichnet durch die Vermittlung internationaler Stellen, durch Entsendungen und Arbeitsplatzwechsel. Für die Akteure selbst stellt diese Bewegung über Unternehmens- und Ländergrenzen hinweg ein zentrales Element der beruflichen Weiterentwicklung dar; allerdings führt dies auch dazu, dass die Professionals in der Finanzindustrie sich nur zu einem geringen Maße mit ihrem Arbeitgeber identifizieren und sich diesem gegenüber kaum zu Loyalität verpflichtet sehen. Die Karriere von Financial Professionals kann daher als Musterbeispiel dessen angesehen werden, wofür in der Fachliteratur der Begriff der »boundary-less careers« (Arthur et al. 2005; Arthur 1994) geprägt wurde, da diese Karrieren ›grenzenlos‹ Unternehmen und Länder umspannen und auch die Grenze zwischen Privat- und Berufsleben überwinden.

In dem Maße, in dem von Financial Professionals professionelle Eigenständigkeit und ein ›unternehmerischer Geist‹ erwartet werden, agieren sie immer mehr als eigene Unternehmer. Die Konsequenzen dessen zeigen sich im Handeln gegenüber Kunden: Ein entscheidender Teil des Berufs von Finanzakteuren besteht darin, die Geschäftsstrategien und Investitionsentscheidungen von Kunden zu formen. Dadurch nehmen sie eine machtvolle Position in der Organisation des modernen Finanzkapitalismus ein, die früher von der Managerklasse besetzt wurde. Zugleich ist diese Position ein wichtiger Faktor für den Fortgang des Prozesses der Finanzialisierung. Zudem hat die unternehmerische Machtposition von Financial Professionals Konsequenzen für ihre Arbeitgeber, da die Finanzakteure versuchen, die Strukturen und Ressourcen der Firmen möglichst für ihre eigenen Zwecke zu nutzen. Dieses Zusammenspiel, das sich aus der Übernahme der unternehmerischen Position ihrer Klienten und dem gleichzeitigen Agieren als »interne Unternehmer« (Godechot 2008) ergibt, zeichnet Financial Professionals als primär dem Markt verpflichtete Akteure aus, deren Selbstverständnis sich nicht aus ihrer Organisationszugehörigkeit ergibt.

Soziales, kulturelles und ökonomisches Kapital

Für die Karrieren von Financial Professionals spielt soziales Kapital eine entscheidende Rolle. Deutlich wird dies bereits beim Einstieg in die Branche, der nicht selten über Freunde oder Bekannte ermöglicht wird, wie sowohl Thomas, William und Andrej mit Verweis auf ihre eigenen Karrieren berichteten. Nach dem gelungenen Einstieg verliert diese Art des Sozialkapitals allerdings rasch an Bedeutung. Wichtiger werden Strategien zur aktiven Erweiterung von Netzwerken und zu deren Pflege.

Das Networking geschieht auf zwei Ebenen. Zunächst ist es wichtig, Teil einer lokalen Community zu werden. Hier findet der wichtigste Austausch an Informationen statt, die ausschlaggebend für das persönliche berufliche Weiterkommen der Financial Professionals sind. Gleichermaßen wichtig neben diesem lokalen Anker des sozialen Kapitals ist es jedoch, »schwache Bindungen« (Granovetter 1973) an anderen internationalen Finanzplätzen zu etablieren, um in der Branche auch außerhalb des eigenen Kundenstamms und der eigenen Firma sichtbar zu sein. Gerade in fortgeschrittenen Stadien der Karriere wird dieses transnationale Kapital immer wichtiger, wenn etwa die Beförderung auf eine höhere Position einen Konsens in einer Vielzahl von Niederlassungen einer Firma erfordert, oder ein Wechsel des Arbeitgebers oder des Arbeitsortes ansteht. In seiner Wirkung als Informationsmedium ist das Sozialkapital von Financial Professionals als eine der grundlegenden sozialen Strukturen von Finanzmärkten anzusehen. Für die Financial Professionals selbst dient dieses soziale Kapital vor allem als Ressource im Kampf um höhere hierarchische Positionen im Feld.

Wie das soziale Kapital, so ist auch ein feldspezifisches kulturelles Kapital ein entscheidendes Auswahlkriterium für die Rekrutierung von Financial Professionals. Kulturelles Kapital liegt sowohl in einer institutionalisierten Form vor, als auch in einer von den Akteuren inkorporierten Form. Während unter einem institutionalisierten kulturellen Kapital hauptsächlich Universitätsabschlüsse und andere professionelle Zertifikate zu verstehen sind, lässt sich das inkorporierte Kapital etwa an der Bekleidungsweise, Statussymbolen und dem persönlichen Auftreten ablesen. In dem Maße, in dem Karrierewege und beruflichen Praktiken einer globalen Standardisierung folgen, nimmt auch das kulturelle Kapital der Angestellten in der Finanzbranche eine mehr und mehr global standardisierte Form an. Daraus ergibt sich nicht zuletzt jene weltweite Vereinheitlichung kultureller Codes, die den Finanzakteuren als der ›kosmopolitische‹ Charakter der Branche erscheint.

Was unsere Gesprächspartner allerdings unter ›Kosmopolitismus‹ verstehen, unterscheidet sich von der Bedeutung, den der Begriff in der akademischen Debatte annimmt. Definiert etwa Hannerz (1990) Kosmopolitismus als die Fähigkeit, sich an fremde Kulturen anzupassen, so liegt der Fluchtpunkt kosmopolitischer Verhaltensweisen von Financial Professionals eher in der Auflösung lokaler Besonderheiten zugunsten eines global vereinheitlichten Erscheinungsbildes. »*When you see a banker, what you want is someone who looks like a banker, smells like a banker, feels like a banker*«, so hatte es Sebastian ausgedrückt. Durch die globale Homogenisierung des kulturellen Kapitals in der Finanzindustrie werden die regelmäßigen Ortswechsel in den Karrieren möglich, können sich neue Firmen und Teams schnell zusammenfinden.

Das ökonomische Kapital nimmt einen zentralen Platz allein schon deshalb ein, weil dessen Erwirtschaftung das Ziel der Tätigkeit auf globalen Finanzmärkten ist. Die Akkumulation ökonomischen Kapitals stellt für unsere Gesprächspartner die wichtigste Motivation dar, überhaupt in das Finanzwesen einzutreten und ihre Karrieren dort weiter zu verfolgen. Entsprechend werden finanzielle Anreize von Firmen benutzt, um Mitarbeiter zu motivieren, von Konkurrenten abzuwerben oder auch zu disziplinieren. Die Einkommenschancen von Finanzakteuren sind dabei in größeren Finanzzentren wie London oder New York besser, doch auch in Finanzplätzen zweiten Ranges wie Frankfurt und Sydney lassen sich außergewöhnliche Summen verdienen. So erzielte der bestverdienende deutsche Banker im Jahr 2015 ein Einkommen von rund 14 Millionen Euro, der einkommensstärkste ›high earner‹ in London kam im selben Jahr gar auf 34 Millionen (Barkow Consulting 2017). Am ökonomischen Kapital der Financial Professionals, an ihren Gehältern, Gewinnbeteiligungen und Boni, dokumentiert sich mithin ihre herausgehobene Position innerhalb der kapitalistischen Verteilungsstrukturen.

Doch nicht jeder will so hoch hinaus. Zwar ist es die verbreitete Auffassung (neo-)klassischer Wirtschaftstheorien, dass die Bedürfnisse der Menschen potentiell endlos seien und es daher auch immer ausreichend Nachfrage nach ökonomischem Kapital gäbe. Entgegen dieser Vorstellung tritt für viele der befragten Finanzakteure gegen Ende ihrer Karriere jedoch ein Sättigungspunkt bei der Vermehrung ökonomischen Kapitals ein. Die hohen Anforderungen und Belastungen sind den Befragten oftmals ›nicht mehr das Geld wert‹. Nicht zuletzt haben sie im Verlauf ihrer Karrieren auch genügend davon angehäuft, um das Finanzwesen zu verlassen und sich anderen Dingen zu widmen.

Doxa und Habitus

Das Weltbild der Angestellten in der Finanzindustrie hat sich mit dem Prozess der Globalisierung der Branche erheblich gewandelt. Von den Befragten aus der älteren Kohorte wird dieser Wandel beschrieben als eine Bewegung weg von der Orientierung an den Bedürfnissen von Kunden und hin zu einer auf kurzfristigen Profit ausgerichteten Sicht der Finanzindustrie. Gekennzeichnet ist diese Doxa durch einen utilitaristischen Pragmatismus, der die Financial Professionals dazu veranlasst, ihre gesamte berufliche Erfahrungswelt unter dem Gesichtspunkt ihrer finanziellen Optimierung zu betrachten, wie sich an einem Interviewausschnitt mit Kim verdeutlichen lässt:

[Interviewer:] You now work in development aid, and are interested in global social problems, such as poverty. Did this in any way impact your work in finance, or the other way around?

[Kim:] Actually, the work in finance gives me the financial means to do this other work. That's it. Working in finance, even though it's highly international, they don't look at those issues. They look at financial transactions and how to make the most of their money. I mean, you've got to be kidding if they think about anything else. So, I don't think that working in finance is really global at all. It's actually very narrow. The global part is only because they fly from here to there. To me, that's not global.

Wenn Financial Professionals ihre gesamte Umwelt nach Maßgabe ihrer finanzökonomischen Verwertbarkeit hin betrachten, nimmt dieses Weltbild eine hochpolitische Form an. Viele der Befragten beschreiben ihre Weltsicht aber als eine ›objektive‹ Sichtweise, da sie auf einer allgemein gültigen wissenschaftlich-mathematischen Grundlage beruhe, dem messbaren finanziellen Nutzen einer Sache.

Der wichtigste Aspekt der Klassenbildung in unserem an Bourdieu angelehnten Erklärungsmodell ist der Habitus. Im Habitus sind die Gesamtheit der Erfahrungen einer Person, ihre soziale Position und ihre erworbenen Dispositionen physisch eingeschrieben, womit er auch größtenteils unterbewusste Verhaltensdimensionen wie Haltung, Aussprache und Körperlichkeit steuert. Der Habitus von Finanzakteuren lässt sich vor allem durch zwei Merkmale charakterisieren. Eines besteht in einem für die Finanzbranche typischen Konformismus. So ist es nicht unbedingt ein Klischee, wenn eine Headhunterin aus Frankfurt Investmentbanker als »Klone« beschreibt. Eine ähnlich prägnante Beschreibung liefert Georg, wenn er von folgender Situation aus seinem Urlaub erzählt:

Georg, 54, Sydney

Georg stammt ursprünglich aus Deutschland, lebt aber seit sechs Jahren mit seiner Familie in Sydney. Nach einem Studium der Wirtschaftspädagogik in Mannheim arbeitete er zunächst als Wirtschaftsprüfer für eine weltweit tätige Unternehmensberatungsgesellschaft. Sein »Hang zum Unterrichten« führte ihn jedoch nach wenigen Jahren zu einem internationalen Großkonzern, für den er interne Schulungsprogramme entwickelte. Dieser Bereich wurde wenig später an eine der weltweit größten Finanzdienstleistungsfirmen ausgelagert. Bei seinem neuen Arbeitgeber stieg er rasch in eine Führungsposition auf und war für verschiedene internationale Outsourcing-Projekte im Finanzbereich verantwortlich. Seine Tätigkeit führte ihn unter anderem für ein Jahr in die USA, ehe er ein Projekt in Sydney übernahm. Als sich seine Tätigkeit in Australien in die Länge zog, beschloss er, dauerhaft nach Australien auszuwandern, um seiner Familie weitere Umzüge zu ersparen. Seither leitet er das Australien- und Asiengeschäft im Bereich Financial Process Outsourcing.

Also, man lebt da schon in einem sehr speziellen Umfeld, Tag für Tag. Ich hatte irgendwann mal so einen Moment auf dem Flughafen, mit Familie waren wir da unterwegs, auf einer Heimreise nach Deutschland. Und dann saßen wir in einer Lounge, und am Nebentisch waren so ein paar Businessmenschen. Und die haben über Business geredet. Und ich saß da und habe meine Frau angeguckt und hab gesagt, »Soll ich mich jetzt einfach dazu setzen und mitreden?« Die haben genau dieselben Phrasen, das ist so eine eigene Sprache, die da gesprochen wird. Und sag, »Okay, gut, ich setz' mich jetzt einfach dazu und ich glaube, man könnte da wirklich relativ lange überleben, ohne dass die merken würden, dass man von gar nix keine Ahnung hat«.

Die enge Erfahrungswelt einer allein auf Effizienz und Gewinnstreben ausgerichteten Business-Praxis, wie sie Georg und andere Befragte beschreiben, sowie die damit verknüpften Terminologien, schaffen eine reibungslose Kommunikation unter Gleichen, die sich untereinander auch problemlos als solche erkennen. Ein typischer Jargon, typische Körperhaltungen und Gesten sind tief verankert in der Lebenswelt von Financial Professionals. Neben dem Konformismus besteht eine weitere habituelle Eigenart der Finanzklasse in einer gewissen Rücksichtslosigkeit und Engstirnigkeit, die ihren Ausdruck im Auftreten von Investmentbankern wiederfindet. Dies lässt sich etwa aus der folgenden Beschreibung von Sebastian ersehen:

People's views are very narrow in investment banking. They are a more disparate, different type of people, more analytical, more introverted. They prefer dealing with numbers rather than people. They're almost psychopaths. You know, where you don't look at emotion, no empathy, you just look at outcomes. If I do this, this will happen. You don't think if I do this a thousand people will lose their jobs. You think I do this I'll make a million dollars for the company. The transaction is the value, not the time, not the people. So, there's sense of power, the energy, in investment banking is intense. These people are so smart in their narrow way.

Besonderheiten und kulturelle Diversität, die je nach Finanzplatz durchaus variieren können, verwandeln sich im Laufe der Karrieren von Financial Professionals zu global gleichförmigen Profilen. Die Berichte unserer Befragten aus Frankfurt und Sydney verweisen auf eine umfassende Anpassung der Finanzakteure an das sie prägende Umfeld, und manchmal sind diese Berichte von den verbreiteten Bildern über Investmentbanker kaum zu unterscheiden. Das für den Karriereverlauf relevante soziale und kulturelle Kapital ist Ausdruck einer globalen Erfahrungswelt und alltäglicher Praktiken, die gleichermaßen aus den Gemeinsamkeiten der Akteure wie aus dem Ausschluss Nicht-Zugehöriger hervorgehen und dabei diese Gemeinsamkeiten und Ausschlüsse zugleich reproduzieren. Indem die Financial Professionals solche Formen kulturellen Kapitals in ihrer kollektiven Praxis inkorporieren und sich einen feldspezifischen Habitus aneignen, werden sie als Angehörige einer globalen Finanzklasse erkennbar.

Die Karrieren im Feld fungieren dabei als Instanzen kultureller Harmonisierung und ermöglichen Transaktionen über politische, kulturelle und organisatorische Grenzen hinweg. Die Karrieren in der Finanzbranche können deshalb als ein wesentliches Element in der Herausbildung einer globalen Finanzklasse betrachtet werden. Global ist diese Klasse dabei nicht nur in dem Sinne, dass ihre Angehörigen große Ähnlichkeiten zwischen den Finanzplätzen unserer Untersuchung, Frankfurt und Sydney, aufweisen. Inmitten globaler Geschäftspraktiken in der Finanzindustrie kommt der Lokalität überhaupt nur insoweit Bedeutung zu, wie sie sich gewinnbringend nutzen lässt.

6 Kulturelle Muster der globalen Finanzklasse in Frankfurt und Sydney

Im Jahr 1899 veröffentlichte Thorstein Veblen seine *Theorie der feinen Leute* und legte damit eine seinerzeit ebenso originelle wie scharfsinnige Kritik der gesellschaftlichen Ungleichverhältnisse in den Vereinigten Staaten am Ende des 19. Jahrhunderts vor, die in ihrer soziologischen Präzision auch heute erstaunlich wenig an Aktualität eingebüßt hat. Das Neuartige seiner Analyse war, dass Veblen, der sich selbst vornehmlich als Ökonom begriff, seine Gesellschaftsdiagnose als Kritik der Scheinwelt des »demonstrativen Konsums« und des sozialen Prestiges formulierte. Er stellte damit nicht auf wirtschaftliche Ungleichheiten ab, die zumeist gesellschaftskritische Sozialstrukturanalysen bestimmen, sondern untersuchte die Reproduktion von Ungleichheit in den symbolischen Praktiken jener »Leisure Class«, deren Distinktionsbemühungen Veblen hauptsächlich interessierten.

Trotz des großen Einflusses, den in der Nachfolge Veblens etwa den kultursoziologischen Studien Bourdieus in der Ungleichheitssoziologie zukommt, überwiegen im weiten Feld aktueller Klassenanalysen doch weiterhin eher ökonomische Untersuchungen (vgl. Atkinson et al. 2011; Volscho/Kelly 2012; Milanović 2016; Piketty 2014; Alvaredo et al. 2017). So unerlässlich diese Untersuchungen auch sind, um die globale Entwicklung sozialer Ungleichheit angemessen zu verstehen, so sehr fassen sie den Begriff der ›Klasse‹ allein in der Dimension ökonomisch messbaren Besitzes. Andere Formen von Ungleichheit und insbesondere die symbolischen Praktiken von Status und Macht werden weitgehend ausgeblendet.

Im urbanen Raum solcher Finanzzentren wie Frankfurt und Sydney begegnen wir diesen symbolischen Praktiken von Status und Macht in vielfältigen Formen, eingebettet in spezifische soziale Milieus und charakterisiert durch entsprechende Symboliken, Artefakte und eine besondere, auch räumliche Materialität. Die Praxis von Financial Professionals beschränkt sich hierbei nicht nur auf Firmengebäude und ›trading floors‹, sondern äußert sich ebenfalls an Orten wie Pubs, Cafés und öffentlichen Plätzen, in der Wahl von Wohngegenden und der Nutzung von Geschäftsvierteln – selbst wenn diese Orte auch von anderen Bevölkerungsgruppen genutzt werden und von weiteren sozialen Prozessen durchdrungen sind. Die geteilten Praktiken von Finanzakteuren verdichten sich in den Business Districts von Frankfurt und Sydney zu kulturellen Mustern, die ihrerseits Aufschluss über den Prozess der Formierung einer globalen Finanzklasse geben. In diesen Praktiken werden jene Fähigkeiten und Wissensformen hervorgebracht und reproduziert, die die ›soziale Konnektivität‹ von Finanzmärkten begründen.

Globale Finanzzentren, und insbesondere die innerstädtischen Central Business Districts, sind daher von einer eigenen soziokulturellen Struktur geprägt. In diesem Kapitel wollen wir jene kulturellen Muster beschreiben, die sich als Dokumente der Klassenbildung der globalen Finanzklasse in den Stadträumen Frankfurts und Sydneys auffinden lassen. Diese kulturellen Muster treten nicht einheitlich und gleichförmig auf, sondern in typischen Variationen, die wir als solche der *Repräsentation*, der *Exklusivität*, der *Aspiration* und der *Durchlässigkeit* beschreiben. Die Praktiken von Financial Professionals, auf denen diese vier Variationen beruhen, werden nicht zwingend ausschließlich von Finanzakteuren vollzogen, doch besitzen sie im Finanzmilieu einen spezifischen sozialen Sinn, der sich dann erschließt, wenn – wie im Abschluss dieses Kapitels – die kulturellen Muster zueinander in Beziehung gesetzt und in ihrer Wirkungsweise für die Herausbildung einer globalen Finanzklasse analysiert werden. Der prägende Einfluss und die transformativen Kräfte, die von der modernen Finanzklasse ausgehen, finden ihre Grenzen nicht in ökonomischen Funktionen, sondern gehen weit darüber hinaus und formen urbane Stadträume und gesellschaftliche Felder im Ganzen.

Das Muster der *Repräsentation* dient als Ausdruck eines bewusst nach Außen getragenen Selbstbildes. Spezifische Praktiken und deren Einrichtungen und Sozialräume sollen öffentliche Anerkennung und Prestige erzeugen, womit nicht zuletzt die machtvolle Geste eines gesellschaftlichen Führungsanspruchs verbunden ist. Das Muster der Repräsentation wirkt zugleich als geschäftliche Selbstdarstellung und soll Kunden, aber auch den Akteuren des Finanzwesens selbst die Bedeutsamkeit der Branche vor Augen führen.

Das Muster der *Exklusivität* ist durch Räume und Praktiken der sozialen Schließung und der materiellen und symbolischen Grenzziehung charakterisiert. Zugänglich sind solche Räume und Praktiken in der Regel nur für diejenigen, die den entsprechend privilegierten Gruppen selbst angehören. Die Büroflure der Banken lassen sich von Außenstehenden ohne Termin, Anmeldung und Erlaubnis nicht betreten, wofür Sicherheitsdienste, Schließanlagen und das Empfangspersonal garantieren. Zeremonieller dokumentieren sich diese Grenzziehungen in den exklusiven Clubmitgliedschaften des Finanzmilieus, die nur für Personen vorgesehen sind, die sich etwa die hierfür notwendigen Bürgen verschaffen können.

Unter das kulturelle Muster der *Aspiration* fallen hingegen gerade solche Räume und Praktiken, die wir als *semi-exklusiv* bezeichnen können. Sie sind dadurch gekennzeichnet und leben davon, dass sie in Öffentlichkeiten hineinragen, in denen die Finanzakteure ihr symbolisches Kapital hervorbringen, austauschen und reproduzieren. Das Muster der *sozialen Durchlässigkeit* schließlich zeigt sich an Orten, deren Zugänge nicht materiell beschränkt sind und die nicht von einer einheitlichen kulturellen Praxis dominiert werden. Aufgrund ihrer soziokulturellen Durchmischung ermöglichen sie unterschiedliche Aneignungspraktiken, welche für das spezifische Milieu der Financial Districts deshalb relevant sind, weil sich dort Innovationen, Wandel und Avantgardismus ereignen. Diese Offenheit bietet den Financial Professionals ungenutzte Möglichkeiten der ökonomischen In-Wert-Setzung sowie Raum zur Darstellung kultureller Distinktion.

Die kulturelle Praxis der Financial Professionals folgt also nicht nur einem, in sich einheitlichen Muster, sondern ist von inneren Differenzen und auch Widersprüchen geprägt. Dies spricht allerdings nicht gegen den Befund einer geteilten Praxis, zumal es wohl kaum Bevölkerungsgruppen in der modernen Gesellschaft gibt, deren Praktiken uniform und widerspruchslos wären. Die Kohärenz von Praktiken und Weltauffassungen ist keine notwendige Bedingung für die Kollektivität im Denken und Handeln von Akteuren. Auch ganze Sozialgruppen können in ihrer gemeinsamen alltäglichen Praxis denselben widersprüchlichen Mustern nachgehen. So wie finanzökonomische Geschäftspraktiken nicht frei von inneren Zielkonflikten und Unverträglichkeiten sind, so sind es auch nicht die kulturellen Praktiken von Financial Professionals.

6.1 Repräsentation

Frankfurt

Peripherie und Zentrum

Frankfurt am Main gilt als vergleichsweise ›kleine‹ Global City. Die wachsende Anzahl innerstädtischer Hochhäuser dient vornehmlich Finanzfirmen als Konzernzentrale oder Niederlassung und ist verantwortlich für Frankfurts Beinamen ›Mainhattan‹. Das Bankenviertel bildet das heutige Zentrum eines regionalen Finanzclusters, der sich über die Stadtgrenzen hinaus in die gesamte Agglomeration erstreckt. Finanzmarktakteure sind nicht ausschließlich in Frankfurt angesiedelt, sondern auch im angrenzenden Main-Taunus- und Hochtaunuskreis (vgl. Ebner/Raschke 2013: 52). Als wichtiger Standort von Versicherungen und Pensionskassen in der Region dient etwa das 40 Kilometer entfernte Wiesbaden. Das im Nordwesten an Frankfurt angrenzende Eschborn erreichte über einen aggressiven Steuerwettbewerb mit der großen Nachbarstadt 2008 gar die Ansiedlung der Deutsche Börse AG und damit eines Global Players außerhalb der Frankfurter Stadtgrenzen. Nichtsdestotrotz hält die Deutsche Börse ihren Standort am Börsenplatz in der Frankfurter Innenstadt weiterhin als repräsentative Vertretung und für die mediale Außendarstellung.

Bereits in den 1990er Jahren konstatierte die Stadtforschung für Frankfurt: »Um die Kernstadt herum hat sich ein Datenverarbeitungs- und Softwaregürtel und ein regionaler Ring von Bürostandorten, Distributionszentren und Office Parks gebildet« (Keil/Ronneberger 1995: 301). Die Nachbargemeinde Eschborn etablierte sich dabei als funktionales Subzentrum der Finanzindustrie, nicht zuletzt, da es von der Innenstadt in nur zehn Minuten zu erreichen ist und damit das Bild Frankfurts als einer kompakten Großstadt unterstreicht. Ein weiteres innerstädtisches Gewerbezentrum, das in den 2000er Jahren in Frankfurt unter dem Titel ›City West‹ etabliert wurde, macht diese Ausdehnung in die Region deutlich. Die Topographie der Frankfurter Finanzindustrie ist daher von einer gewissen Regionalisierung und Ansätzen einer polyzentrischen Struktur charakterisiert. In dieser Struktur nimmt das Frankfurter Bankenviertel die Rolle eines repräsentativen Zentrums ein, wohingegen die Peripherie ein Standort funktionaler Geschäfte ist, vor allem für die Back Offices (etwa Buchführung, Kreditrisikomanagement) und die IT-Dienste.

Abb. 13: Skyline Frankfurt, Foto: Marco Hohmann.

Skyline-Architektur

Zentrum und Peripherie sind wichtige Elemente im Muster der Repräsentation. Das Frankfurter Bankenviertel formiert sich als ein Ensemble repräsentativer Bürohochhäuser im Zentrum der Metropole und schließt in dieser Weise an die für Global Cities prototypische Ästhetik von Städten wie New York oder Hong Kong an. Dabei erstreckt sich das Viertel über eine relativ kleine Fläche von weniger als einem Quadratkilometer an der Grenze zur Innenstadt im Osten, dem Westend im Nordwesten und dem Bahnhofsviertel im Südwesten der Stadt.

Auf Luftbildern heben sich die Hochhausbauten durch ihre Schattenwürfe deutlich vom Rest der Stadt ab und markieren so ein Karree zwischen der Mainzer Landstraße im Westen, entlang der Taunusanlage bis hin zum Opernturm am östlichen Ende. Einige dieser Bauten stehen auf den historischen Grundstücken jener Villen, die einst von Frankfurter Bankiersfamilien errichtet wurden und von denen entlang der Neuen Mainzer Straße noch einige wenige erhalten sind, sofern sie nicht durch moderne Headquarter ersetzt wurden. Die Ausläufer des Viertels ziehen sich entlang der Friedrich-Ebert-Anlage Richtung Messe und entlang der Bockenheimer Landstraße, wo sich ebenfalls Niederlassungen verschiedener Finanzdienstleister versammeln. Mitten durch die Formation der Skyline verläuft wie eine Trennlinie der begrünte Anlagen-Ring, der lose die Kontur der Innenstadt umreißt. Neben den Unternehmenszentralen großer deutscher Banken (Deutsche Bank, Commerzbank, Deka-Bankengruppe, Landesbank Hessen-Thüringen) finden sich hier die Dependancen von 180 Auslandsbanken sowie internationale Investmenthäuser und Finanzdienstleistungsfirmen, unter ihnen auch international tätige Wirtschaftskanzleien (vgl. Abb. 14).

Mit dem Namen renommierter Stararchitekten verbunden, verleihen bestimmte Einzelgebäude der Stadt eine weltläufige Atmosphäre und erheben den Anspruch auf eine Identifikation als Wahrzeichen. Nach diesem Prinzip entstand etwa der Commerzbank Tower, für dessen Bauhöhe von 259 Meter Höhe die zulässigen städtischen Bauhöhen außer Kraft gesetzt wurden, um das von Norman Foster entworfene Gebäude im Herzen des Frankfurter Finanzplatzes zu realisieren, wo es seither den Mittelpunkt der Frankfurter Skyline bildet. Einige Kilometer entfernt von der Innenstadt wurde im Frankfurter Ostend mit dem neuen Headquarter der EZB im Jahr 2014 darüber hinaus ein »markanter Solitär in einem bis dahin weitgehend hochhauslosen Gebiet« (Alexander 2014: 53) errichtet.

Die Bürohochhäuser der Banken heben sich nicht nur in ihrer baulichen Höhe vom Rest der Stadt ab. Als glänzende Türme aus Glas und Stahl erzeugen sie zudem den Eindruck einer besonderen Materialität, der sich bis in ihr nur beschränkt zugängliches Inneres fortsetzt. Die Foyers und Eingangshallen der Bürotürme, insbesondere der Headquarter von Finanzdienstleistern, übersteigen in ihrer beinahe verschwenderischen Größe stets die eigentlich funktionalen Erfordernisse solcher Räume und spielen gezielt mit teuren Materialien, einer teils futuristisch anmutenden Formensprache und großflächigen Kunstwerken. Die Atmosphäre ist zwar geschäftig, doch herrscht eine beinahe andächtige Stille, laute Gespräche vernimmt man hier nicht. Um der eindrucksvollen Höhe der Gebäude Ausdruck zu verleihen, trägt etwa die Cafeteria im Erdgeschoss der ›Twin Towers‹ der Deutschen Bank den Namen ›Talstation‹. Recht ähnliche Beobachtungen hat der niederländische Anthropologe Joris Luyendijk (2015) in einer ethnographischen Untersuchung in der Londoner City gemacht. Er beschreibt die repräsentative Materialität der Finanzindustrie folgendermaßen:

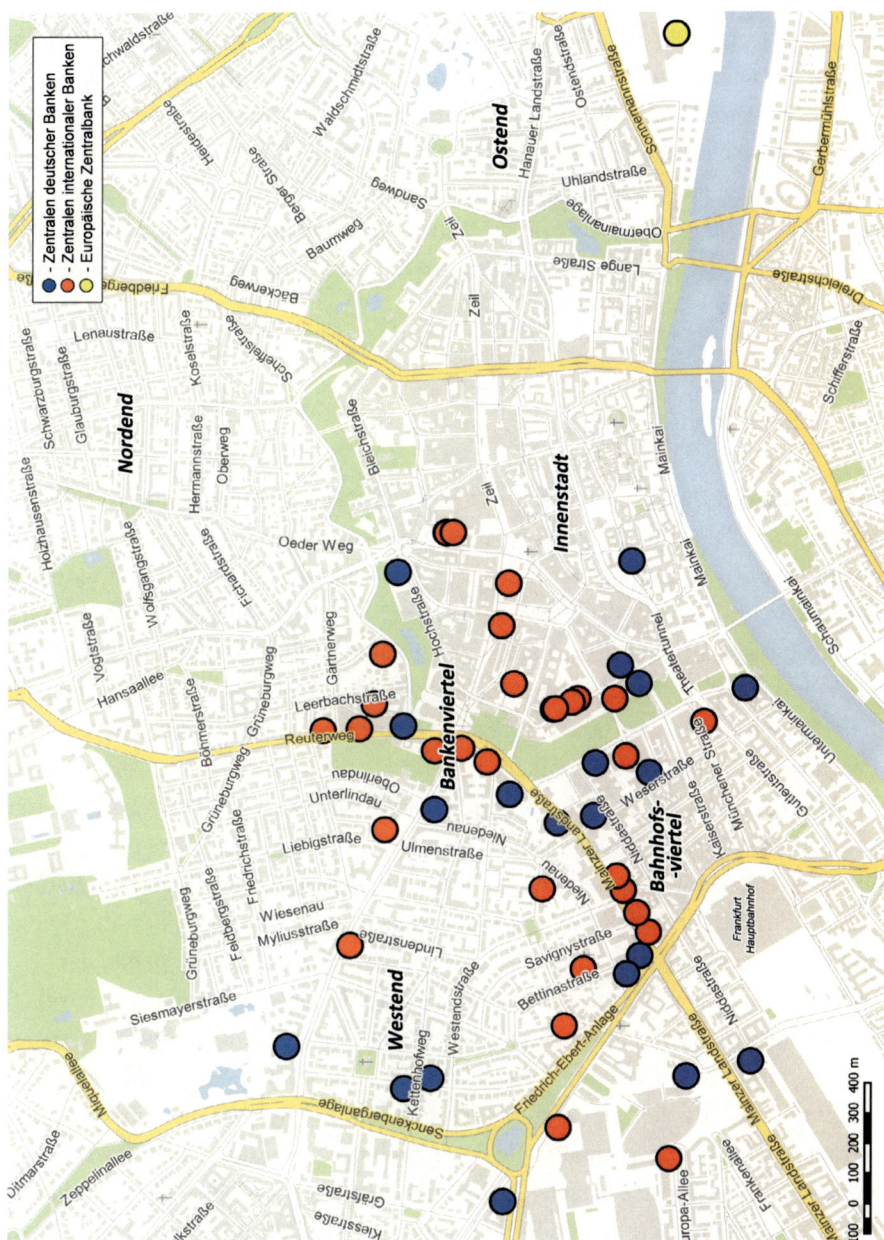

Abb. 14: Frankfurt, Innenstadt.

»Einige Male gelang es mir – manchmal auch nur unter einem Vorwand –, mich im Londoner Hauptquartier einer Investmentbank umzusehen. Ich fühlte mich wie in einem autarken Raumschiff: strenge Sicherheitsmaßnahmen, professionell-höfliches Empfangspersonal und lautlose, blitzschnelle Fahrstühle. Dazu viel Glas, Marmor und andere Materialien, die einen kühlen Luxus verströmen, und hohe Räume, in denen man sich winzig vorkommt, wie in einer modernen Kathedrale. Die Banker machten alle einen sehr zielstrebigen und geschäftigen Eindruck, so als wären sie Teil von etwas ganz Wichtigem.« (Luyendijk 2015: 55)

Leitbild Nachhaltigkeit

Luyendijks Vergleich der Banken mit einer sakralen Glaubensstätte ist nicht so abseitig wie dies zunächst klingen mag. Spezifische Motive der Repräsentation im Finanzwesen knüpfen an hehre gesellschaftliche Ideale und Leitbilder an, die ihre institutionelle Verankerung nicht selten in bankeigenen Stiftungen für kulturelle, soziale und auch politische Projekte findet. So betreibt die ›Alfred Herrnhausen Gesellschaft‹ der Deutschen Bank Projekte im Bereich internationale Beziehungen und bewirbt dies auf ihrer Website mit dem Satz: »Globalisierung, Klimawandel, Bevölkerungswachstum: Globale Herausforderungen brauchen Lösungen, die Ländergrenzen überwinden. Um die weltweit unterschiedlichen Vorstellungen von Fortschritt und Entwicklung in Einklang zu bringen, müssen wir lernen, die Welt mit den Augen der Anderen zu sehen.«

Ein besonders auffälliges Leitbild, das sich durch die Praktiken der Repräsentation verschiedener Finanzinstitute zieht, stellt ›Nachhaltigkeit‹ dar. Unabhängig von der Frage, ob finanzökonomische Geschäftspraktiken wirklich nachhaltig sein können (vgl. Besedovsky 2018), wurde *sustainability* ab Mitte der 1990er Jahre zum wichtigen Begriff in den Geschäftsberichten und Selbstdarstellungen der Banken. Und auch architektonisch wird dem Leitbild der Nachhaltigkeit Rechnung getragen. So integriert der Commerzbank Tower nicht nur die am Kaiserplatz bestehenden denkmalgeschützten Fassaden, er präsentiert nach außen auch das Bild einer umweltbewussten Bank. Hierfür wurden die von der Gebäudeaußenseite gut sichtbaren sogenannten ›Himmelsgärten‹ eingerichtet – einer der Gründe dafür, dass der Turm 2009 den *Green Building Award* erhielt. Und auch die Deutsche Bank lässt kaum eine Gelegenheit aus, an das Thema der Nachhaltigkeit anzuknüpfen. So wird beispielsweise auf einer

Website, die sich eigentlich den in den Doppeltürmen der Deutschen Bank aus-
gestellten Kunstwerken widmet, vorweg darauf verwiesen, dass das Gebäude
auch in Sachen Nachhaltigkeit ›state of the art‹ sei (Deutsche Bank Art Works).

Stadt des Euro

Internationale Finanzzentren sind für sich genommen schon Zentren der Repräsentation. Die Konzentration von Bürotürmen im Frankfurter Bankenviertel
erfüllt zwar auch funktionale Zwecke; die Mächtigkeit der Gebäude steht aber
sinnbildlich für den Anspruch, ein globales Kontroll- und Steuerungszentrum
der Weltwirtschaft darzustellen. Repräsentationsfunktionen sind dem Finanzwesen als solchem eingeschrieben und auch die Überlegenheit der Finanzindustrie über andere Wirtschaftszweige wird in der Hochhausarchitektur performativ zum Ausdruck gebracht. Zum Muster der Repräsentation gehören zudem
öffentliche Gesten des Anknüpfens an gesellschaftliche Werte, die als besonders bedeutsam gelten. Schließlich ist mit öffentlicher Repräsentation immer
auch der Anspruch verbunden, etwas Übergeordnetes und besonders Wert-
volles zu vertreten, eine Idee, einen Zusammenschluss oder die Gesellschaftsordnung im Ganzen. Repräsentationsfunktionen werden daher meist mit der
symbolischen und zeremoniellen Vertretung eines politischen Verbands in Verbindung gebracht, ausgeübt etwa von Staatsoberhäuptern oder anderen politischen Autoritäten.

Im Frankfurter Bankenviertel findet sich als ein solches Objekt der Repräsentation eine vierzehn Meter hohe und fünfzig Tonnen schwere Freiplastik,
die Euro-Skulptur. Sie wurde zur Währungseinführung des Euro 2002 errichtet
und repräsentiert seither den Anspruch des Finanzzentrums Frankfurt als »the
mighty capital of the Euro-Zone« (Sassen 1999). Angebracht auf dem Vorplatz
jenes Büroturmes, der lange Jahre der Hauptsitz der Europäischen Zentralbank
war, darf die Skulptur als Illustration bei keinem Zeitungs- oder Fernsehbericht
über Entscheidungen des EZB-Rates fehlen und ist zu einem beliebten Fotomo-
tiv für Touristen geworden.

Die Euro-Skulptur zeigt, dass der Anspruch, mit einer gewissen Autorität gesellschaftliche Werte zu vertreten, nicht allein politischen Ämtern und Manda-
ten vorbehalten ist. Vertreter der Finanzwelt wurden anlässlich einer notwendigen Sanierung der Skulptur nicht müde, die Symbolwirkung des Euro-Zeichens

Abb. 15: Eurozeichen vor dem ehemaligen Gebäude der Europäischen Zentralbank (EZB),
Foto: Marco Hohmann.

für den europäischen Einigungsprozess insgesamt zu betonen. Mit der Euro-
Skulptur wurde im öffentlichen Raum ein Bezugspunkt für die Finanzindustrie
geschaffen, der auch die Bedeutung des Frankfurter Finanzplatzes gegenüber
internationalen Konkurrenten symbolisiert. Zugleich schafft die Skulptur eine
Verbindung von Finanzwirtschaft, Politik und Gesellschaft und trägt durch ihren Verweis auf höhere gesellschaftliche Ziele nicht zuletzt zu einer Legitimation finanzökonomischer Praktiken in der Gesellschaft bei.

Repräsentative Geschäftspraktiken

Das Muster der Repräsentation ist aber nicht nur im öffentlichen Raum erkennbar, sondern hat eine Wirklichkeit auch auf der Seite der Finanzakteure, wenn
sie an ihrer eigenen repräsentativen Selbstdarstellung feilen. Sichtbar werden
diese performativen Formate insbesondere im direkten Kundenkontakt der Financial Professionals, wenn etwa Broker oder Mitglieder von Sales-Teams Finanzprodukte an private oder institutionelle Kunden verkaufen. Eine solche ge-

schäftlich bedingte Repräsentation funktioniert brancheninternen, sieht sich also nicht der öffentlichen Wirksamkeit verpflichtet. Sie dient vielmehr der Kommunikation unternehmensinterner Selbstbilder und der vorteilhaften Inszenierung gegenüber geschäftlich relevanten Dritten.

Zu den entsprechenden Praktiken gehört nicht nur die Lunchtime in repräsentativen Restaurants, wie etwa in einem der in der Branche beliebten ›Upscale‹-Steakhäuser, in dem man durch regelmäßige Besuche eine ›goldene Karte‹ ausgestellt bekommt oder ein »*eigenes Messer mit deinem Namen drauf*«, wie Mario, Derivate-Händler bei einer europäischen Großbank, berichtet. Andere Interviewte erzählen von Kundenevents, bei denen Geschäftspartner als VIPs zu Konzerten oder zur Formel 1 eingeladen wurden, zu Besuchen in Sterne-Restaurants, Tennisturnieren oder Fußballspielen. Als besonders exklusiv gelten Kurztrips auf Yachten, um gewinnträchtige Deals abzuschließen und an Bord internes Wissen auszutauschen.

Dass nach dem Crash im Jahr 2008 zahlreiche neue rechtliche Vorschriften und unternehmensinterne Compliance-Vorschriften für die Angestellten von Banken und anderen Finanzinstituten erlassen wurden, die es beispielsweise nur gestatten, Geschenke unter einem Wert von 30 Euro anzunehmen, stellt heute zwar eine Einschränkung dar; allerdings werden damit Praktiken der geschäftlichen Repräsentation nicht aus dem Repertoire der Finanzakteure verdrängt. An Präsenten und Aufmerksamkeiten fehlt es auch heutzutage nicht, wie Jan, Head of Trading bei einer Privatbank, erzählt:

Da gibt's zum Beispiel Hochphasen wie Weihnachten. Die Broker, die wir quasi mit Geld füttern, über den Handel in den Börsenplätzen, die laden einen dann zum Essen ein oder schicken ein Präsent, wie 'ne Weinflasche oder sowas. Das kommt vielleicht ein oder zweimal im Jahr vor. Ist jetzt aber nicht exzessiv, wie es vielleicht früher einmal war, die Zeit habe ich nicht ganz kennen gelernt, muss ich sagen. Hab' ich auch was dagegen, irgendwelche Reiseeinladungen oder sonst was. Aber Kundenveranstaltungen gibt's zum Beispiel auch wieder. Wir laden zum Beispiel auch zu Fußballspielen hier von Frankfurt ein paar Kunden ein, wenn sie die Policy haben, dass sie eingeladen werden dürfen und das dann auch annehmen. Dafür ist natürlich keine Verpflichtung dererseits gegeben. Also, die müssen uns jetzt nicht dafür Geld oder sonst was geben, sondern das ist dann einfach nur, um da die Bindung aufrecht zu erhalten. Ich habe gehört, dass das bei anderen Banken tatsächlich Einladungen zum Oktoberfest sind und teilweise auch mit

Präsenten, nach dem Motto: eine Maß und noch die Ausrüstung mit Ledertasche, die die dann geschenkt bekommen. Ja, sowas gibt es nach wie vor. Das war früher viel mehr, das kann ich auch sagen. Jetzt sind's vereinzelte Anbieter, Banken und Broker, die dort einladen. Das ist dann auch so, dass die meistens noch die Unternehmen einladen und dann Konferenzen dort veranstalten, weil in München rein zufällig zur Zeit das Oktoberfest ist.

Öffentliche und brancheninterne Repräsentation stehen in Spannung zueinander, wenn sich das Finanzwesen als eine Art öffentliches Gut und Bannerträger von Nachhaltigkeit inszeniert und intern Praktiken der Geschäftspflege üblich sind, die öffentlich nicht gut kommuniziert werden können. Die öffentlich wirksamen Formen der Repräsentation der Finanzbranche fußen zudem vornehmlich auf ökonomischen Privilegien. Die teuren Adressen der Headquarter in der Frankfurter Innenstadt erfordern erhebliches ökonomisches Kapital, so dass die Hochhäuser im Bankenviertel nicht zuletzt die wirtschaftliche Potenz der Finanzindustrie dokumentieren.

Sydney

Peripherie und Zentrum

Im Unterschied zur ›kompakten‹ Metropole Frankfurt breitet sich Sydney über 100 Kilometer in Richtung Inland aus. Den Kern der Stadt bildet die City of Sydney, in der sich neben dem ökonomischen Zentrum auch wichtige politische, kommerzielle und kulturelle Institutionen konzentrieren. Entsprechend ist die City of Sydney, gemessen am wirtschaftlichen Output mit rund 109 Milliarden Dollar, mit Abstand das produktivste Subzentrum innerhalb der Metropolregion (City of Sydney 2016).

Verbunden mit der geographischen Lage auf einer Halbinsel, stellt dies eine große Herausforderung für die Verkehrs- und Raumplanung dar. Als Abhilfe wurde in den 1990er Jahren der *Global Economic Corridor* entworfen (Sigler et al. 2015; vgl. Abb. 5), der vom Flughafen im Süden der Stadt, über den Central Business District (CBD) nach North Sydney und von dort in nordöstlicher Richtung nach Chatswood und Macquarie Park reicht. Er ist das Herzstück der regionalen Planung und verbindet die dort angesiedelten weltweit operierenden

Abb. 16: Skyline Sydney, Foto: Sighard Neckel.

Industrien mit Infrastrukturen wie dem Flughafen, dem Frachthafen in Botany Bay und den großen Universitäten der Stadt. Die Unternehmenszentralen der Finanzbranche residieren im innerstädtischen CBD, wo auch die meisten Beispiele von ›Landmark-Architektur‹ zu finden sind. Weiter nördlich schließen in St. Leonards und Chatswood vor allem IT-Firmen und Dienstleistungsunternehmen an, in Macquarie Park vor allem Technologie- und Medienkonzerne.

Die Schaffung von ›Global Landmarks‹ ist seit den 2000er Jahren im Stadtentwicklungsplan von Sydney verankert. So entstanden in der City mehrere Hochhäuser unter der Ägide von Architekten wie Norman Foster (Deutsche Bank Place) oder Renzo Piano (RBS Tower/Aurora Place), welche die stark funktional geprägte Architektur der 1980er Jahre als ästhetisches Leitbild ablösten (Hu 2012: 362). Die Bauhöhe von Gebäuden spielt, wie auch in Frankfurt, eine bedeutende symbolische Rolle, um den Status als Global City zum Ausdruck zu bringen. So äußerte sich der Premier von New South Wales Mike Baird im November 2014: »When you consider Sydney's economy is 30 percent bigger than Melbourne's and bigger than Hong Kong and Singapore where there are considerably taller buildings – this is something that we need to examine further. Part

Abb. 17: Cenotaph, Martin Place Sydney, Foto: Marco Hohmann.

of the city and vision for the city has to be built on how to look at the heights of our buildings« (Clennel 2014).

So wurde versucht, für das in Planung befindliche 270 Meter hohe Casino im neuen Finanzviertel Barangaroo, das auf der letzten verbliebenen innerstädtischen Hafenfläche entstehen und den Finanzdistrikt nach Westen erweitern soll, die Höhenbeschränkung von 235 Metern aufzuheben, da nur dadurch gewährleistet sei, dass es tatsächlich als ›Global Landmark‹ funktioniere. Der Projektbetreiber: »The building has to stand out from the background and, yes, the proposed height of 275 m is critical to the building being a global landmark« (Benns 2014).

Die peripher gelegenen Unternehmen im *Global Economic Corridor* partizipieren nicht an Sydneys Image eines globalen Finanzzentrums. Schmucklose Gebäude ohne größeren Distinktionswert bestimmen beispielsweise das Stadtbild von Parramatta, das als Bürostadt in Randlage zu einem zweiten Finanzzentrum ausgebaut werden soll. Ihr gegenwärtiger ästhetischer Zustand weist die Teilstadt aber nach wie vor sichtbar als nachrangiges Subzentrum der Finanzindustrie aus. Wie in Frankfurt schaffen Stadtraum und Architektur auch in Sydney eine klar erkennbare Trennung zwischen den Finanzzentren in der

Innenstadt, markiert durch eine weltweit verbreitete Hochhausarchitektur, und den Subzentren der Finanzindustrie, die durch funktionale Bauten gekennzeichnet sind.

Geschichtsbewusstsein und Nähe zur Politik

Sydneys Central Business District erstreckt sich von der Central Station im Süden bis zum nördlichen Ende der Halbinsel, wo sich mit dem Fährhafen und dem Circular Quay ebenfalls wichtige Verkehrsknotenpunkte befinden. Von Süden gelangt man über die beiden städtischen Hauptachsen Pitt Street und George Street in fünfzehn Minuten zum Martin Place, dem historischen Kern der Finanzökonomie in Sydney. Neben der Rolle als geographisches Zentrum der Finanzwirtschaft ist Martin Place als Gedenkort für die Gefallenen der australischen Streitkräfte und als wichtiger politischer Versammlungsort ein mehrfach symbolgeprägter Raum. Am westlichen Ende befindet sich mit dem Cenotaph (Abb. 17) ein Mahnmal für die Toten des Ersten Weltkriegs, das im Zentrum der alljährlichen Feiern zum ANZAC Day[1] steht, der im Narrativ der Nationalgeschichte gleichermaßen die Staatswerdung Australiens darstellt. Am östlichen Ende steht ein Denkmal für die Gefallenen der Spezialkräfte.

Die Historizität des Ortes wird unterstrichen durch die in den Boden eingelassenen Umrisse der ersten dort errichteten Häuser. Über seine Funktion als Gedenkort hinausgehend, ist der Martin Place als einer der wenigen wirklichen Plätze in Sydney auch Ort für politische Versammlungen und Demonstrationen, zumal am westlichen Ende die Macquarie Street anschließt, die mit dem Parlament, dem State Government und dem Supreme Court die wichtigsten Institutionen des Bundesstaates New South Wales beherbergt. Die Verbindung zwischen den Finanzinstitutionen und den in unmittelbarer Nähe liegenden politischen Instanzen bildet die Reserve Bank of Australia, die auch ein geldgeschichtliches Museum hat.

---

1 Die Teilnahme des Australian and New Zealand Army Corps (ANZAC) an der Schlacht von Gallipoli im Ersten Weltkrieg gilt gemeinhin als erster eigenständiger Auftritt Australiens auf der Bühne der Weltpolitik. Die jährlichen Gedenkfeiern am 25. April stellen – mehr noch als der in seiner historischen Bedeutung umstrittene Australia Day – gewissermaßen den Nationalfeiertag Australiens dar.

Ein Blick auf die Karte (Abb. 18) zeigt, dass Finanzinstitutionen zwar über den ganzen CBD verteilt sind, insbesondere australische Banken (blau) sich aber in einem kleinen Gebiet um den Martin Place konzentrieren. Um ihn herum gruppieren sich internationale Banken (rot) in einem weiteren Umkreis, mit einem Schwerpunkt im Investment Quarter rund um den Chiefly Square. Nördlich davon findet sich neben einem kleineren Cluster internationaler Banken auch die *Australian Stock Exchange* (ASX). Financial Services (gelb) haben sich eher im Westen Richtung Darling Harbour angesiedelt, wo sich auch große Bürokomplexe der Commonwealth Bank und Macquarie befinden, der größten australischen Investment Bank. Zwei der größten Financial Service Firmen werden als Hauptmieter des nordwestlich anschließenden Barangaroo-Komplexes angekündigt.

Die Konzentration australischer Banken um den Martin Place findet seine historische Begründung zunächst in der Technikgeschichte der Banken. Diese gruppierten sich im 19. Jahrhundert rund um das General Post Office, heute »1 Martin Place« (Abb. 19), um möglichst raschen Zugriff auf telegraphisch übermittelte Informationen zu haben. Mit seiner neoklassischen Säulenarkade prägt das Post Office den westlichen Teil des Platzes. Gemeinsam mit historischen Bankgebäuden wie dem ursprünglichen Sitz der Bank of New South Wales (heute WestPac) oder den beiden Geschäftshallen der Commonwealth Bank – alle in den 1920er und 1930er Jahren in historistischer Architektur erbaut – bildet es ein repräsentatives Ensemble, dass sich von dem durch moderne Hochhäuser geprägten östlichen Teil des Martin Place abhebt.

Während das Post Office heute ein Hotel, gehobene Gastronomie und Geschäfte des Luxussegments beherbergt, sind die Kassenhallen der Banken größtenteils als Museen erhalten. Neben den Schaltern, die an sich schon sehenswerte Museumsstücke sind, werden dort auch historische Artefakte zur Schau gestellt. Die Ausstellungsstücke stammen dabei nicht nur aus dem Finanzwesen; vielmehr wird mit diversen Exponaten – von historischen Uniformen und staatlichen Insignien bis zu Sträflingsfesseln aus der Zeit der Strafkolonie – ein Konnex zur nationalen Geschichtsschreibung hergestellt. Der Finanzsektor verbindet sich auf diese Weise nicht nur aufgrund seiner räumlichen Platzierung am Martin Place, sondern auch durch seine öffentliche Selbstrepräsentation mit der australischen Nation. Historizität und nationale Verbundenheit zeigen sich als wichtiges symbolisches Kapital der Finanzindustrie. In der relativ jungen (post)kolonialen australischen Gesellschaft ist Historizität ein knappes Gut.

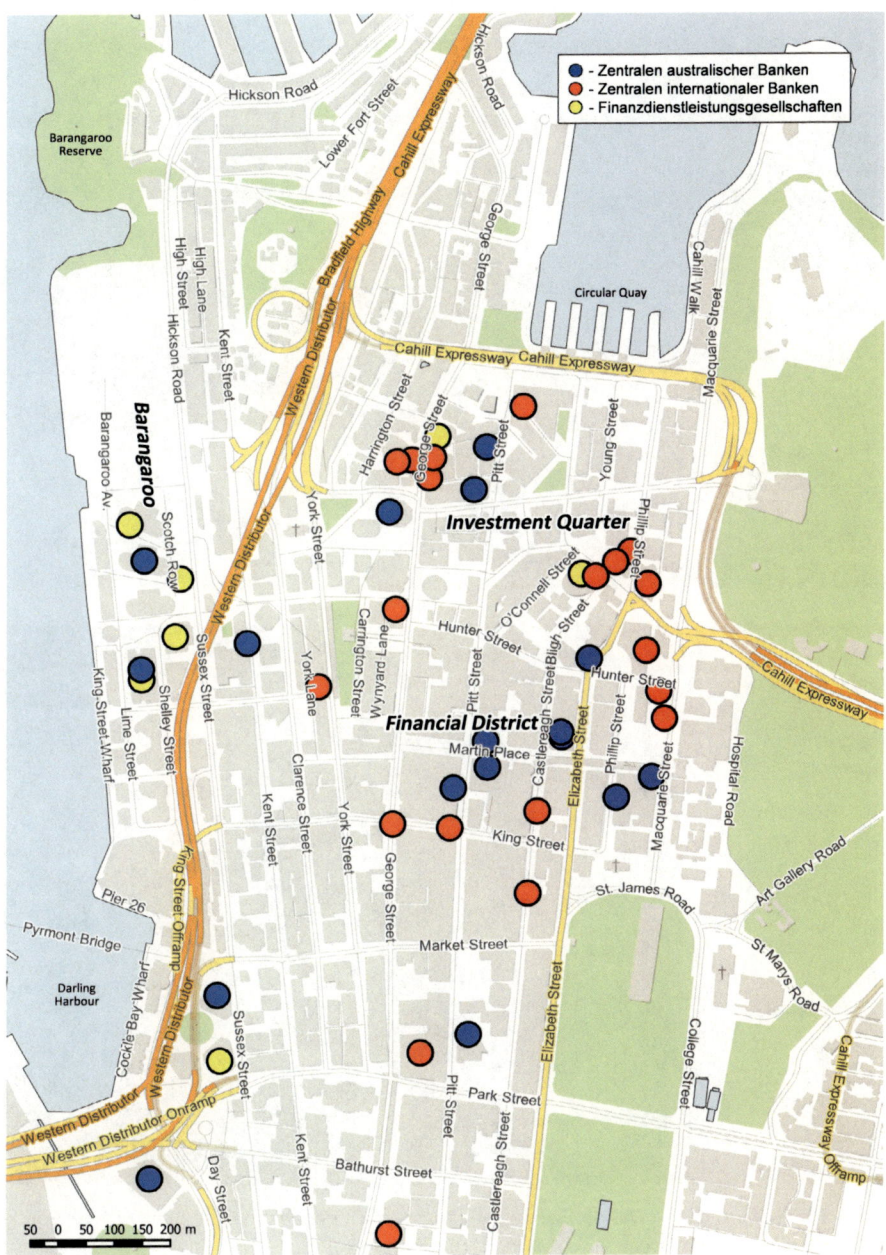

Abb. 18: Sydney, CBD.

Abb. 19: Blick auf das »1 Martin Place«, Eingangsbereich der ehemaligen Bank of New South Wales an der George Street, Foto: Marco Hohmann.

Die ca. 50.000 jährige Geschichte der indigenen Bevölkerung wird in der australischen Geschichtsschreibung weitgehend ausgeblendet, so dass sie sich im Wesentlichen auf die mit rund 200 Jahren relativ kurze europäische Besiedlung beschränkt. Die öffentliche Verbindung der Finanzwelt mit dem australischen Staat soll zum einen den Eindruck von Stabilität erzeugen; zum anderen ist es diese nationale Verbindung, welche die australischen Institute von der globalen Konkurrenz abhebt. So wie in Frankfurt findet sich also auch in Sydney eine symbolische Verbindung zwischen Banken und Politik als wichtiges Element der gesellschaftlichen Selbstrepräsentation. Im Falle Sydneys ist diese jedoch nicht mit einem politischen Projekt und einem Wandlungsprozess wie der europäischen Einigung verbunden; stattdessen stellt sie auf eine Verbindung zwischen Staat und Finanzwesen ab, in der Gesellschaftsgeschichte zur Finanzgeschichte wird und umgekehrt die Finanzgeschichte als kollektive Geschichte der australischen Gesellschaft erscheint.

Ähnlich wie in Frankfurt knüpft die Finanzindustrie in Sydney auch an das gesellschaftliche Leitbild der *sustainability* an. Ein aktuelles Beispiel hierfür ist der Barangaroo-Komplex im Westen des Central Business Districts, der nicht nur das teuerste Milliardenprojekt in der städtischen Entwicklung ist, sondern zugleich als die erste CO_2-neutrale Community Australiens beworben wird (vgl. Johnston/Clegg 2012: 284).

Der Körper als Repräsentationsfläche

Die Orte der öffentlichen Repräsentation des Finanzwesens in Sydney sind zugleich auch die Aufführungsstätten der performativen Selbstdarstellung von Finanzakteuren, die hier ihre Zugehörigkeit zur Welt des Business und der Finanz herzeigen und mittels passender Statussymbole kommunizieren. Auffällig an Plätzen wie dem Martin Place ist insbesondere ein uniform anmutender männlicher Business-Look aus gut geschnittenen Anzügen in gedeckten Farben, dekoriert mit hochwertigem Schuhwerk, teuren Uhren und Manschettenknöpfen und insgesamt um ein Bild von Professionalität und Geschäftigkeit bemüht. Zum kollektiven Standard kontrastieren die bisweilen exzentrischbunten Muster der Socken, die zwischen Hosensaum und polierten Schuhen ebenso dem Individualismus zum Ausdruck verhelfen sollen wie die gelegentlich ›gewagt‹ erscheinenden Motive der Krawatten. Wo in Sydney andernorts

wiederum Feminität durch farbenfrohe, helle Kleider und florale Muster dargestellt wird, herrscht im Financial District ein weiblicher Stil vor, bei dem allen-
falls die Schuhe Farbe zeigen, während die Kostüme und Hosenanzüge analog
zum männlichen Outfit in gedeckten Farben gehalten sind.

Expliziter noch, als wir dies in Frankfurt erleben konnten, wird der Körper
als Repräsentationsfläche der Branche thematisiert, ist der Dresscode der Banken ein gemeinsamer Gesprächsgegenstand. Dem ehemaligen Investmentbanker Joshua zufolge erkennt man Investment Banker in Sydney an ihrer beinahe
einheitlichen Kleidung: »*colored shirts with white collars, blue pants, and talking
on their mobiles*«. Die Kleidung und insgesamt die Erscheinung der Financial
Professionals und ihr konkretes Verhalten wirken wie ein Teil des Corporate
Designs der Banken, wie auch eine Gesprächspassage mit Sebastian, ehemals
Managing Director einer internationalen Investmentbank, verdeutlicht, der vier
Regeln aufzählt, die in Situationen einer persönlichen Repräsentation der Bran-
che einzuhalten sind:

*So, when you see a banker, what you want is someone who looks like a banker,
smells like a banker, feels like a banker. So, there's dress code, hair code, presentation code, and most banks have a style of slides, like the formal bits, disclaimers,
but that's it, presentation style. How the document is set out, the index, the type-
face, the color of the print. All of that projects the brand of the organization. So,
the branding is terribly important, and you have to be part of that brand. If I go
to see a board, I have to respect them, so I have to dress the way they would expect
me to dress. If I go to a black tie dinner, you know, I don't wear thongs. Two, I use
appropriate language. I use it respectfully and I address the people formally. Three,
I present the ideas the way we've agreed with consideration, pauses, you know, appropriate exclamations, and I don't use inappropriate words. You know, I don't
say, the things that young people tend to do. Okay. Fourthly, when I suggest things,
I suggest them in a way which doesn't solicit a yes or no answer, but is an inquir-
ing, so I bring people out, it's open-ended questions. In law, there's a dress code
that even goes down to type of watch, haircut, what women wear, what men wear,
and speaking. In investment banking the same. If I'm vice-chairman and you're
director, I do the talking not you. Unless we agree beforehand how we do that. So,
there's a hierarchy that's accepted in those sorts of things because what you're try-
ing to do is build a status for yourself that the client will recognize and respond to.*

Financial Professionals gehören mit ihrem Auftreten und ihrer Außendarstellung zum Corporate Design ihres Unternehmens und der Finanzindustrie insgesamt – »*you have to be part of the brand*«. Fehler in der Selbstdarstellung können zu Problemen in Verhandlungen oder bei der Kundenakquise führen. Die exakt vorgegebenen Kleidungs- und Verhaltensnormen, die Sebastian aufzählt, gehören zu den institutionalisierten Regeln der Branche und signalisieren den Akteuren die Aufforderung, diese Normen zu verinnerlichen.

Auffällig ist, dass sich Finanzakteure in Sydney strenger als in Frankfurt an Dresscodes gebunden fühlen. So erklärt etwa Joshua, der als Investmentbanker in verschiedenen leitenden Positionen tätig war: »*There was a saying in Sydney, when I was starting, in investment banking: ›You never wear brown in town‹*«. In Frankfurt hingegen scheinen braune Schuhe kein Stilbruch zu sein. Nicht nur bewerben die Herrenausstatter im Bankenviertel braune Schuhe als passendes Accessoire eines ›guten Stils‹ – entsprechend werden sie auch auf den Straßen getragen. Manschettenknöpfe dürfen ebenfalls in keiner Auslage fehlen, lassen sich allerdings im Bankenviertel nicht durchgängig an den Hemdsärmeln der Financial Professionals entdecken, während sie von unseren Interviewpartnern in Sydney beinahe ausnahmslos getragen wurden.

Ähnliche Erfahrung der (lokalen) Differenzierung von Kleidungsnormen machte Lars Meier bei seiner ethnographischen Forschung im Finanzdistrikt der City of London, wenn er bemerkt: »In meinem braunen Anzug scheine ich auffällig anders und unpassend gekleidet zu sein« (Meier 2009: 97). Ein junger Finanzmanager erzählt ihm zudem, dass »er seine hellen Anzüge, die er an seinem Arbeitsplatz in Deutschland getragen habe, hier nun nicht mehr anziehen könne« (ebd.). London scheint eine Art klassischeren Stil zu prägen, der jenen Normen gleicht, von denen auch unsere Interviewpartner aus Sydney berichten. Gestützt wird diese Beobachtung durch eine Studie der britischen *Social Mobility Commission* zur sozialen Schließung im Investmentbanking, die tatsächlich aufweisen konnte, dass selbst die besten Absolventen der britischen Eliteuniversitäten Probleme haben, einen Job im Investmentbanking zu finden, wenn sie mit braunen Schuhen zum Vorstellungsgespräch erscheinen, einen schlecht sitzenden Anzug tragen oder in ihrem Verhalten ein falsches »polish« oder eine falsche »aura« vermitteln (vgl. Ashley et al. 2016; Hill 2016). Insofern verweisen die sichtbaren Differenzen im Dresscode nicht allein auf lokale Unterschiede in der Praxis der Repräsentation, sondern ebenso auf statusabhängige Formen eines impliziten Wissens, das zur Herstellung von Exklusivität genutzt werden kann.

Angesichts des verpflichtenden Charakters der Kleidungs- und Verhaltensnormen überrascht es nicht, dass sich das *Branding* der Financial Professionals – sie selbst sind zugleich immer auch das Unternehmen und die Branche, für die sie stehen – bis in das individuelle Erleben vermittelt, in dem die Einhaltung der performativen Statusnormen nicht zuletzt persönliche Sicherheit verleiht, wie der ehemalige Derivate-Händler Thomas berichtet:

> *I think, it's confidence. Like, you go into work in a tailor-made suit, polished shoes, you feel good about yourself. And I think that's one thing that they always did really well, we never had casual Fridays, it was always like suit and tie every day. Even if you weren't going to see a client, it just made you feel like you were in that environment, that you were like dressed for success.*

Was Thomas als »*confidence*« beschreibt, ist als habituelle Voraussetzung für den geschäftlichen Erfolg als Financial Professional zu verstehen. Derweil verweisen die vielen 24-Stunden-Fitnessstudios in Sydneys CBD sowie die zahlreichen Finanzangestellten, die ihre Mittagspause zum Joggen nutzen, auf einen weitergehenden branchentypischen Körperkult: man trägt nicht nur repräsentative Kleidung, in der man sich passend verhält, sondern hat auch einen trainierten Körper und treibt Sport – ein Fitnessideal, das Meier (2009: 100ff.) ebenfalls bei den Financial Professionals in der City of London beobachtet hat. Der selbstverständliche Umgang, den die Financial Professionals mit ihren sportlichen Aktivitäten in Anpassung an ihre Arbeitszeiten pflegen, trägt zur Idealisierung des trainierten Körpers im Finanzmilieu bei und illustriert die ganz auf die Geschäftstätigkeit ausgerichtete Zeitplanung. Viele der Angestellten verlassen die Bürohochhäuser der Banken abends mit einer Sporttasche. Manche von ihnen sind schon morgens zur Arbeit gejoggt und haben den Businessdress im Rucksack dabei. »*Dressed for success*« bedeutet auch, zwanglos vom Business Coat in die Laufbekleidung zu wechseln.

Sauberkeit und andere Selbstverständlichkeiten

Der Dresscode der Financial Professionals verlangt nach speziellen Verhaltensweisen. Ein weißes Hemd etwa vergibt es einem nicht, wenn man sich beim
Mittagessen bekleckert. Auch bei hohen Temperaturen krempelt man die
Hemdsärmel nicht hoch. Die Kleiderordnung verlangt nach einem umsichti-
gen Verhalten, wobei ›Sauberkeit‹ oberste Priorität zukommt. Dass es sich dabei nicht um eine Banalität handelt, verdeutlicht die Anekdote, die der ehemalige Broker Thomas erzählt:

> We had this one guy who, I don't think he realized that you could wash suits, like
> give them to a dry cleaner. And one day, a manager pulled him aside and we had
> like a little corner section where, sometimes, if you'd had a massive night, and some
> people didn't live around the city, they'd just go and sleep in that little corner area
> and they'd be at work on time rather than going all the way back to the Western
> suburbs, if they lived out West. So, there was always some spare clothes hanging
> around there. So, the boss made him take his suit off in the office and get changed
> into someone else's pants and a shirt and then he walked the guy's suit down to the
> dry cleaner to get it cleaned for him, to like make a point. I don't know, as much
> as it was demeaning and if we had an HR-department that actually gave a shit
> he probably could've got the boss in a lot of trouble, but it was kind of fun, like it
> pushed everyone else to realize, oh shit like ›yeah, if you don't have your shit togeth-
> er then you're gonna get made fun of‹. And I think they used that negative push a
> lot in the office to keep people focused.

Die symbolische Wirkung, die von der hier beschriebenen Sanktion ausgeht, hat
für den Chef des Teams ein weitaus höheres Gewicht als die möglichen Konsequenzen, die sich für ihn selbst hätten ergeben können. Der *confidence* der Financial Professionals in ihrem beruflichen Alltag steht eine strenge Kontrolle
der performativen Regeln gegenüber, die durch informelle Sanktionen durchgesetzt werden, bisweilen auch durch Erniedrigung vor dem gesamten Team.
Dies schafft bei den Finanzakteuren ein jederzeit waches Bewusstsein für die
an sie gerichteten Erwartungen und macht deren Erfüllung zu einer Selbstverständlichkeit. Niemand möchte durch falsche Auffälligkeiten den Spott der Kollegen auf sich ziehen.

6.2 Exklusivität

Frankfurt

Architektur und Gebäudepolitik

Während das Muster der Repräsentation darin besteht, eine gesellschaftlich sichtbare Außendarstellung des Finanzwesens zu erzeugen, zielt das Muster der Exklusivität auf eine Abschließung nach innen. Was hinter den Vereinzelungs- und Schließanlagen in den Foyers (Abb. 20) der Banken geschieht, wohin die schnellen, kaum hörbaren Fahrstühle fahren, bleibt der Öffentlichkeit verborgen.

Das Muster der Exklusivität ist in sich restriktiv, was sich in den Büros der Bankhäuser ebenso zeigt wie an den abgesonderten Treffpunkten der Financial Community und nicht selten auch an ihren Wohnadressen. Personen, die nicht zugehörig oder nicht ausreichend privilegiert sind, bleibt der Zugang zu diesen abgeschlossenen Sozialräumen versperrt. Dies wirft das Problem auf, wie und wo ein informeller Austausch unter Vertrauenspersonen ermöglicht werden kann. Als stark wissensbasierte Ökonomie lebt das Geschäftsmodell der Finanzbranche vom Informationsaustausch und der Nutzung von Informationsvorsprüngen. Die ›richtige‹ Interpretation von Marktdaten oder auch Gerüchten, die um Kursentwicklungen kursieren, kann einen entscheidenden Vorteil im Geschäftsergebnis erbringen. Diesem Bedarf begegnet die Dienstleistungsstruktur um das Finanzwesen herum mit Treffpunkten in gastronomischen Lokalitäten, deren Gestaltung eine vertrauliche Kommunikation erlaubt, und einer besonderen Clubkultur.

Business Clubs und vornehmes Wohnen

Exklusive Business Clubs bieten Kommunikations- und Vernetzungsmöglichkeiten für Führungspersönlichkeiten aus Wirtschaft, Politik, Kultur und Diplomatie. Nach außen hin werden klare Grenzziehungen vorgenommen: Clubmitglied kann nur werden, wer von einem anderen Clubmitglied empfohlen wird und somit bereits entsprechende Verbindungen in der Geschäftswelt vorweisen kann. Auf einem »parkartigen Anwesen im Frankfurter Diplomatenviertel re-

Abb. 20: Hintereingang Commerzbank (Frankfurt), Eingang »8 Chiefly«, Chiefly Sq. (Sydney), Foto: Marco Hohmann.

sidiert der Union International Club seit über 50 Jahren« (Union International Club) in der ›Villa Merton‹ – ein herausgehobener Rahmen für exklusive Anlässe im Geschäftsleben der Finanz, ebenso wie der ›Airport Club‹ auf dem Gelände des Frankfurter Flughafens, der noch den Vorzug hat, zugleich an das größte europäische Luftkreuz angebunden zu sein. Seit der Club 1988 von Lufthansa und Deutsche Bank gegründet wurde, nehmen vor allem Vorstandsmitglieder, aber auch Kunden der großen deutschen Finanzfirmen wichtige Geschäftstermine im Airport Club wahr, manchmal nebenbei auf der Durchreise. Für einen angenehmen Transit-Aufenthalt sorgen eine ambitionierte Sterne-Gastronomie, professionelles Clubmanagement und Privilegien im Mitglieder-Bereich wie spezielle Lounges und temporäre Offices, die tageweise genutzt werden können.

Als Konferenzorte und Treffpunkte garantieren derartige Business Clubs eine diskrete Atmosphäre, die nach außen so exklusiv ausgelegt ist wie nach innen auf Zugehörigkeitsprivilegien beruht. Die interne Schließung innerhalb eines Kreises der Zugehörigen verweist untrennbar auf diejenigen, die draußen stehen. Ohne diese Differenz könnte sich Abgeschlossenheit nicht in ein Privileg verwandeln, welches das symbolische Kapital der exklusiven Gruppe erhöht.

Ähnlich verhält es sich mit den im Finanzmilieu bevorzugten Top-Wohnlagen, etwa in den Gemeinden des Vordertaunus, die am Frankfurter Stadtrand nicht nur eine räumliche Distanz schaffen. Die Villenviertel im Main-Taunus- und dem Hochtaunuskreis gehören zu Landkreisen mit dem höchsten Wohlstandsniveau in der Bundesrepublik. Zwar handelt es sich hier nicht um ›Gated Communities‹, doch garantieren die hohen Immobilienpreise, dass man unter sich bleibt. Dies macht nicht zuletzt auch die sozialen Abstände innerhalb der Financial Community sichtbar, in der vor allem die Spitzen in die Taunusgemeinden drängen.

Exklusivität als implizites Wissen

Die internen Hierarchien in der Finanzwelt nehmen bei jenen, die nicht zu den exklusiv-privilegierten Statusgruppen der Banker gehören, mitunter die Form von Vermutungen und Spekulationen über die Führungsgruppen an, wie sich an einer Aussage des Portfolio-Managers Stefan verdeutlichen lässt:

Stefan, 28, Frankfurt

Stefan arbeitet als Portfolio Manager bei einer Privatbank, die auf langfristige Anlagestrategien setzt und keinen spekulativen Eigenhandel betreibt. Vor wenigen Jahren ist er dort als Analyst eingestiegen. Begonnen hatte er mit einer Ausbildung in der Filiale, bevor er seinen MBA-Abschluss machte. Als Senior Portfolio Manager betreut er bereits eigene Kunden bei deren Anlageentscheidungen und steht mit internationalen Kunden und Brokern in Kontakt. Stefans Vater ist Lehrer, seine Mutter studierte Soziologin. Er hat einen Freundeskreis aus dem Studium, ansonsten eher lose Kontakte zu Kollegen aus der Frankfurter Finanz-Community.

Es gibt hier, glaub' ich, auch in Frankfurt, so eine spezielle Community, die wirklich ganz stark unter sich ist. Und das sind auch die Leute, die sehr viel Geld hier haben. Und die dann entsprechend auch nur mit Leuten kommunizieren, die viel Geld haben, die irgendwo ausgehen in Läden, die teuer sind, wo sie unter sich sind, geschlossene Gesellschaften oder ähnliches. Ich sage, ich kenn' es halt nicht. Ich gehöre nicht dazu, ich will auch nicht dazu gehören, aber ich hab' schon häufiger gehört, dass es das hier auch gibt.

So wie das kulturelle Muster der Repräsentation einen Sinn für die Einheit der Finanzbranche zu vermitteln versucht, schafft das Muster der Exklusivität wahrnehmbare Differenzen und Statushierarchien auch unter den Financial Professionals selbst. In einem ähnlichen Licht erscheinen auch die Erzählungen von Max, Praktikant bei einer deutschen Privatbank, der berichtet, Leute wie er gingen für gewöhnlich nur in ihrer eigenen Gruppe zum Lunch, »weil wir als Praktikanten halt immer woanders sind als alle anderen«. Mit einer nächsthöheren Statusgruppe, etwa Analysten, zum Essen zu gehen oder zum ›After Work‹, bliebe die seltene Ausnahme.

Wenn sie auch auf subtile Weise durchaus ein Thema sind, müssen die Hierarchien im Feld nicht unbedingt expliziert werden, um sich den Finanzakteuren zu vermitteln. Selbst wenn sie zu den statushöheren Gruppen gehören, tritt der Sinn für die Rangordnung eher als ein Gespür denn als eine Form impliziten Wissens auf. Exklusivität explizieren zu können, schult sich eher in höheren Positionen. Helmut, der lange Jahre im Vorstand einer Bank verbracht hat, beschreibt dies folgendermaßen:

Also, die Kulturen sind nicht durchlässig, ja? Ich konnte früher im Prinzip an der Art, wie jemand gekleidet ist und wie er redet, wusste ich, wo der arbeitet. Für Sie wären das Männer in grauen Anzügen gewesen. Für mich – ich hab' an bestimmten Formulierungen oder irgendwas wie Körpersprache, hab' ich sofort gewusst, ich kann das ganz schwer erklären, das ist mehr so ein Instinkt, ja? Also, ich sehe zunächst mal, ob derjenige, dem ich da gegenüberstehe, erstens Geld hat und zweitens Ahnung. Also, ich sehe an einem Anzug, zum Beispiel, achten Sie mal drauf, Manschetten, das sind im Prinzip Rituale, ja? Ja, also oder wie Uniformen, ne? Sie haben normalerweise ja unten drei oder vier Verschlussknöpfe, und normalerweise sind das tote Knopflöcher, also wenn Sie jetzt zu C&A gehen oder zu Peek & Cloppenburg und kaufen sich für 500 Tacken 'nen Anzug, dann sind die zu. Und wenn sie einen Maßanzug haben, dann sind das durchgenähte Knopflöcher, ja? Und das heißt, die machen alle den untersten Knopf auf, dann kann jeder sofort sehen, das ist ein Maßanzug für 3000. Ja? Sowas. Oder Monogramme in Hemden und so. Gibt Leute, die passen da nicht rein, aber ich sag' ja auch nicht, dass ich das hundertprozentig kann, ne? Schuhe, ganz wichtig, ja? Also, das sieht man auch sofort, jeder Portier von einem guten Hotel sieht sofort, ob ein Gast was taugt oder nicht, der guckt immer auf die Schuhe. Teure Anzüge tragen können viele Leute. Die Leute haben so eine Art, so eine Grundarroganz. Wenn du bei Goldman arbeitest oder bei der Deutschen Bank, dann hast du diese Grundarroganz, die strahlst du aus, die kann man riechen. Die kann man sehen. Und wenn du jetzt von der Sparkasse Köln kommst, dann hast du das nicht. Das ist so. Ich kann das nicht besser beschreiben.

Sydney

Food Courts und Shopping Malls im Financial District

In Sydney geht am Martin Place das Muster der Repräsentation in jenes der Exklusivität über. Betritt man ›1 Martin Place‹, dominieren Businesskostüme und Anzüge. Im Verhältnis zur quirligen Pitt- und George-Street herrscht hier eine nachgerade ruhige Effizienz vor.

Im Investment Quarter verliert sich das Laufpublikum noch mehr, auch sind die Straßen hier bei weitem nicht so geschäftig. Mit der repräsentativen Architektur des Viertels korrespondiert genau wie in Frankfurt die Präsentation

Abb. 21: Foodcourt im ›1 Martin Place‹, Foto: Marco Hohmann.

der Business-Körper in ihrem vornehmen Dress, wozu die teuren Bekleidungsgeschäfte in der Nähe die notwendige Ausstattung liefern.

In den unteren Geschossen der Wolkenkratzer finden sich weiträumige Einkaufszentren und Foodcourts. Der Grund hierfür ist nicht zuletzt, dass die Bauvorschriften umso mehr Stockwerke erlauben, je mehr öffentlich nutzbarer Raum in den Hochhäusern zur Verfügung steht. Auf der George Street reiht sich Flagshipstore an Flagshipstore, unterbrochen von Pubs und Hotels. Auch am Martin Place und der parallel verlaufenden King Street finden sich Einkaufszentren, ebenso am Chiefly Square und im MLC-Tower. Diese sind von Edelmarken geprägt, denen man kaum zutrauen würde, ein *Sale*-Schild in die Auslage zu hängen. Anders als in gewöhnlichen Malls gibt es keine Einkaufswägen, laute Musik oder bunte Schilder; es dominieren gedeckte Farben in Marmortönen, abseits der Geschäftslogos findet sich kaum Werbung. Exemplarisch ist der Eingangsbereich der Chiefly Square Mall (Abb. 23), in den unteren Geschossen eines vorwiegend von Finanzfirmen genutzten Hochhauses. Dieser wird von Cafés gesäumt, die nur leise Musik spielen und den Arbeitsbereich der Kaffeebar fast unsichtbar halten.

Die Besucherszene ist überwiegend männlich und ›weiß‹. Die wenigen Läden bieten kein ›Shopping-Erlebnis‹ wie in anderen Malls. Wer sich hier aufhält, muss nicht durch auffällige Werbung zum Kauf motiviert werden. Vielmehr handelt es sich bei der angebotenen Ware überwiegend um Luxusgüter, um Kleidung, Schmuck, Uhren und gehobene Präsente. In den abgelegenen, oberen Stockwerken reiht sich ein Fast Dry Cleaning Store an eine Travel Agency, eine Pharmacy an einen Schuster – Infrastruktur für den täglichen Bedarf der Banker bei der Aufrechterhaltung des branchenüblichen Habit.

Wie stark die alltäglichen Begegnungen hier von Mechanismen informeller Schließung geprägt sind, fällt etwa an den Restaurants im ehemaligen Post Office auf (vgl. Abb. 21). Diese sind zwar als Food Court angeordnet und damit frei zugänglich. Auch wirkt der Raum allein aufgrund seiner Höhe von mehreren Stockwerken auf den ersten Blick offen. Auf der Ebene, auf der sich die Restaurants befinden, wird der Raum jedoch in dunkel gehaltene Nischen geteilt, die eine geschützte Kommunikation ermöglichen und die Kunden aus den höheren Führungsgruppen der umliegenden Banken voreinander verbergen. Zudem sind in dem Gebäude auch mehrere baulich abgetrennte Restaurants untergebracht, wie etwa das *Prime*, das als das beste Steakhaus Sydneys gilt.

Abb. 22: Schaufenster »Gentlemen's Agreement«, Martin Place, Foto: Marco Hohmann.

Abb. 23: Chiefly Square Mall, Foto: Marco Hohmann.

Abb. 24: Foodcourt MLC Centre, Foto: Marco Hohmann.

Distanz durch Architektur

Informelle Schließungen sind auch zu entdecken, wenn man die historischen
Eingänge am Martin Place – ehrwürdige Repräsentanz des alten Reichtums der
australischen Banken – mit denen der modernen Hochhausarchitektur im Investment Quarter vergleicht. Die Eingänge dieser Businesstürme befinden sich
in der Regel nicht mehr auf Straßenniveau oder nur leicht durch ein paar Stu-
fen erhöht, sondern ein halbes oder mehr Stockwerke höher, so dass man sie
nur über spezielle Aufgänge erreichen kann. Dort angekommen, steht man zumeist vor einer Glasfassade, hinter der den Besucher eine helle, leere Halle erwartet. Der große Raum wird von modernen Skulpturen, einem Empfang und
einer Sicherheitsschleuse nur wenig gefüllt, die Gestaltung ist mit ihrer verschwenderischen Leere ganz auf die Herstellung von Distanz ausgelegt. Die
Ähnlichkeit mit der Business-Architektur des Bankenviertels in Frankfurt fällt
hier besonders ins Auge: Distanz und Überdimensionalität als architektonische
Charakteristika der Gebäude der Finanzindustrie.

Während die Bankentürme, aus der Ferne betrachtet, ihre Eigner durch ein
großes Branding sichtbar machen, sind Firmenlogos aus der ›Bodenperspektive‹

nicht zu sehen. Zwar hängt im Inneren der Gebäude meist ein ›Directory‹, die Beschriftung ist in der Regel jedoch unübersichtlich und klein, so dass es auffällt, wenn man nicht sogleich weiß, wohin im Gebäude man möchte. Sofern nicht eine Bankfiliale oder ein Café im Erdgeschoß untergebracht sind, fehlen Firmenschilder völlig. Anders als die Kassenhallen in den historischen Bankengebäuden am Martin Place sind die modernen Eingangsbereiche überaus abweisend gestaltet. Fast scheint es so, als ob sie nicht preisgeben sollen, wer diese Gebäude nutzt und was in ihnen geschieht.

Auch agieren das Empfangs- und Sicherheitspersonal als ›Gatekeeper‹, die ungebetene Besucher abhalten sollen. Wird man jedoch bis zum Lift vorgelassen und kommt man in den oberen Stockwerken an, bietet sich das klassische Schauspiel der auf Diskretion bedachten Finanzbranche. Das Empfangspersonal im Innern ist höflich und bestimmt und weist unmissverständlich den Weg zu jenem Bereich, der für den Termin vorgesehen ist. Getränke werden gereicht, eine Mischung aus Kümmern und Kontrolle, nicht untypisch für die Finanzbranche im Ganzen.

Exklusive Wohnviertel in Global Sydney

Ähnliche Muster von Distanz und Verborgenheit finden sich in den bevorzugten Wohnvierteln des Finanzmilieus. Die Siedlungsstruktur Sydneys lässt deutlich die Präferenz der Australier für das eigene Haus, den ›australischen Traum‹ vom ›half-acre block‹ mit freistehendem Eigenheim erkennen. Außerhalb der City gibt es nur wenige Gebäude mit mehr als vier Stockwerken; je weiter man nach Westen kommt, desto mehr dominieren Bungalows. Wer auf sich hält, besitzt ein Haus in einem der küstennahen Suburbs im Norden oder Osten der Stadt, während die Wohngebiete in Western Sydney nicht als standesgemäß gelten. »You've got to be on the Eastern suburbs«, erklärt beispielsweise Joshua die Präferenzen seiner Kollegen im Investmentbanking, »Sydney is all divided up between the Eastern suburbs, North Shore, Lower North Shore, Eastern suburbs«. Dass er selbst lange Zeit in einer sehr unpassenden Gegend gewohnt habe, darauf sei er in seinem Umfeld häufiger verwiesen worden: »I've been told by people: ›Joshua why do you live here? Of all places, this is very unfashionable for an investment banker‹«. Auch wenn Joshuas Wohngegend tatsächlich in einer soliden und durchaus wohlhabenden Gegend liegt, so hat sie doch in der milieuspezifischen Abstufung der Banker einen geringen Stellenwert. Als standesgemäß und »rich« gelten in Joshuas Umfeld vor allem teure Wohnlagen im städtischen Osten oder in Manly und Mosman an der Harbour Side: »*Like, they all have beautiful houses on the water with their yachts*«.

Die Trennung zwischen dem wohlhabenden ›Global Sydney‹ und den deutlich ärmeren Wachstumsgebieten von Western Sydney bildet sich auch anhand der präferierten Wohnlagen der Financial Professionals ab, deren Exklusivität sich dem Besucher allein schon an der schieren Größe der Anwesen erschließt. Anders als in den mittlerweile gentrifizierten Suburbs des Inner West, wo der Altbau-Charme auch Wohlhabende anzieht, finden sich in den wirklich exklusiven Gegenden jedoch keine Townhouses mit ihren typischen straßenseitigen Fassaden. Die Häuser sind vielmehr der Straße abgewandt, durch Garageneinfahrten getrennt, und überblicken von erhöhter Position eine Hügellandschaft oder das Wasser, sofern sie sich nicht hinter Mauern und Grünanlagen verstecken.

6.3 Aspiration

Frankfurt

Die Inszenierung eines globalen Frankfurt

Für eine erfolgreiche und glaubhaft vermittelte Zugehörigkeit zur Financial Community bedarf es einer Identifikation mit den Gemeinsamkeiten der Branchenkultur. Diese Zugehörigkeit ergibt sich nicht allein aus berufsbezogenen Merkmalen wie Unternehmenszugehörigkeit oder professionellem Tätigkeitsfeld, sie wird von den Finanzakteuren ebenfalls symbolisch dokumentiert, über Kleidung, Auftreten, Konsum oder die Wahl des Wohnortes. Auch in den kulturellen Mustern der Repräsentation und der Exklusivität lassen sich solche symbolischen Markierungen finden, die durch entsprechende Regeln befestigt werden. Im Unterschied hierzu ist das Muster der *aspirativen* Identifikation mit den symbolischen Gemeinsamkeiten der Finanzklasse ein Modus der tentativen Anpassung, des performativen ›Austestens‹ von Übereinstimmungen. Hierbei spielen auch gesellschaftlich verbreitete Vorstellungsbilder von einer Business-Elite eine Rolle, die sich in den Bürotürmen hoch über der Stadt mit Luxus umgibt. Solche Imaginationen werden gespeist durch eine identitäre Angebots-struktur in den teuren Konsumsegmenten, die in Frankfurt rund um das Bankenviertel angesiedelt sind.

Doch sind es insbesondere gehobene gastronomische Einrichtungen und Event-Locations, die in den Hochhäusern der Frankfurter Innenstadt die Bühnen bereitstellen, um die eigene Zugehörigkeit zum Finanzmilieu performativ zu dokumentieren. Zugleich erlauben sie den ›Novizen‹ des Feldes durch ihre Teilnahme an der dort stattfindenden kulturellen Praxis ihre Aspirationen zum Ausdruck zu bringen. Hochhausbars etwa sind für solche Praktiken beispielhafte Orte, die sich zwar als exklusiv inszenieren, aber davon leben, für Nachahmer und deren Publikum offen zu sein.

Häufig befinden sich in den Bürotürmen die Hochhausbars nur ein paar Stockwerke von den Finanzunternehmen entfernt, wie zum Beispiel die ›22nd Lounge & Bar‹ im 22. Stock des Eurotheums, das ›MainTower Restaurant & Lounge‹ im Helaba-Turm oder der ›Club Einhunderteins‹ im 25. Stockwerk des Japantowers. Hoch über der Stadt gelegen, vermitteln diese Orte nicht nur das Gefühl, dem Getümmel der Stadt entrückt zu sein, sie erlauben es auch – »by imaginatively and symbolically accessing the extraordinariness of the global« (Rofe 2009: 293) – der Gewöhnlichkeit des Lokalen zu entfliehen. Da die gläsernen Bürotürme den architektonischen Vorbildern in anderen Global Cities folgen, fungiert die Skyline als verbindende Kulisse für all jene performativen Praktiken, die sich selbst gern im Licht von ›Globalität‹ sehen – Praktiken des »worlding« (Roy/Ong 2011), die sich in Global Cities weltweit beobachten lassen.

Unzweideutig schlägt die Frankfurter Hochhausarchitektur auf diese Weise eine imaginäre Brücke zu anderen Finanzzentren der Welt. Währenddessen lädt die Inszenierung einer »exklusiven Clubatmosphäre bei Cool Jazz und Live-Entertainment mit Blick auf ›Mainhattan‹« (22nd Lounge & Bar) dazu ein, sich sehen zu lassen, sich einzufühlen und als Teil eines ausgewählten Kreises zu imaginieren. Dana, die Managerin einer Frankfurter Hochhausbar, sagt dazu im Interview: »*Hier oben, das fühlt sich ein bisschen so an wie eine Clubatmosphäre. Und ich glaube, das spielt auch eine Rolle, das Gefühl ›ich gehöre dazu‹*«. Nicht verwunderlich, dass sich in diesen Bars neben Geschäftsleuten auch junge Paare und Touristen unter das Publikum mischen. Aspirative Praktiken bewegen sich in einem Modus des Als-ob, folgen einer Vorstellung, die performativ eingeholt werden soll und speisen Wunschbilder eines Kollektivs, deren Fluchtpunkte in der Zugehörigkeit zur globalen Finanzklasse liegen.

Abb. 25: Japantower (vorne links), Taunusturm (vorne rechts), Maintower/Helaba-Turm (hinten links), Commerzbank (hinten rechts), Foto: Marco Hohmann.

Symbolordnung und aspirative Praktiken im Bankenviertel

Orte der Aspiration verlangen nach einem bestimmten Verhalten, das die Zugehörigkeit indiziert, und verkörpern insofern Bewährungsproben. Sie schaffen einen zeitlich und räumlich umgrenzten Rahmen, der zum performativen Testfeld für den Beweis der Übereinstimmung wird. Hierfür kandidieren Orte, die den Vorstellungen des Feldes entsprechen und eine räumliche Nähe zu den Arbeitsstätten der Financial Professionals aufweisen, wie die Headhunterin Amelie erzählt:

> *Dann haben die ihre Locations. Also Freßgass', die Bars da. Oder um die Freßgass'*
> *herum, weil das auch die Nähe zu den Banken hat. Da wirst du viele von denen*
> *sehen. Oder in den entsprechenden Clubs da, King Kameha. Die müssen ja nur*
> *runtergehen. Das kumuliert sich. Also im Finance District, in den Lokalen da, da*
> *wimmelt's von denen.*

Als Freßgass' werden der Straßenzug der Kalbächer Gasse und der Großen Bockenheimer Straße zwischen Opernplatz und Börsenstraße bezeichnet, wo sich zahlreiche Delikatessgeschäfte, hochpreisige Bars und Bekleidungsgeschäfte sammeln und die Ladenmieten zu den teuersten in der gesamten Innenstadt zählen. Der junge M&A-Berater Ramin beschreibt die Freßgass' ironisch als »*Laufsteg*« der Banker. Schon zur Mittagszeit sind die Business Leute aus den Bankentürmen hier in Zweier- oder Vierergruppen unterwegs. Wer alleine zum Mittagessen geht, nutzt die Zeit zwischen Büro und Restaurant für Telefonate, häufig auf Englisch und mit dezenten Akzenten durchsetzt, die auf eine internationale Herkunft schließen lassen. Handys werden bei weitem nicht allein zum Telefonieren benutzt, viele haben zwei dabei. Trader handeln mit ihren Smartphones, während sie selbst nicht im Büro sein können. So lassen sich die Transitbereiche des Frankfurter Bankenviertels umstandslos für die Geschäftstätigkeit nutzen, mitunter in fast skurriler Weise, wie das Beobachtungsprotokoll einer Szene in einem Feinkostgeschäft auf der Freßgass' dokumentiert:

29.11.2016, Frankfurt, ein Metzgerei- und Feinkostgeschäft auf der Freßgass', ca. 12:00 Uhr. Der Mann, der den Laden betritt, trägt einen feinen schwarzen Tweed-Anzug mit Nadelstreifen, darüber einen schwarzen Mantel. Seine weißgrauen Haare sind nach hinten gekämmt und er hat eine Sporttasche dabei, wie man sie aus Fitnessstudios kennt. Die Tasche stellt er beim Betreten des Geschäfts vor der Theke ab. In normaler Gesprächslautstärke – er scheint nichts verbergen zu wollen – führt er währenddessen ein Telefonat über sein iPhone-Headset. Soweit es sich mithören lässt, geht es um hohe Summen. Der Ton ist geschäftlich und effizient, er erteilt Anweisungen. Als er mit seiner Bestellung an der Reihe ist, führt er sein Telefonat wie selbstverständlich weiter, während er nebenbei seinen Einkauf an der Fleischtheke erledigt. Die Prioritäten sind dabei klar gesetzt. Auf gelegentliche Nachfragen der Verkäuferin hin deutet der Mann bestimmt und wortlos auf sein Headset und verweist damit auf die größere Wichtigkeit des Telefonats gegenüber den scheinbar banalen Nachfragen der Verkäuferin. Die Geste reicht aus, um die Verkäuferin zweimal mit einem beschämten Gesicht zum Verstummen zu bringen. Die Selbstverständlichkeit und Selbstsicherheit, mit der der Geschäftsmann handelt und gestikuliert, scheint keinen Raum für Verhaltensalternativen zuzulassen. Er hat offensichtlich ›Wichtigeres‹ zu tun, als auf die Fragen der Verkäuferin einzugehen. Die Verkäuferin lässt sich all das gefallen, als gehöre es zu ihrem alltäglichen Geschäft. Vermutlich tut es das auch. Auch die ande-

ren Kunden scheinen sich über den Auftritt nicht zu wundern. Und auch der Gesprächspartner am Telefon, der zwischen den geschäftlichen Belangen noch alle Einzelheiten der Bestellung des Geschäftsmannes an der Fleischtheke mitbekommt, scheint das nicht komisch zu finden – jedenfalls bedarf es offenbar keiner Erklärung der Situation. Während die Verkäuferin den Einkauf verpackt, zählt der Geschäftsmann gut sichtbar und ohne es zu verbergen eine Handvoll Fünfhundert-Euroscheine, die er in seiner Manteltasche aufbewahrt hat.

In Szenen wie diesen zeigt sich auch, in welcher Weise die Symbolordnung der Financial Professionals auf eine gewisse Anerkennung durch das sie umgebende Dienstleistungspersonal angewiesen ist, ohne die die alltägliche Reproduktion dieser Symbolordnung nicht möglich wäre.

In ähnlicher Weise wird die Symbolordnung des Feldes beim ›After Work‹ an Orten wie der Bar ›Sullivan‹ in der Frankfurter Innenstadt bekräftigt, die nach Büroschluss von ganzen Büroteams aus den nahegelegenen Banken für ein paar Drinks aufgesucht wird.

10.09.2015, Bar Sullivan, Frankfurt, ca. 18.15 Uhr. Schon kurz nach sechs sind im Sullivan Leute, die ihr Feierabendbier trinken oder einen Cocktail nehmen, die Cocktails hier sind in der Clubszene bekannt. Rasch werden es mehr, größtenteils Männer, fast alle tragen Anzug, nur wenige verzichten auf ihr Jackett. Von einer der Theken an der Wand aus haben wir einen guten Überblick über das Geschehen. Das Personal, bis auf den Barkeeper allesamt Frauen, ist leger gekleidet. Es läuft elektronische Musik mit starken Bässen, die genau so laut zu sein scheint, dass man die Gespräche am Nachbartisch nicht mithören kann. Wer ins Sullivan geht, kommt gezielt hierher. Die Bar ist von außen recht unscheinbar und kann nicht eingesehen werden. ›Laufkundschaft‹ dürfte es kaum geben. Die Gäste stehen oder sitzen in festen Gruppen, die zumeist aus vier bis fünf Personen bestehen, darunter wenige Frauen, und führen angeregte Gespräche. An einzelnen Worten und Sätzen in Deutsch oder Englisch lässt sich heraushören, dass es um geschäftliche Themen geht. Gegen acht Uhr bemerken wir, dass sich die weiblichen Bedienungen umgezogen haben und nun elegante schwarze Oberteile tragen. Unverändert lässig gekleidet hingegen der Barkeeper. Für das After Work-Publikum ist der Hauptbetrieb im Sullivan um diese Zeit jedoch langsam vorbei – gegen neun sind die meisten gegangen.

Die Atmosphäre in solchen After Work-Bars entspricht nicht der gelassenen Stimmung in einer Runde befreundeter Personen, vielmehr sind die Protagonisten mit konzentrierten Gesprächen, Beobachtungen und Netzwerkaktivitäten befasst. Die Vielzahl unausgesprochener Erwartungen an Erscheinung und Auftreten sorgt dafür, dass eine Art nervöse Geselligkeit herrscht. Auch außerhalb der Büros ist der Arbeitstag noch nicht beendet. »*Freizeit läuft dann unter Networking, ganz einfach*«, wie es Sandra beschreibt, die als Vice President im M&A-Bereich bei einer Frankfurter Privatbank tätig ist.

Sandra, 31, Frankfurt

Sandra kommt aus dem Rhein-Main-Gebiet und hat Finance an einer deutschen Business School studiert, verbunden mit Auslandsaufenthalten in Großbritannien und den USA. Sie arbeitet in einer leitenden Position im M&A-Bereich einer Frankfurter Privatbank. Zuvor war sie bei einer Großbank und sogenannten ›Finanzboutiquen‹, d. h. spezialisierten Finanzfirmen. Sandra möchte demnächst wieder ins Ausland, ihr Frankfurter Netzwerk aber pflegt sie weiterhin, etwa auf Finanzveranstaltungen in Frankfurt oder im Alumni-Netzwerk der Business School.

Dass die »*Frankfurter Community*« von Investment Bankern »*wahnsinnig eng, wahnsinnig klein*« ist, wie es die Headhunterin Amelie beschreibt, übt eine zusätzliche Kontrollfunktion aus – an den einschlägigen Orten treffe man unweigerlich auf bekannte Gesichter:

> *Selbst wenn es auch noch andere Banker drum herum in der Stadt gibt, die [Investment Banker] kennen sich schon. Die treffen sich auf verschiedenen Mandaten wieder, im Nightlife sieht man die viel, da kennt man sich mit der Zeit. Es gibt genug Netzwerk-Veranstaltungen, wo die ganz schnell eben die Lage abchecken. Und ich seh' das ja selber, wenn ich mich bei Xing mit einem verknüpfe, dass der locker gleich schon 30 Leute kennt, die ich auch kenne. Und das sind alles Investment Banker.*

Das Muster der Aspiration tritt überall dort auf, wo sich die Akteure, das Setting, das Publikum und die Atmosphäre zu der kollektiven Vorstellung verbinden, sich als Teil der besonderen Gruppe der Financial Community zu imaginieren.

Dies ermöglicht ein Gefühl des ›Anders-Seins‹ und der Distinktion, wie es Georg, Führungskraft bei einer der weltweit größten Finanzdienstleistungsfirmen, über ein Erlebnis mit Kollegen berichtet:

> *Da standen wir in Singapur, abends hatten wir Dinner in der Hotelbar und das war im 70. Stockwerk, wo wir dann sagten ›Boah, guck mal, was wir hier machen‹! Und dann stellt man so fest, ja wir kommen aus ähnlichen Verhältnissen. Er kam aus England, ich komme aus Deutschland, aber aus einfacheren Verhältnissen. Haben aber ähnliche Erfahrungen, dass wir über Firmenreisen eben viel in der Welt rumgekommen sind und dass wir auch viel über die Welt wissen. Was man oft vergisst, wie viel man eigentlich gelernt hat in diesen, was immer, 10, 15 Jahren internationaler Aktivitäten. Und man merkt schon, dass man anders ist. Ich glaube schon, dass es 'ne Schicht gibt, die das Gefühl hat, anders zu sein.*

Hochausrestaurants oder After Work-Bars in der unmittelbaren Umgebung des Frankfurter Bankenviertels sind prädestinierte Orte für ein Erleben, wie es Georg schildert. Hier kommt es zu einer Verdichtung der typischen Praktiken, mit denen die Routiniers und die Aspiranten des Feldes ihre Zugehörigkeit zur Finanzklasse dokumentieren und eine affektive Beziehung zu den geltenden Regeln des Feldes entwickeln, ein »Gefühl für das Schickliche«, wie dies Veblen (2011 [1899]: 119) zu seiner Zeit nannte.

Statussymbole und Konsumnormen

Die Euphemisierung der feldspezifischen Regeln, die sich in den kulturellen Praktiken der Financial Professionals zeigt, wirkt manchmal wie überzeichnete Stereotype der eigenen Branche. »*Porsche fahren, Rolex tragen, rosa Polohemd mit hochgestelltem Kragen: das ist kein Klischee*«, so beschreibt beispielsweise Dominik, ein junger Executive Assistant in der Investmentabteilung einer Großbank, das Finanzmilieu.

Dominik, 31, Frankfurt

Dominik stammt aus einem Akademikerhaushalt in Berlin und arbeitet im Bereich Corporate Governance einer Frankfurter Bank. Zuvor war er einige Jahre bei einer internationalen Beratungsgesellschaft tätig, die er verließ, um mehr Kontrolle über seine Arbeitszeiten zu haben und keine ständigen Geschäftsreisen in Kauf nehmen zu müssen. Dominik hat berufliche Auslandserfahrung und auch Teile seines Studiums im Ausland absolviert. Er ist engagiert in Alumni-Netzwerken, besucht Veranstaltungen wie ›Junge Elite‹ und verfügt bereits über ein vergleichsweise großes persönliches Netzwerk, von Universitätsangehörigen über Führungskräfte in Unternehmen bis in die eigene Branche der Finanzindustrie.

Anders als Dominik sind es zumeist ältere Finanzakteure, die auf eine übersteigerte Konsumkultur und einen Hang zu teuren Statussymbolen bei ihren jüngeren (und männlichen) Kollegen verweisen. Ein typisches Beispiel ist die Aussage von Jens, der im Laufe seiner Karriere verschiedene internationale Banken und Investmenthäuser kennengelernt hat:

Die jüngeren Kollegen, die sind alle gut ausgebildet, kommen natürlich auch mit den entsprechenden Vorstellungen und Erwartungen an das Arbeitsumfeld, aber auch an die Bezahlung, in diesen Bereich 'rein. Und die definieren sich natürlich auch stärker über diese Statussymbole. Da sind halt Leute dabei gewesen, der eine war drei- oder vierundzwanzig oder so, zwei Jahre Berufserfahrung, war dann für [Bank A] von Frankfurt als Juniorhändler zur [Bank A] nach London gewechselt. Hat gleich im ersten Moment ein Angebot von [Bank B] übernommen, das erste, was er sich mit fünfundzwanzig kauft, war ein Porsche 911, und der ist dann durch die Innenstadt von London in den Staus mit dem Porsche gefahren, auch noch Steuer auf der rechten Seite, also das auch noch, wo ich sagen würde, es macht ja herzlich wenig Sinn. Sehr stark im Bankenbereich sind auch Statussymbole wie Uhren. Wenn Sie heute mal in die Wochenendausgabe von der Financial Times gucken, oder in diese Hochglanzprospekte, da haben sie immer die teuren Uhren, meistens ab fünfstellig aufwärts. Und das ist zum Beispiel, was gerade im täglichen Bereich bei den Bankern oft gesehen wird, dass die dann da sitzen und haben ihre dicke Uhr, und jede Woche 'ne andere. Und die können dann auch mal fünf- oder sechsstellig Wert gewesen sein.

In drastischen Worten beschreibt auch die Headhunterin Amelie den Umgang mit Statussymbolen:

> *Und wenn die [Investmentbanker] dann unter sich sind, dann geht es los: Wer hat den tolleren Urlaub, das tollere Auto, das tollere dies oder jenes? Die definieren sich schon viel über diesen Status untereinander.*

Um die Statussymbole zur Geltung zu bringen, werden in Meetings gerne die Autoschlüssel neben dem neusten iPhone auf den Tisch gelegt, wie der Derivate-Händler Mario beschreibt. Außerdem seien Maßhemden mit Monogrammen beliebt. Statussymbole dienen der gegenseitigen Vergewisserung der eigenen Position im Feld. Ohne Formen gegenseitiger Anerkennung würden sie ihre Bedeutung verlieren. Übersteigerte Gesten eines demonstrativen Konsums und des Spiels mit Statussymbolen euphemisieren die symbolische Ordnung. Den Effekt einer solchen Euphemisierung hat Bourdieu (2012: 169ff.) als »symbolische Alchimie« beschrieben, womit er die affektive Verklärung der objektiven Herrschaftsbeziehungen eines Feldes ansprach. Erst durch eine solche Verklärung wird die habituelle Passung – der ›cultural fit‹ – der Akteure möglich. Das eigene Verhalten entsprechend der geltenden Regeln im Feld wird nicht allein als notwendig angesehen, sondern zusätzlich affektiv besetzt. Hohe Statuspositionen und exklusive Privilegien erscheinen dadurch insbesondere den Aspiranten als erstrebenswert. Das materielle Korrelat dieser habituellen Prägung findet sich im Stadtbild des Frankfurter Bankenviertels in den Geschäften und Restaurants des gehobenen Segments, die schon im Vorbeigehen dezent auf das geltende »System anerkannter Konsumnormen« (Veblen 2011 [1899]: 119) verweisen.

Sydney

Vorbild New York

Das Muster der Aspiration lässt sich auch in Sydney sozialräumlich und stadtgeographisch verorten, am offensichtlichsten wird es in jenen Gebieten, die als Teil des Global Corridor am Image der Global City partizipieren wollen. Sichtbarstes Zeichen des Global Corridor ist die Kette von Hochhäusern, die wie Inseln aus dem Häusermeer ragen. Dabei zeigt sich eine Paradoxie in der Bewertung dieser Architektur: Während aufgrund der typischen Struktur deutscher Städte die Frankfurter Hochhäuser nicht nur die Zugehörigkeit zum Club der Global Cities, sondern auch gesellschaftliche Exklusivität vermitteln, haben sie in Sydney zwar ebenfalls eine ›globale‹ Signatur, als Wohnform jedoch werden sie eher mit den Sozialbauten der 1970er und 1980er Jahre verbunden. Darin liegt einer der Gründe für die aus verkehrs- und umweltpolitischer Sicht problematisch weitläufige Ausdehnung der Stadt. Sie hat zur Folge, dass aufgrund der langen Anfahrtswege und der unzureichenden Infrastruktur das Leben im Hochhausapartment für viele derjenigen, die in der City beschäftigt sind, zu einer lebenspraktischen Notwendigkeit wird.

Abb. 26: Hochhäuser um Sydney Town Hall, Foto: Sighard Neckel.

Um das negative Image der Apartmenthochhäuser abzustreifen, wird seit den 1990er Jahren versucht, das Stadtzentrum auch als Wohnort aufzuwerten. Wie in anderen Städten auch, schließt dies an einen Prozess der Umwandlung von ehemaligen Industrieflächen durch Studenten und Künstlerinnen auf der Suche nach günstigem Wohnraum an und setzte eine Gentrifizierung der betreffenden Viertel in Gang. In Sydney wurde dies seitens der Stadtpolitik explizit mit Verweis auf das ›globale‹ Lebensgefühl gefördert, das sich in der Stadt ausbreiten solle. Als stilistische Folie dieser Praxis des ›worlding‹ fungiert dabei wie auch in Frankfurt (›Mainhattan‹) das Image von New York als Idealbild von Kosmopolitismus und Globalität. So tragen viele der Apartmenthäuser der Developer aus den 1990er und 2000er Jahren Namen mit einer New York-Referenz wie TriBeCa, Broadway, SoHo, Manhattan oder Madison.

Networking after Work

Während die Trinkkultur Australiens aufgrund der strengen Schanklizenzvergabe ansonsten von großräumigen Pubs geprägt ist, werden in Sydney gezielt auch kleinere Bars etabliert, um ein weltstädtisches Flair zu erzeugen. Dies ermöglicht eine für Australien eher untypische Orientierung an schmaleren Zielgruppen, was im Financial District als spezielles Angebot für die Finanzklasse genutzt wird. Insbesondere die Bars rund um den Martin Place sind Orte aspirativer Praktiken, wie beispielsweise das *Angel*, das *Ryan's* oder das *Establishment*. Hier lässt sich nach Feierabend als ein Effekt der Ausstrahlung der Banken eine weitgehend homogene After Work-Atmosphäre beobachten. Die Bars beanspruchen gern einen Clubcharakter, evozieren jedoch eher das Gefühl von Arbeit, ist ihnen doch eine starke soziale Kontrollfunktion eigen, die sich über das Berufliche definiert. Wer dazugehören will, muss sich auch abseits des Jobs in Settings wie diesen Clubs bewähren:

26.11.2015, Sydney, Bar Establishment, ca. 17.30 Uhr. Der Raum, dominiert von einer langen Bar mit Tischen und Sitzgelegenheiten an beiden Seiten, füllt sich. An drei Tischen bildet sich eine Gruppe von ca. 20 Frauen und Männern in Business-Kleidung. Die Gespräche werden in gedämpftem Ton und in Zweier- und Dreiergruppen geführt. Themen, die sich aufschnappen lassen, sind ›Meetings‹ und berufliche Bekanntschaften. Die Mitglieder der Gruppe dürften sich kennen, es herrscht eine freundliche, aber zurückhaltende Atmosphäre. Gesprächspartner/ innen wechseln von Zeit zu Zeit und werden jeweils jovial begrüßt bzw. verabschiedet. Im Zentrum der Gruppe findet sich eine etwas ältere, vornehm gekleidete Frau, die von jüngeren Frauen umgeben ist, die etwas lebhafter als die anderen Barbesucher diskutieren. Am gegenüberliegenden Ende des Raumes sitzen zwei

Männer bei einem Bier, der eine ca. 30, der andere ca. 50 Jahre alt, und unterhalten sich. Es spricht vorwiegend der Ältere, während der Jüngere zustimmend nickt. Sowohl die Mitglieder der Gruppe um die ältere, vornehme Frau als auch die beiden Männer heben immer wieder den Blick und lassen ihn auch während der Gespräche durch das Lokal schweifen, als wenn sie auf der Suche nach jemandem wären.

Das *Establishment* ist einer offenen Industrieloft-Ästhetik gehalten, wodurch man andere Gäste gut beobachten und auch selbst besser gesehen werden kann. Dies macht jedoch Besucher, die nicht dem Dresscode und dem Verhaltensstil eines ›After Work‹ entsprechen, umso auffälliger. Zwei junge Männer in Sporttrikots, die im *Establishment* vermutlich nur auf der Suche nach einem Bier sind, werden vom Personal zwar nicht abgewiesen, fallen beim Betreten der Bar aber den anderen Gästen auf. Dies ist den Männern sichtlich unangenehm, so dass sie sich in den überdachten Innenhof der Bar begeben, wo sich zu dieser Zeit niemand anderes aufhält. Das *Establishment* hat die Funktion eines Panoptikums. Hier geht der Arbeitstag zwar zu Ende, die Arbeit bleibt aber weiterhin präsent. Die Statusbeziehungen zwischen den Financial Professionals reproduzieren sich im Barbetrieb, die Geschäftswelt wird symbolisch verdoppelt. Die kulturellen Praktiken, wie sie sich hier beobachten lassen, haben weder einen rein funktionalen noch einen rein informellen Charakter. Es geht nicht allein darum, noch einmal das Meeting am nächsten Tag durchzusprechen oder Aktienkurse zu diskutieren. Doch träfe es ebenfalls nicht zu, den hier stattfindenden sozialen Austausch als privat zu bezeichnen. Sozialräume der Aspiration wie das *Establishment* sind vielmehr ein Prüfstand für symbolisches Kapital. Die Akteure loten ihre eigenen Chancen aus und können praktisch ihre Position im Feld erfahren. Auf diese Weise stellen die Praktiken der Aspiration eine Fortsetzung der Arbeit mit anderen Mitteln dar. Deutlich wird dabei, wie sehr soziale Gemeinsamkeiten und die Arbeit an sich selbst miteinander verschränkt sind.

6.4 Durchlässigkeit

Frankfurt

Das Bahnhofsviertel

Die soziale Homogenität des Frankfurter Bankenviertels, auf der die kulturellen Muster der Repräsentation, der Exklusivität und der Aspiration beruhen, wird an seiner südwestlichen Grenze, wo das Banken- in das Bahnhofsviertel übergeht, brüchig. Wenn man etwa von den Banken und Finanzfirmen an der Mainzer Landstraße Richtung Niddastraße geht, liegen Müll, Plastiktüten und Glasscherben auf dem Boden, an einigen Ecken riecht es nach Urin. Im Straßenbild stellt sich mehr und mehr ein schroffer Gegensatz zur repräsentativen Bebauung des Bankenviertels ein. Die Straßen sind enger und haben nichts gemein mit der makellosen Sauberkeit und dem kühlen Luxus, den die Headquarter der Frankfurter Finanzwelt ausstrahlen.

Während das Bahnhofsviertel, zwischen Hauptbahnhof und Taunusanlage, Mainzer Landstraße und dem Mainufer gelegen, noch in den 1980er und 1990er Jahren allein als Rotlichtviertel und für seine Drogenszene bekannt war, entwickelt es sich seit mehr als einem Jahrzehnt zu einem attraktiven Ausgehviertel (vgl. Cunningham 2016; Williams 2016; Neckel 2000). Der Charakter des Viertels speist sich dabei nicht zuletzt aus einer bewegten Vergangenheit. In der Nachkriegszeit wurde es bis zu ihrem Auszug im Jahr 1977 von den in der Gutleutkaserne stationierten amerikanischen Soldaten bestimmt. Dies ging mit dem wirtschaftlichen Verfall des Viertels und einer verstärkten Sichtbarkeit der Drogenszene einher (vgl. Kittlitz 2013). Seit Ende der 1980er Jahre bemühte sich die Stadtpolitik um eine Stabilisierung und Aufwertung, und mit dem sogenannten ›Frankfurter Weg‹ in der Drogenpolitik wurde versucht, die Präsenz der Drogenabhängigen und Dealer auf Straßenzüge im Norden des Bahnhofsviertels zu begrenzen, wo der unmittelbare Übergang zum Bankenviertel ist.

Das Bahnhofsviertel umfasst kaum mehr als einen halben Quadratkilometer und hat heute ca. 3.000 Einwohner. Seine historisch bedingte Diversität, die Enge des Gebietes, das eine Vielzahl unterschiedlicher Sozialgruppen und Kulturen konzentriert, machen das Bahnhofsviertel zu einem speziellen Sozialraum der Durchlässigkeit. Neben alteingesessenen Kneipen und Trinkhallen, neben Moscheen, Restaurants und Geschäften, die von migrantischen Unter-

Abb. 27: Frankfurter Bahnhofsviertel: Taunusstraße, »Yok Yok City-Kiosk«,
Foto: Marco Hohmann.

nehmern aus dem arabischen, afrikanischen und südostasiatischen Raum geführt werden, haben sich die Büros junger Start-Ups aus der Kreativszene angesiedelt. Auch entstehen in ehemaligen Rotlichtclubs und Gründerzeitbauten
neue Restaurants, Trendlokale und Bars, die sich als popkulturelle Avantgarde
verstehen.

Dieses spannungsreiche Sozialklima weckt auch das Interesse der Financial
Professionals. Vor allem in der Mittagszeit werden das Bahnhofsviertel und seine vielen Lokale von den Angehörigen der unmittelbar benachbarten Finanz
aufgesucht, die sich in ihrem Businessdress unter die angestammten Bewohner und die diversen Sozialgruppen des Viertels mischen. Aber auch nach Büroschluss bleibt die Finanzklasse ein Teil des Publikums. Bars wie das ›Plank‹
oder ›Maxie Eisen‹ entlang der Münchener Straße sind keine typischen After
Work-Bars wie etwa das ›Sullivan‹ in der Innenstadt oder seine Pendants auf der
Freßgass'. Die Gästeschar ist vielmehr erkennbar durchmischt. Dies erschwert
Praktiken der Aspiration, wie sie auf ›eigenem Terrain‹ üblich sind. Und doch
finden sich auf den Straßen des Bahnhofsviertels zahlreiche Financial Professionals ein, die auch hier der Verlängerung des Beruflichen in der privaten
Abendgestaltung nachgehen:

> *15.09.2015, Frankfurt, Bahnhofsviertel, Kiosk »Yok Yok«. An einem kühlen Spät-
> sommerabend gegen 21 Uhr stehen wir zu dritt vor dem Kiosk Yok Yok, einem lo-
> kalen Publikumsmagnet auf der Münchener Straße, vor dem sich vor allem junge
> Leute und Studierende sammeln, um dort abends auf der Straße zu ›cornern‹ und
> ihr Bier zu trinken. An diesem Abend ist hier jedoch nicht so viel los. Gleich neben
> uns stehen zwei Männer etwa Mitte dreißig, gepflegtes Äußeres, in kaum getrage-
> nen Turnschuhen und Jeans und schickeren Hemden und Pullovern, als sie sonst
> hier üblich sind. Sie unterhalten sich angeregt über ihre Finanzjobs in Frankfur-
> ter Banken und erzählen sich gegenseitig, welche CEOs sie kennen. Dann bestäti-
> gen sie sich gegenseitig, wie entspannend es sei, am Ende eines langen Arbeitstages
> nach 23 Uhr noch eine Runde joggen zu gehen.*

In der Stadtforschung zu den Global Cities wird mitunter davon ausgegangen,
dass solche »neighbourhood shops tailored to local needs«, wie sie im Bahnhofsviertel noch zahlreich vorhanden sind, aus den Innenstädten vertrieben
werden und letztlich »top-of-the-line restaurants and hotels« (Sassen 2002: 22)
Platz machen müssten. Zwar lässt sich die Entwicklung des Bahnhofsviertels

auch im Vokabular einer Gentrifizierungsanalyse beschreiben, doch würde dies den Blick auf die Besonderheiten der kulturellen Dynamik verstellen, die mit dem Bahnhofsviertel als einem Sozialraum der Durchlässigkeit in der Nähe zur Finanzwelt zusammenhängen.

Financial Professionals: Kulturelle Allesfresser

Als Zone des Übergangs und der Durchlässigkeit[2] stellt das Frankfurter Bahnhofsviertel ein Spektrum kultureller Angebotsstrukturen bereit, deren Kuratoren eine Vielzahl unterschiedlicher Nutzergruppen sind. Die Financial Professionals sind bei weitem nicht die einzigen, die am Repertoire dieses Sozialraums teilhaben. Doch liegt genau in diesem Umstand der besondere Reiz, der für Finanzakteure vom Bahnhofsviertel ausgeht, erlaubt es ihnen doch eine unkonventionelle Variante ihrer kulturellen Praxis.

Mitte der 1990er Jahre stellte der amerikanische Soziologe Richard Peterson einen bezeichnenden Wandel im Geschmack gesellschaftlicher Führungsschichten fest: Obere Ränge in der Sozialstruktur seien nicht mehr zwangsläufig mit dem legitimen Geschmack einer distinktiven Kultur und der deutlichen Abgrenzung von den Vorlieben der Masse verbunden, wie dies etwa noch *Die feinen Unterschiede* von Bourdieu (1982) diagnostiziert hatte. Kulturelle Distinktion würde sich vielmehr darauf verlegen, neben den Produkten und Praktiken der legitimen Kultur auch populäre Genres in das persönliche Repertoire zu integrieren. Diese Praxis der Distinktion wird in der Kultursoziologie der Gegenwart mit dem Begriff der *cultural omnivorousness,* der kulturellen ›Allesfresserei‹, bezeichnet (vgl. Peterson/Simkus 1992; Peterson/Kern 1996; Parzer 2010).

Zum zentralen Kriterium kultureller Überlegenheit werde es, Legitimes und Populäres miteinander vereinen zu können. Als kulturelle Allesfresser demonstrierten Führungsgruppen die Superiorität ihres Lebensstils heute dadurch, dass sie im Unterschied zu anderen Sozialschichten nicht auf einen bestimmten Geschmack festgelegt sind. Vielmehr seien sie fähig zur Grenzüberschreitung und legten so nachhaltig Wert auf demonstrative Offenheit, dass die Kultursoziologin Michèle Ollivier (2004) vor einiger Zeit davon sprach, dass heute

---

2 Im Begriff der »Zone des Übergangs und der Durchlässigkeit« nehmen wir den Terminus der *zone in transition* aus der Stadtforschung der Chicago School der amerikanischen Soziologie auf, vgl. Burgess (1967 [1925]).

an die Stelle der »conspicious consumption«, die Thorstein Veblen analysierte, die »conspicuous openness to diversity« getreten sei.

Entgegen des offenen Triumphalismus gesellschaftlicher Überlegenheit, wie er sich an den Orten der Exklusivität und in den Praktiken der Aspiration präsentiert, stellt sich Superiorität in den Sozialräumen der Durchlässigkeit gerade in der demonstrativen Toleranz der kulturellen Allesfresser her. So eignet sich das Finanzmilieu die Vielgestaltigkeit und den experimentellen Charakter des Bahnhofsviertels mitsamt seiner popkulturellen Konsumgüter an und übt sich dadurch in den Habitus einer grenzüberschreitenden Offenheit ein. Auch bietet der Avantgardismus im Bahnhofsviertel Gelegenheit, ungenutzte Möglichkeiten der In-Wert-Setzung kennenzulernen. Deshalb besteht seitens der Finanzakteure kein unmittelbares Interesse an einer einseitigen Verdrängung bestehender Sozialmilieus und auch nicht an einer unbeschränkten Kommerzialisierung lokaler Szenen und Angebote. Nur der Abstand zur bloßen Gentrifizierung bietet Gewähr für Kreativität und dafür, experimentell Neues inmitten einer Szene zu erleben, die sich der Finanzklasse mitunter gerade nicht anbiedern will.

Insbesondere in ihren jüngeren Segmenten nutzt die Finanzklasse die urbanen Zonen der Durchlässigkeit dazu, sich fremde kulturelle Muster anzueignen, die hier von den ethnischen Communities, den kulturellen Avantgardisten und gesellschaftlichen Außenseitern, aber auch von den bodenständigen Milieus praktiziert werden. Und so lassen sich die Financial Professionals ebenso in den südostasiatischen Migrantenlokalen wie in den popkulturellen Bars, in den neuen Kunstgalerien wie an den ursprünglich proletarischen Trinkhallen sehen, deren plebejische Atmosphäre bei nicht wenigen Bankern einen Eventcharakter hat. Zu seiner Abendgestaltung erzählt etwa der junge Investmentbanker Dominik:

Es gibt auch natürlich Tage, wo man um 7 oder um 8 Uhr abends raus geht. Ich bin jetzt hier ein paar Mal im Theater gewesen, Feiern gewesen, also das meine ich mit ›Ankommen‹, und dass man halt auch mehr kennt, als jetzt nur hier die direkte Gegend.

»*Feiern zu gehen*« und der Theaterabend scheinen dabei gleichberechtigte Formen der kulturellen Praxis zu sein und gehören zur Aneignung des Stadtlebens, zum »*Ankommen*« – gerade wenn man, wie Dominik, erst kürzlich zugezogen ist. Der Aktienhändler Jens, der Kino und Popkonzerte dem Theaterbesuch vorzieht, findet, dass »*die Ausgehszene in Frankfurt nicht so aufregend*« sei – aber »*dass es jetzt das Bahnhofsviertel gibt, das gab's früher nicht, das ist super*«. Die Teilhabe am popkulturellen Mainstream gehört zum kulturellen Praxisrepertoire der Finanzklasse ebenso wie die Exklusivität einer mondänen Upperclass. Wer sich dagegen nur in der Exklusivität auskennt, erscheint zumal unter den Jüngeren der Financial Professionals als einseitig und wenig flexibel.

Die Dekategorisierung sozialer Praktiken

Versucht man, die sozialen Techniken zur Aneignung kultureller Diversität im Muster der Durchlässigkeit soziologisch zu typologisieren, so bietet sich mit Boltanski und Chiapello (2006: 360ff.) der Begriff der »Dekategorisierung« an. Damit ist die Loslösung kultureller Praktiken aus ihren jeweiligen sozialen Kategorien gemeint, um sie verfügbar für eine eigene Form der Verwendung zu machen.

Zonen des Übergangs und der Durchlässigkeit wie das Frankfurter Bahnhofsviertel entstehen in der Aneignung der lokalen Milieus und gewinnen ihre Interessantheit für die Professionals aus der Finanzwelt vor allem durch eine Art der sozialen Osmose, die es ermöglicht, situativ mit fremden und bisweilen auch widerspenstigen Milieus zu verschmelzen. Dieselbe Dekonstruktion sozialer Kategorien verschafft der Finanzklasse aber auch Gelegenheit zur Demonstration ihrer kulturellen Geltung. Die Aneignung des gesellschaftlich Fremden und Anderen im Modus von Offenheit, Experimentierfreude und Toleranz tritt als ein sozialer Überlegenheitsanspruch auf, der gegenüber Sozialmilieus, die sich beschränkter in ihren Möglichkeiten zeigen, als symbolische Grenzziehung fungiert. Am Ende schlägt die symbolische Unzugänglichkeit, die für kulturell Außenstehende resultiert, noch in ökonomische Exklusion um, wenn die Kosten des symbolischen Aufwands deutlich steigen. Daran schließt zumeist eine neue Runde der Dekategorisierung an, die sich auf bisher noch nicht angeeignete Praktiken richtet.

Die Partizipation an verschiedensten kulturellen Praktiken basiert nicht zuletzt auf dem käuflichen Erwerb kultureller Angebote, basiert mithin auf dem ›Wechselkurs‹ zwischen kulturellem und ökonomischem Kapital (vgl. Bourdieu 2012: 51). Anders als bei kulturellen Szenen, in denen die Rollen von Konsumenten und Produzenten bisweilen verschwimmen, ist die Teilhabe kultureller Allesfresser auf den Konsum konzentriert. Ihre kulturelle Praxis erscheint überdies als Abbild der grenzüberschreitenden Funktionslogik der Finanzialisierung von Wirtschaft und Gesellschaft. Finanzialisierung strebt danach, immer mehr Güter, die noch außerhalb einer finanzwirtschaftlichen Verwertung stehen, in die Wertschöpfung einzubinden. Wie die Prozesse der Finanzialisierung eignet sich die Kulturpraxis die Praktiken und Güter außerhalb der eigenen Kreise an. So wird der Sozialraum des Übergangs und der Durchlässigkeit zum Nährboden einer kulturellen Praxis, in der sich Offenheit mit Geschäftssinn verbindet.

Sydney

Endogenisierung der Sozialkritik

Die kulturellen Praktiken einer Finanzklasse, die sich im Frankfurter Bahnhofsviertel als divers, tolerant und integrativ präsentiert, finden sich in Sydney in ähnlicher Weise in den Stadtteilen Newtown oder Surry Hills, so dass die Technik der Dekategorisierung nicht auf den Frankfurter Fall beschränkt ist. Am Beispiel Sydneys lässt sich zudem eine weitere Dimension in den kulturellen Praktiken der Durchlässigkeit aufzeigen, die sich insbesondere dort auffinden lassen, wo an den Rändern des Finanzdistrikts Zonen der Exklusivität immer mehr in Zonen der Durchlässigkeit übergehen. So schließt im Norden mit Walsh Bay ein gentrifizierter alter Hafen an, im Westen der Entertainment-Bezirk von Darling Harbour und das ehemalige Hafengebiet Barangaroo.

Das Charakteristische der hier zu beobachtenden Praktiken lässt sich mit dem soziologischen Begriff der »Endogenisierung« erschließen. In Anlehnung an Boltanski und Chiapello (2006: 476ff.) ist hiermit jener Vorgang gemeint, nach dem Unternehmen oder Organisationen die an ihnen geäußerte Kritik vereinnahmen und zugunsten der eigenen Sache verwenden. Boltanski und Chiapello zufolge gelingt es der kapitalistischen Gesellschaftsordnung insgesamt, die auf sie gerichtete Kritik zu endogenisieren und sie in einen »neuen Geist des Kapitalismus« zu integrieren.

Abb. 28: Luftaufnahme Barangaroo, Quelle: Barangaroo Delivery Authority.

Storytelling am Barangaroo

Ein erstes Beispiel hierfür findet sich in Sydney im Gebiet des Barangaroo. Benannt nach einer Aboriginal, die als Vermittlerin zu den englischen Kolonialisten auftrat, war Barangaroo ein traditioneller Handelsplatz der australischen Ureinwohner, die hier auch ihre Fischgründe hatten. Im 20. Jahrhundert diente der Ort als Frachthafen und wurde nicht zuletzt durch die Klassenkämpfe der lokalen Hafenarbeiter geprägt, die in der angrenzenden Arbeitersiedlung Millers Point ihre historische Heimstatt besaßen. Heute ist Barangaroo ein hochambitioniertes urbanes Entwicklungsprojekt, künftige Top-Adresse zahlreicher Finanzfirmen, inklusive eines mondänen Casinos in Sydneys zweithöchstem Wolkenkratzer, und umgeben von einem dynamischen Quartier, das in seiner futuristischen Anmutung nicht nur Kultur, Konsum, Kunst und Kreativität beherbergen soll, sondern auch Australiens erste CO_2-neutrale Community wird und somit ein Vorbild für Nachhaltigkeit.

Auch den Aboriginal wird Referenz erwiesen. Die neueste Erweiterung von Sydneys Financial District stellt sich in eine historische Kontinuität des Handels, der vor 40.000 Jahren bei den australischen Ureinwohnern begonnen haben soll

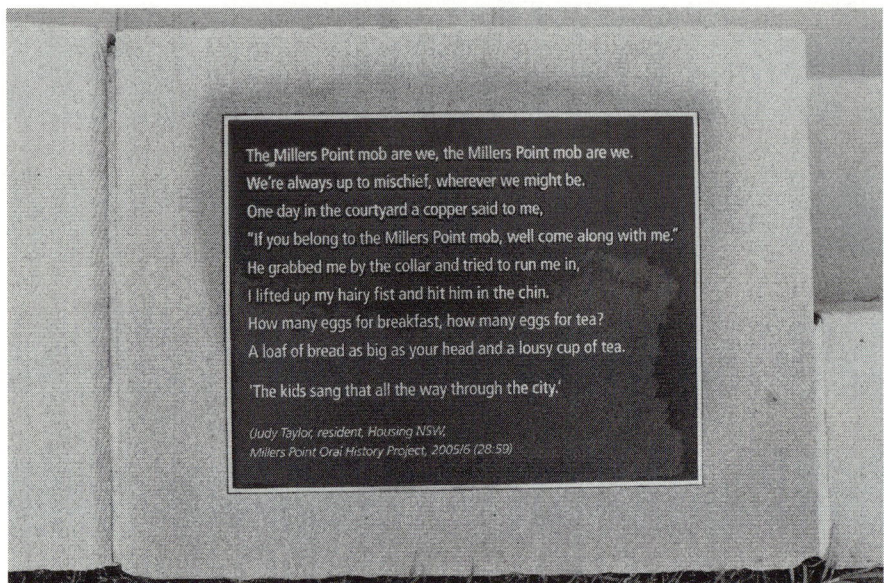

Abb. 29: »Oral-History«-Projekt, Millers Point, Foto: Marco Hohmann.

und dessen vermeintliche Gegenwart der heutige Finanzhandel ist: »*This has always been a place of trade*«, wie es auf einer Informationstafel des Baranga- roo-Projekts heißt, die unter der Überschrift steht: »*The story continues*«[3]. Das Barangaroo-Projekt schreibt dergestalt eine gemeinsame Wirtschaftsgeschichte, obgleich alle Spuren einer Ökonomie, wie sie die Aboriginal betrieben, erst voll- ständig getilgt werden mussten, damit eine Branche wie die Finanzindustrie überhaupt entstehen konnte.

Das Storytelling am Barangaroo bezieht auch die industrielle Vergangenheit des Standorts ein und engagiert sich für die Beseitigung der von einer ›drecki- gen‹ Industrie verursachten Kontaminierung des Bodens, wie eine weitere In- formationstafel verkündet: »*This site lit the way for Syndey's bright future, and now we are safely managing its industrial legacy*«.

---

3 Die vollständige Aufschrift der Informationstafel lautet: »You're stepping into an area steeped in history. This has always been a place of trade, from the Gadigal people's original custodianship of the land, to housing the colony's first grain mill, then later becoming the centre for whaling industry. The gold rush saw global trade increase further. As the ship- building industry sprang up, so did dozens of pubs and hotels to service the hungry and thirsty workers. This rich culture of trade was the backbone of Sydney and Australia's devel- opment into the global economy.«

Historisierung von Protest

In direkter Nachbarschaft zu Barangaroo liegt der Stadtteil Millers Point, der seit den 1820er Jahren bis Ende des 20. Jahrhunderts Wohnort der Dock- und Hafenarbeiter aus den umliegenden Industriegebieten von Cockle Bay bis Dawes Point war. Auch an deren Erbe erinnert Barangaroo, das sich auf dem Gelände eines dieser ehemaligen Frachthäfen befindet.

Beispielhaft hierfür ist die Installation eines Oral-History-Projekts am Barangaroo-Reserve, einer neu angelegten Parkanlage an der Grenze zu Millers Point. Eine Erinnerungstafel, an zentraler Stelle in den Boden eingelassen, berichtet von einem Spottlied des ›Millers Point Mob‹ gegen die Polizei. Die Rauheit in der früheren Alltagskultur der Dockarbeiter, die sich hier dokumentiert, soll wie ein Ausdruck der Vitalität wirken, mit der sich die Protagonisten der gegenwärtigen Entwicklungen in diesem Gebiet gerne symbolisch verbunden sehen.

Ähnliche Formen von Endogenisierung finden sich in den geschichtsträchtigen Pubs von Millers Point, die einst geprägt waren von Trinkerei und Gewalt. Auch hier wird die derbe Vergangenheit in die Leichtigkeit heutigen Seins verwandelt. So sind die Treffpunkte der historischen Working Class zu teuren Restaurants und Designer-Hotels geworden, in denen Immobilienmakler, Anwälte und Trader dem Stadtraum ihre eigene Kultur einschreiben.

Inzwischen jedoch findet in Millers Point ein Kampf der lokalen Community gegen den Ausverkauf ihres Viertels statt. Dort, wo die letzten Verbliebenen noch mit Bannern und Plakaten gegen die Gentrifizierung protestieren (Abb. 30), werden die hier einmal ansässigen Sozialmilieus bereits offiziell zur ›Geschichte‹ erklärt. Dass in diesem Konflikt die Investoren aus der Finanzbranche und die Bewohner aus der Arbeiterschaft auf entgegengesetzten Seiten stehen, steht der narrativen Endogenisierung der lokalen Kämpfe am Millers Point nicht entgegen, werden diese Kämpfe doch als historisch charakterisiert, als etwas, das abgeschlossen ist und nun in der Vergangenheit liegt.

In der angrenzenden Walsh Bay, wo der Prozess der Aufwertung bereits abgeschlossen ist, stilisiert man Bauelemente des ehemaligen Frachthafens zu Attributen eines modernen ›City Living‹. Die einstigen Piers und Lagerhäuser sind heute Loft-Apartments mit Anlegeplätzen für die eigene Yacht. Sie kosten etwa vier Millionen Australische Dollar und ziehen neben den Professionals aus der Finanzindustrie auch das ›Kreativmilieu‹ an.

Abb. 30: Proteste in Millers Point, Foto: Marco Hohmann.

Als die Erfindung des Containers die Frachtschifffahrt revolutionierte, hatte dies zur Folge, dass die innerstädtischen Häfen nicht mehr nutzbar waren oder unwirtschaftlich wurden. In London etwa entstand dadurch im ehemaligen Hafengebiet der Docklands das nach der ›City‹ zweitgrößte Finanzzentrum Europas: Canary Wharf. Die Sozialbauten der Docklands wurden im Zuge dieses Wandels durch luxuriöse Wohntürme und exklusive Shopping Malls ersetzt (vgl. Sudjic 2016: 89ff.). Dass dabei die Ästhetik der historischen Industriegebiete konserviert wurde, erscheint nur folgerichtig für ein globales Finanzzentrum im nachindustriellen Kapitalismus der Gegenwart. Vergleichbare Umnutzungen gibt es auch im Frankfurter Westhafen, wo zwischen den neu gebauten Apartments der obersten Preisklasse die Industrieästhetik als Image eines zeitgemäßen Luxus inszeniert wird.

Indem sich Barangaroo in die Kontinuität von Arbeiterkämpfen und der indigenen Bevölkerung stellt, gibt es sich als ein emanzipatorisches Projekt aus, das den progressiven Geist der Geschichte in die heutige Zeit transportiert. Zweifellos handelt es sich hier auch um eine PR-Kampagne der Finanzindustrie und der Immobilienbranche. Gleichwohl verdienen deren Narrative soziologische Aufmerksamkeit, weil sie das Projekt der Endogenisierung in gleich zweifacher Weise legitimieren: einmal für die Öffentlichkeit, der gegenüber man ein interessantes und diversitätssensibles Image der ökonomischen Ambitionen entwirft; dann wiederum nach innen, ins eigene Milieu hinein, als eine Art Selbstbestätigung des Anspruchs, im Verfolgen der eigenen ökonomischen Ziele eine progressive Kraft in der Gesellschaft zu sein.

Die Endogenisierung historischer Kämpfe, aus denen heraus auch stets die Kritik an der australischen Gesellschaft entstand, folgt auf diese Weise der sozialen Logik einer modernen Finanzklasse, die meint, unterschiedslos alles in sich einschließen zu können, womit sie unterlegenen Gruppen die Verfügung über ihre eigenen Anliegen entzieht. Wer sich das Recht nimmt, die Geschichte der Ausgeschlossenen zu erzählen, nimmt ihnen die Autorität, dies selbst zu tun. Diesem symbolischen Ausschluss entspricht, dass die Bevölkerungsgruppen, die im Barangaroo und in Millers Point ihre politischen Kämpfe austrugen, heute hier nur noch zu Gast sind, wenn zu kulturellen Events eingeladen wird.

Zwar handelt es sich bei Sydneys Barangaroo und dem Bahnhofsviertel in Frankfurt um recht unterschiedliche Stadtgebiete – die Techniken der Dekategorisierung und der Endogenisierung zeichnen jedoch an beiden Orten die kulturelle Praxis von Financial Professionals aus, wenn sie sich in den Zonen des Übergangs und der Durchlässigkeit bewegen.

6.5 Zusammenschau

In den Finanzzentren Frankfurt und Sydney formiert sich eine Finanzklasse, deren Praktiken kulturellen Mustern von hoher Ähnlichkeit folgen. In den Variationen der Repräsentation, der Exklusivität, der Aspiration und der Durchlässigkeit bilden sich kulturelle Gemeinsamkeiten, gleichermaßen inkorporierte Wissensbestände sowie ähnliche Weltbilder der Finanzakteure ab, was sich in den urbanen Sozialräumen moderner Finanzzentren wie Frankfurt und Sydney in vergleichbarer Weise materialisiert.

Selbstrepräsentation und Sauberkeit

Die kulturellen Muster der Finanzklasse in Frankfurt und Sydney sind an jeweilige lokale Kontexte gebunden. So wird im Muster der Repräsentation zwar gleichermaßen ein Konnex zur Politik hergestellt, doch unterscheiden sich die Bezugspunkte dafür. In Frankfurt ist es die Identifikation mit der europäischen Einigung, die öffentlich dargestellt wird, während in Sydney ein historisch verankertes Nationalgefühl die Repräsentation des Finanzwesens in der australischen Gesellschaft vorgibt.

In beiden Fällen dokumentiert sich jedoch der gesellschaftliche Führungsanspruch der Finanzindustrie. Das Anknüpfen an gesellschaftliche Leitbilder wie jenes der Nachhaltigkeit soll weitere gesellschaftliche Anerkennung einwerben und die öffentliche Legitimität der Finanzwirtschaft bestärken. Brancheneigene Stiftungen zeigen gesellschaftspolitisches Engagement in der Entwicklungshilfe, unterstützen junge Künstler und finanzieren kulturelle Einrichtungen wie Theater und Museen. Und nicht zuletzt liegt der Selbstdarstellung der Finanzindustrie auch das Verständnis zugrunde, als ›entstofflichte‹ Wirtschaftsbranche eine besonders ›saubere‹ und daher zukunftsfähige Form der Wertschöpfung zu sein.

So wie sich der repräsentative Modus der Finanzindustrie bis in die Akteure einschreibt, deren Körper selbst zu Repräsentationsflächen der Branche werden, gilt dies auch für die Vorstellung einer ›sauberen‹ Ökonomie als ein inkorporiertes Element des Feldes. Lars Meier (2009: 121) bringt dies auf den Punkt, wenn er in seiner Ethnographie der Londoner City feststellt, dass es sich bei der Finanz um ein Milieu handele, »dessen Habitus keine unsauberen Verhaltensweisen vorsieht«. Der optisch, haptisch und ideell erzeugten ›Sauberkeit‹ in jenen urbanen Räumen, in denen sich das Muster der Repräsentation verdichtet, korrespondiert Erscheinung und Verhalten der Financial Professionals, die sich hier als Teil jener Ästhetik wahrnehmen können, deren Identifikation von ihnen erwartet wird.

Inszenierte Transparenz

Im Kontrast zum symbolisch hoch aufgeladenen Muster der Repräsentation steht in Frankfurt und Sydney jenes der Exklusivität, das sich gerade nicht an die Allgemeinheit wendet, sondern sich von ihr abschließen will. Allein schon architektonisch stellen die Hochhäuser der Finanzindustrie eine wirksame symbolische Distanz zu anderen Teilen der Gesellschaft her. Das Symbol der Größe, das sich hier manifestiert, will sichtbar nicht nur auf die Macht der Finanzwirtschaft verweisen; die großflächigen und häufig verspiegelten Glasfassaden schaffen zugleich eine undurchsichtige visuelle Barriere, obgleich sie zunächst wie durchsichtig wirken. Für nichts Anderes sorgen Sicherheitspersonal und Schließanlagen in den Bürotürmen, die ihre hellen und einsehbar gehaltenen Erdgeschosse oftmals als ›Schaufenster‹ zu einer Welt nutzen, die ansonsten nach außen hin vergleichsweise unzugänglich ist.

Dass Transparenz auf einer inszenatorischen Ebene verbleibt, zeigt sich auch in den impliziten Wissensformen der Exklusivität, die sich als ›Gespür‹ oder ›Instinkt‹ in der kulturellen Praxis der Finanzklasse niederschlagen. Die ›feinen Unterschiede‹ zu kennen und die Abstufungen der Hierarchien, gehört selbst zu jenen Arten der Schließung, die den Status in der Branche zur Voraussetzung haben.

Gelebte Affirmation

Praktiken einer informellen sozialen Schließung wirken ebenfalls in anderen Sozialräumen. Besonders deutlich konzentrieren sie sich in solchen semi-exklusiven Bereichen, die die Bühnen der Aspiration darstellen. Auf ihnen müssen die Financial Professionals ihre habituellen Bewährungsproben bestehen. Hier werden die kulturellen Regeln des Feldes eingeübt, die auf wechselseitige Anerkennung angewiesen sind. Die Euphemisierung der geltenden Statushierarchien und ihrer Attribute lässt diese nicht nur als notwendig, sondern auch als erstrebenswert erscheinen. Im tentativen Modus der eigenen kulturellen Einpassung besteht der Unterschied zum Muster der Exklusivität. Weil die Praktiken der Aspiration zudem in den öffentlichen Raum hineinragen, werden die Statussymbole und die Rangordnungen des Feldes sichtbar reproduziert.

Inklusive Exklusion

In beiden Finanzzentren finden sich urbane Zonen, die durch eine besondere Diversität gekennzeichnet sind, wovon sie sich von den auf Repräsentation ausgelegten Finanzdistrikten Frankfurts und Sydneys unterscheiden. Hier verdichtet sich das kulturelle Muster der Durchlässigkeit. In einer Haltung demonstrativer Toleranz streben die Financial Professionals in Frankfurts Bahnhofsviertel nach der Verfügung über kulturelle Muster jenseits der eigenen Kreise. In Sydneys Businessprojekt des Barangaroo wiederum eignet sich die Finanzwelt die Geschichte der Aboriginals und der Hafenarbeiter an, um sich als legitime Erben in der Historie des Handels und der harten und ehrlichen Arbeit erscheinen zu lassen. Derartige Entwicklungen stoßen, wie etwa in Millers Point, durchaus auf Widerstände, und sie bedeuten auch nicht die Auflösung alles Lokalen. Doch vollziehen sich globale Prozesse ja gerade lokal, so dass in der Konsequenz Orte und Praktiken einander ähnlicher werden.

Das Frankfurter Bahnhofsviertel und Sydneys Barangaroo sind zwei Zonen des Übergangs und der Durchlässigkeit, in denen sich inmitten einer Finanzmetropole sozialer Ausschluss auf inklusive Weise vollzieht. Der neue Typus legitimer Kultur, den die kulturellen ›Allesfresser‹ hierbei repräsentieren, ist divers und kosmopolitisch. Er folgt einer Logik sozialer Distinktion, in welcher der grenzüberschreitende Geschmack eine wertvolle Ressource ist, um sich in un-

Abb. 31: Erdgeschoss der Deutschen Bank-Türme in Frankfurt, Foto: Marco Hohmann.

terschiedlichsten Netzwerken bewegen zu können, um Milieugrenzen wie nationale Beschränkungen zu überwinden. Wo der Netzwerkkapitalismus und die globale Finanzökonomie Offenheit fordern, gehört es zur Botschaft der sozialen Distinktion, selbstbewusst und ohne erkennbares Ressentiment zur Integration kultureller Diversität in der Lage zu sein. Exklusivität entsteht dann nicht durch Ausschluss, sondern im Verlauf eines paradoxen Prozesses von Inklusion, die gerade dadurch an distinktiver Kraft gewinnt, dass sie im Gestus von Unbefangenheit die Überlegenheit gegenüber Sozialgruppen signalisiert, die sich zur Inklusion des Fremden viel weniger in der Lage sehen.

Zwei allgemeinere Schlussfolgerungen schließen sich an diesen Befund an: Zum einen ist es soziologisch nicht zufällig, dass dieses Muster der *inklusiven Exklusion* (vgl. Neckel 2018) im Milieu einer globalen Finanzklasse beheimatet ist, zeichnet es doch gerade das Geschäftsmodell und das ›Weltbild‹ der Finanzindustrie aus, bei der Finanzialisierung der Gesellschaft keine Grenzen der ökonomischen In-Wert-Setzung zu kennen. Die Finanzwirtschaft strebt danach, Güter und Praktiken, die noch außerhalb ihrer Verwertung stehen, in die eigene Wertschöpfung zu integrieren, und eignet sich hierfür verfügbare Güter und Praktiken für ihre ökonomischen Zwecke und zur Bestätigung des eigenen

Habitus an. Die Methoden der inklusiven Exklusion werden damit nicht zuletzt aus Gründen der Finanzialisierung der Gesellschaft die Strukturen und Dynamiken sozialer Ausschlüsse künftig maßgeblich mitbestimmen.

Zum zweiten kommt dem Muster der inklusiven Exklusion ein heutiger Gestaltwandel sozialer Ungleichheit entgegen. In seinem Buch *Die Gesellschaft der Gleichen* hat Pierre Rosanvallon (2013) auf die heutige Krise der Gleichheit aufmerksam gemacht. Sie geht auf eine gegenläufige Entwicklung zweier unterschiedlicher Erscheinungsformen von Ungleichheit zurück. Während Ungleichheit aufgrund von Diskriminierung die Welt unserer sozialen Beziehungen in Anerkennung und Missachtung aufteilt, schafft die Ungleichheit der Verteilung eine Rangordnung der wirtschaftlich Starken und Schwachen. In den letzten zwei Jahrzehnten haben sich die progressiven gesellschaftlichen Kräfte vor allem gegen das Übel der Diskriminierung engagiert. In derselben Zeit nahm die wirtschaftliche Ungleichheit ungebremst zu. Dem Abbau von Ungleichheiten, die in Diskriminierungen gründen, steht eine neofeudale Zunahme materieller Ungleichheiten gegenüber, die auf der sozialen Lage basieren (vgl. Neckel 2016).

Während der Kampf um Anerkennung vielfach gewonnen wurde, ging der Kampf um Umverteilung weitgehend verloren. Vom Abbau der Diskriminierung profitiert indes die inklusive Strategie der Exklusion, die sich damit in das freundliche Licht der Anerkennung zu stellen vermag. Die neofeudalen Ungleichheiten wiederum haben eine globale Finanzklasse entstehen lassen, deren Ressourcen fast unbegrenzt auch ihren kulturellen Ambitionen zur Verfügung stehen.

7 Schluss: Die globale Klasse der Financial Professionals

In unserer Studie haben wir am Beispiel der Finanzplätze Frankfurt und Sydney vergleichend untersucht, ob und in welcher Weise sich auf den internationalen Finanzmärkten eine neue globale Klasse bildet, die sich aus dem Investmentbanking, der Finanzanalyse und dem Börsenhandel rekrutiert. Im Mittelpunkt unserer Analyse standen die beruflichen Praktiken, die Karrierestrukturen und die kulturellen Muster von Financial Professionals. Makrosoziologisch haben wir die institutionelle Konfiguration der Finanzmärkte in Frankfurt und Sydney rekonstruiert sowie deren Einbindung in das globale Finanzsystem. Auf der Meso-Ebene führten wir eine Ethnographie der sozialen Räume des Finanzmilieus in Frankfurt und Sydney durch. Die Mikro-Ebene der Akteure haben wir uns durch qualitative Interviews mit Financial Professionals zu ihren Berufsbiographien, Arbeitserfahrungen und kulturellen Praktiken erschlossen. Mit Bezug auf die neuere Wirtschaftssoziologie und die Feldtheorie Pierre Bourdieus wollten wir wissen, ob sich die in struktureller, kultureller, kognitiver und politischer Hinsicht notwendige soziale Einbettung von Finanzmärkten in spezifische Formen ökonomischen, sozialen und kulturellen Kapitals übersetzt und eine geteilte Weltsicht sowie einen gemeinsamen Habitus bei Finanzakteuren erzeugt. Nicht allein eine spezifische Verteilung von Einkommen und Macht, wie in ökonomischen Analysen und in Elitestudien, und auch nicht das Ausmaß transnationaler Mobilität waren hierbei die Kriterien, die für uns bei der Beurteilung einer globalen Klassenbildung maßgeblich waren, sondern die sozialen Gemeinsamkeiten (*communalities*) unter den Finanzakteuren, unabhängig davon, ob wir sie in Frankfurt oder Sydney angetroffen haben.

Mit Frankfurt und Sydney haben wir uns zwei Finanzzentren ähnlichen Ranges in der Hierarchie der Global Cities zum Beispiel genommen, die gleichwohl markante Unterschiede in ihrer ökonomischen Struktur und der Art der strukturellen Einbindung der Finanzwirtschaft aufweisen. Makrosoziologisch ist Frankfurts Bankenviertel weiterhin von den institutionellen Regeln einer ko-ordinierten Marktwirtschaft beeinflusst, während Sydneys Finanzsektor stärker vom angelsächsischen Modell des liberalen Kapitalismus geprägt ist. Genau die-se Kombination von Ähnlichkeit und Differenz machten Frankfurt und Sydney zu gut geeigneten ›kritischen‹ Vergleichsfällen für unsere Forschungsfrage, ob wir Zeugen einer globalen Klassenbildung im heutigen Finanzwesen sind.

Festzustellen war, dass sich die Geschäftsmodelle der global agierenden Fonds und Investmentbanken, die beide Finanzplätze dominieren, immer mehr ähneln und – wenn auch in einem unterschiedlichem Ausmaß – durch eine durchgreifende Finanzialisierung von Wirtschaft und Gesellschaft charak-terisiert sind. In beiden Städten sind alle Geschäftsbereiche des Finanzsektors vertreten und im internationalen Vergleich hoch entwickelt. Dies lässt hier wie dort ein stetig anwachsendes Heer von Financial Professionals in ähnlichen Un-ternehmensstrukturen und Marktkonstellationen entstehen. Ihr ökonomisches Kapital weist sie gleichermaßen als Angehörige der obersten Einkommenska-tegorien ihrer Gesellschaften aus, sofern sie im Top-Management nicht über-haupt zu den Spitzen in der Verteilung des Reichtums gehören. Ihre Business-Praxis ist in Frankfurt nicht anders als in Sydney auf Kurzfristigkeit, Effizienz und Gewinnoptimierung ausgerichtet, unterfüttert von einem finanzmathema-tischen Modelldenken und utilitaristischen Wirtschaftstheorien.

Die Finanzindustrie lässt überdies in Frankfurt wie in Sydney eine ver-gleichbare Dienstleistungsstruktur entstehen, die das Investmentgeschäft um-gibt, von Beratungsfirmen, Logistikunternehmen über die ›Provider‹ der bran-chenspezifischen Infrastruktur bis hin zu den typischen Konsumsegmenten der gehobenen Kategorien und den Betreibern einschlägiger Lokalitäten. Glob-al Cities wie Frankfurt und Sydney stellen eine räumlich-materiale Vorausset-zung für die Herausbildung eines globalen Finanzmilieus dar, auf die es zu-gleich zahlreiche Rückwirkungen hat. Dies schlägt sich in einer Polarisierung der jeweiligen sozialräumlichen Strukturen nieder. In beiden Städten prägen der Central Business District bzw. das Bankenviertel die urbane Szenerie, wer-den städtische Großprojekte entsprechend der Finanzinteressen gestaltet und bestimmen stark nach Einkommen segregierte Wohnlagen das Bild. Dies al-les schafft in struktureller Hinsicht hochgradig ähnliche Soziallagen der Finan-cial Professionals unabhängig vom jeweiligen Standort. Unbenommen ist da-bei, dass sich solche globalen Prozesse in ihren konkreten Erscheinungsformen jeweils lokal gestalten, was indes selbst wiederum ein globales Phänomen ist.

Zu ähnlichen Feststellungen gelangt man, wenn man auf der akteursbezogenen Mikroebene die professionellen Praktiken und Karrieren der Finanzakteure betrachtet. Zwar weisen die Rekrutierungs- und Einstellungspraktiken von Finanzfirmen in Frankfurt und Sydney lokale Besonderheiten auf; diese werden jedoch zunehmend konterkariert durch die Verbreitung globaler Standards, Ausbildungsprogramme und Best Practices-Modelle. Karrieren und professionelle Praktiken haben sich aus ursprünglich national geprägten Berufskulturen heraus entwickelt und weisen über die letzten dreißig Jahre die Tendenz einer globalen Vereinheitlichung auf. Die Karrieren in der Finanzindustrie fungieren dergestalt als zentrale Instanzen einer globalen Homogenisierung. Wissen und Praktiken im Beruf folgen weltweit vereinheitlichten Codes über alle Unterschiede zwischen Frankfurt und Sydney und in der Finanzbranche im Ganzen hinweg. Insbesondere bei den operativen Routinen im Finanzwesen zeigt sich ein hohes Ausmaß an Standardisierung. Lokales Wissen wird hingegen für finanzökonomische Entscheidungen benötigt, welche nicht nur der finanziellen Berechnung von Risiken und Rentabilitäten, sondern auch sinnhaften Narrativen bedürfen, die diese Entscheidungen begründen können. Allerdings stellt sich die Notwendigkeit solchen lokalen Wissens wiederum als eine globale Anforderung dar.

In den geschilderten professionellen Entwicklungen drückt sich eine weitgehende Autonomisierung der Finanzindustrie gegenüber anderen gesellschaftlichen Einflüssen aus, was Voraussetzung und zugleich Folge ihrer Globalisierung ist. Die Karrierewege der Finanzakteure sind in hohem Maße gezeichnet durch die zumindest temporäre Einnahme internationaler Stellen, durch Entsendungen und den häufigen Wechsel von Unternehmen und Arbeitsorten. Transnationales kulturelles Kapital wie hervorragendes Englisch, weitere Sprach- und Länderkenntnisse sowie kosmopolitische Wissensbestände werden im Verlauf der Karriere immer bedeutsamer.

Doch selbst im Finanzwesen mit seiner hohen Internationalität ist die Globalisierung der Businesswelt kein gesellschaftlicher Prozess, der schlechterdings auf Migration beruht und durchgehend auf die globale Erfahrung ›vor Ort‹ angewiesen wäre. Dies legen Studien wie Hartmann (2016) nahe, die internationale Mobilität zu Gradmessern der Globalisierung von Wirtschaftseliten machen. Obgleich die internationale Mobilität zumal im deutschen Finanzwesen durchaus höher ist als diese Studien annehmen (vgl. Kap. 2), bahnt sich die Globalisierung den Weg in die Finanzwelt hinein doch zunehmend auf anderen

Pfaden. Überall im Finanzwesen verbreiten sich globale Standards und Muster in ähnlicher Weise, so dass sie im Wissensbestand der Finanzakteure keine Resultate von ›Reiseerfahrungen‹ sind. Sie übertragen sich durch die weltweiten verbindlichen Curricula an den Business Schools und mittels ihrer Berufszertifikate, durch die örtlich ungebundene digitale Kommunikation in der Finanzpraxis, durch eine globale Finanzkultur im Medium einer gemeinsamen Sprache und geteilter Informationen unabhängig vom Standort.

Diese *Globalisierung ohne Migration*, auf die wir auf den Finanzmärkten treffen, ist keine ganz neue Erscheinung. Bereits Mitte der 1990er Jahre sprach die amerikanische Soziologin und ehemalige Herausgeberin der ›Harvard Business Review‹ Rosabeth Moss Kanter (1995) von der ›Weltklasse‹ (»World Class«) der Kosmopoliten, die weniger durch Reisen als durch ihre verbindende ›Geisteshaltung‹ gekennzeichnet sei. Gemeinsame Kenntnisse, Kompetenzen und Kontakte sorgten für die Herausbildung dieser ›Weltklasse‹, nicht der ständige Aufenthalt in den Business Lounges internationaler Flughäfen, obgleich gewiss auch dies zu den Kenntnissen der »World Class« gehört. Ähnlich verhält es sich heute mit der globalen Finanzklasse.

Die ›boundary-less careers‹ in der Finanzbranche sind zudem mehr und mehr durch eine professionelle Eigenständigkeit charakterisiert, die es den Brokern, Tradern und Analysten erlaubt, als ›interne Unternehmer‹ innerhalb ihrer Firmen zu agieren und primär dem wirtschaftlichen Selbstinteresse zu folgen. Dies begrenzt die Loyalität einzelnen Unternehmen gegenüber, während die Finanzmärkte selbst zum entscheidenden Feld der beruflichen Orientierung werden. Unterschiedliche Unternehmenskulturen sind für die Finanzklasse weniger wichtig als die verbindende Kultur des Marktes. Organisationsorientierung und Unternehmensbindung, wie sie typisch waren für das ›klassische‹ Banking und die gewerbliche Wirtschaft, werden abgelöst durch eine Marktorientierung als Ausdruck des modernen Finanzkapitalismus. All dies sind keine Charakteristika, die sich nur an dem einen Finanzplatz auffinden ließen, am anderen hingegen nicht, sondern Gemeinsamkeiten jenseits aller lokalen Besonderheiten.

Nicht grundsätzlich anders stellen sich die kulturellen Praktiken der Financial Professionals dar, was nicht zuletzt an einem für die Finanzbranche typischen Konformismus liegt, der in sich dazu tendiert, Gleichförmigkeit zu erzeugen, egal, wo Banker oder Fondsmanager sich jeweils befinden. Doch ist es vor allem die Gleichartigkeit der geschäftlichen Herausforderungen und Handlungsprobleme in der Finanzökonomie, der feldspezifischen Erwartungen an

Auftreten und Verhalten, die für ähnliche ästhetische Formen sowohl der institutionellen wie der individuellen Selbstrepräsentation sorgen. Auch diese Feststellung bedeutet nicht, dass es keine Unterschiede und Besonderheiten gäbe, wie wir durch unsere ethnographischen Studien auf der Meso-Ebene jener urbanen Sozialräume ermitteln konnten, die mit der Finanzklasse verbunden sind. Doch folgt die kulturelle Praxis der Financial Professionals typischen Variationen, die in Frankfurt und Sydney zwar ihre je eigenen Ausprägungen haben, als kulturelle Muster der Repräsentation, der Exklusivität, der Aspiration und der Durchlässigkeit jedoch auf deutschem wie auf australischem Boden gleichermaßen vorfindbar sind. In diesen Variationen bilden sich ähnliche kulturelle Praktiken, Habitusformen und Weltbilder der Finanzakteure heraus, was sich in den betreffenden Sozialräumen von Frankfurt und Sydney in vergleichbarer Weise materialisiert.

Ziehen wir die Befunde unserer Forschung zusammen, ergeben sich für uns diese Schlussfolgerungen:

Als das zentrale Ergebnis unserer Studie halten wir fest, dass die Financial Professionals, die heute auf den weltweiten Finanzmärkten tätig sind, als wirtschaftliche Akteure nur unzureichend verständlich werden, solange wir sie in erster Linie als Personen mit Eigenschaften begreifen, die an bestimmte Staaten, Wirtschaftsräume, Gesellschaftsmodelle oder kulturelle Traditionen gebunden sind. Die von uns untersuchten Finanzakteure weisen vielmehr jenseits ihrer Herkünfte und Zugehörigkeiten untereinander so viele Ähnlichkeiten auf wie sie sich von anderen Bevölkerungsgruppen deutlich unterscheiden. Aufgrund dieser Gemeinsamkeiten bilden die Financial Professionals eine neue globale Klasse. Innerhalb dieser Klasse sind die habituellen Übereinstimmungen größer als die Gemeinsamkeiten mit anderen Klassen in den betreffenden Herkunftsländern. Financial Professionals unterscheiden sich in ihrer Soziallage, Berufspraxis, Weltsicht und Lebensführung nicht wesentlich nach nationalen oder kontinentalen Kategorien – interne Unterscheidungen ergeben sich vielmehr vor allem aus den unterschiedlichen Statusgruppen und funktionalen Differenzierungen innerhalb des Feldes der Finanzindustrie und ihrer globalen Arbeitsteilung. Die Erklärung hierfür ist, dass sich die notwendige soziale Einbettung gerade auch einer ›abstrakten‹ Ökonomie wie der internationalen Finanzmärkte in einer globalen Weise gestaltet, was bei den Finanzakteuren selbst gemeinsame Formen ökonomischen, kulturellen und sozialen Kapitals, eine in sich verbundene Praxis und typische Habitusformen entstehen lässt, welche die Herausbildung einer globalen Finanzklasse begründen.

Diese *communalities* in Business, Karriere und Kultur sind ebenso Unterpfand der Klassenbildung unter den Finanzakteuren wie sie Abbild sozialer Grenzziehungen gegenüber anderen Sozialklassen sind. Die Grenzziehungen der globalen Finanzklasse zeichnen sich durch eine neue Art der Distinktion aus. Typisch ist neben den üblichen Statussymbolen ein demonstrativer Gestus von kultureller Offenheit, Diversität, Weltläufigkeit und Toleranz, in dem sich eine kosmopolitische Selbstdarstellung mit dem ökonomischen Interesse an der finanziellen In-Wert-Setzung möglichst vieler Lebensbereiche verbindet. Expansive Geschäftspraktiken und kulturelle Vereinnahmung stehen in einem engen Zusammenhang. Darin wird ein Modus sozialer Grenzziehung sichtbar, der nicht wenig paradox erscheint: Exklusivität durch Einschluss, Abschottung durch Öffnung.

Diese neue Art der sozialen Grenzziehung haben wir als Muster einer *inklusiven Exklusion* charakterisiert, die auf den beiden Sozialtechniken der ›Dekategorisierung‹ und der ›Endogenisierung‹ kultureller Praktiken außerhalb der eigenen sozialen Kreise beruht. Doch schließen sich noch weitergehende Schlussfolgerungen an diesen Befund zu den Distinktionsweisen der globalen Finanzklasse an. Fragt man nämlich, was das Muster der inklusiven Exklusion für die Gesellschaftsanalyse der Gegenwart insgesamt bedeuten könnte, so hat die amerikanische Philosophin Nancy Fraser hierzu einen weiterführenden Vorschlag gemacht. Einige Tage nach der Wahl von Donald Trump zum 45. Präsidenten der USA veröffentlichte sie eine Analyse, in der sie eine »unheilige Allianz von Emanzipation und Finanzialisierung«, eine »perverse politische Konfiguration« von linksliberalen Ideen und Neoliberalismus für die Wahlniederlage der Demokraten im November 2016 verantwortlich machte (vgl. Fraser 2017).

Nancy Fraser zufolge stehen die heute tonangebenden Strömungen der progressiven Kräfte, die sich für Feminismus, Antirassismus, Multikulturalismus und die Rechte sexueller Minderheiten engagieren, faktisch im Bündnis mit dem modernen kognitiven Kapital der Wall Street, des Silicon Valley und von Hollywood. Grundsätzlich für ganz unterschiedliche Zwecke nutzbare Ideale wie *Diversity* und *Empowerment* dienten der Verklärung gesellschaftlicher Entwicklungen, die tatsächlich durch eine Vertiefung von Ungleichheit und eine unbegrenzte Macht des Kapitals gekennzeichnet seien. Insbesondere die Finanzindustrie würde sich von den progressiven Kräften das Charisma borgen, selbst Förderer von Diversity, Multikulturalismus und Frauenrechten zu sein. Auf diese Weise sei eine Ära des »progressiven Neoliberalismus« entstanden, in der sich alle beteiligten Akteure ihre Fortschrittlichkeit beweisen, ohne indes die Grundfesten kapitalistischer Herrschaft auch nur zu berühren. Zum Maßstab von Emanzipation wurde nunmehr die Diversifizierung der kapitalistischen Hierarchie und nicht mehr deren Abschaffung. Zum Fortschrittsideal wurde, dass Frauen, ethnische Minderheiten, Schwule und Lesben an der ökonomischen Konkurrenz gleichermaßen teilhaben können, und nicht mehr die Durchsetzung von Gleichheit und eines Lebens jenseits der »kommerziellen Winner-take-all-Hierarchie«.

Was Nancy Fraser als Ära des »progressiven Neoliberalismus« beschreibt, beruht im Kern auf sozialen Prozessen, für welche die hier unternommene Analyse der Distinktionsmuster der globalen Finanzklasse wichtige Elemente liefert. Denn der progressive Neoliberalismus ist nichts anderes als eine Gesellschaftsformation, die darauf beruht, die Forderungen progressiver Strömungen zu endogenisieren, um dadurch den Kapitalismus flexibler, innovativer und moderner zu machen. Für den progressiven Neoliberalismus ist das Abgrenzungsmuster der *inklusiven Exklusion* daher mehr als typisch: in ihm paart sich die Liberalisierung der Ökonomie, wie sie die Finanzindustrie vertritt, mit der Liberalisierung der Kultur, für die progressive Bewegungen streiten und die auch bei Financial Professionals auf Interesse stößt. Und es sind paradoxe Entwicklungen wie diese, die heute in dem Maße die Muster sozialer Abgrenzung bestimmen, wie die globale Finanzklasse die Wirtschaftsordnung und das gesellschaftliche Zusammenleben zu beeinflussen vermag.

Als Ralf Dahrendorf im Jahr 2000 den Aufstieg einer »globalen Klasse« heraufziehen sah, hat er manches, wovon in dieser Studie die Rede ist, nicht vorausahnen können. Dass das materielle Interesse der globalen Klasse aber ebenso durch eine »neoliberale Wirtschaftspolitik definiert ist« (Dahrendorf 2000: 1060) wie sie sich kulturell im Bündnis mit einem kosmopolitischen Weltgeist wähnt, können wir bereits seiner Millenniumsdiagnose entnehmen. Innerhalb dieser neuen kosmopolitischen Sozialkategorie spielt die globale Finanzklasse eine besondere Rolle. Andere Sektoren des Managements, etwa aus dem internationalen Handel, der Großindustrie oder dem IT-Bereich, mögen ebenfalls zunehmend globale Züge annehmen – doch bleibt die Reichweite ihrer wirtschaftlichen Aktivitäten und beruflichen Netzwerke letztlich durch die ›stoffliche‹ Materialität der jeweiligen Branchen bestimmt. Führungskräfte aus der Mineralölindustrie brauchen sich für die Vertriebschancen westafrikanischer Kakaoprodukte nicht besonders zu interessieren. Die Finanzialisierung von Wirtschaft und Gesellschaft als *das* Geschäftsmodell der Investmentbranche, die Strategie der In-Wert-Setzung jeglicher natürlicher, technologischer und menschlicher Ressourcen, überschreitet jedoch alle materialen Grenzen. Deshalb ist dieses Geschäftsmodell auch räumlich nicht festgelegt und kann sich über den gesamten Globus verbreiten. Die globale Finanzklasse repräsentiert diesen Prozess in der sozialen Dimension als eine neue Art von Klassenbildung, die sich ebenfalls keinen geographischen und politischen Grenzen fügt, sondern sich den globalen Finanzmarktkapitalismus überall auf der Welt zu ihrer eigenen Angelegenheit macht. Die besondere ökonomische Weltläufigkeit, die man in der globalen Finanzklasse antrifft, könnte durchaus die Chance in sich bergen, partikularistische Beschränkungen auch jenseits des Ökonomischen zu überschreiten. Bisher scheint man sie jedoch eher dazu genutzt zu haben, neue gesellschaftliche Schranken zu errichten.

Literatur

Abolafia, M. 2001: Making Markets: Opportunism and Restraint on Wall Street. Cambridge, Mass.: Harvard University Press.

Aglietta, M., Breton, R. 2001: Financial Systems, Corporate Control and Capital Accumulation. Economy and Society 30 (4): 433–466.

Aird, G., 2017: What Are Some of the Key Risks to the Australian Economy? Economics: Issues 12. December 2017. Sydney: Commonwealth Bank Global Market Research. https://www.commbank.com.au/content/dam/commbank/corporate/research/publications/economics/economic-issues/australia/2017/121217-Key_Risks.pdf (letzter Aufruf 13. Februar 2018).

Alexander, M. 2014: Zwischen Planungswillen und Marktmacht. Aktuelle Entwicklungen im Hochhausbau. In P. Schmal Cachola, P. Sturm (Hg.), Hochhausstadt Frankfurt / High-Rise City Frankfurt: Bauten und Visionen seit 1945 / Buildings and Visions since 1945. München: Prestel, 50–55.

Allmendinger, J., Hinz, Th. 1998: Occupational Careers under Different Welfare Regimes: West Germany, Great Britain and Sweden. In L. Leisering, R. Walker (Hg.), The Dynamics of Modern Society: Poverty, Policy and Welfare. Bristol: Policy Press, 63–84.

Altvater, E., Mahnkopf, B. 2002: Grenzen der Globalisierung. Münster: Westfälisches Dampfboot.

Alvaredo, F., Chancel, L., Piketty, T., Saez, E., Zucman, G. 2017: World Inequality Report 2018. World Inequality Lab, http://wir2018.wid.world/download.html (letzter Aufruf 06. Februar 2018).

APRA (Australian Prudential Regulation Authority) 2017: Annual Report 2016/17. http://www.apra.gov.au/AboutAPRA/Publications/Documents/Annual_Report_2017.pdf (letzter Aufruf 15. Februar 2018).

Arthur, M. B. (Hg.) 1994: The Boundaryless Career: A New Perspective for Organizational Inquiry. Journal of Organizational Behaviour 15 (4): 295–306.

Arthur, M. B., Khapova, S. N., Wilderom, C. P. M. 2005: Career Success in a Boundaryless Career World. Journal of Organizational Behaviour 26 (2): 177–202.

Ashley, L., Birkett, H., Duberley, J., Kenny, E. 2016: Investment Banking. In Social Mobility Commission (Hg.), Socio-Economic Diversity in Life Sciences and Investment Banking. London: Social Mobility Commission, 54–111.

Ashton, P., Freestone, R. 2008: Planning. Dictionary of Sydney, http://dictionaryofsydney.org/entry/planning (letzter Aufruf 04. Januar 2018).

Atkinson, A. B., Piketty, T., Saez, E. 2011: Top Incomes in the Long Run of History. Journal of Economic Literature 49 (1): 3–71.

Atkinson, P. 2005: Qualitative Research: Unity and Diversity. Forum Qualitative Sozialforschung/Forum: Qualitative Social Research, 6. Jg., Nr. 3, http://www.qualitative-research.net/index.php/fqs/article/view/4/9 (letzter Aufruf 12. Februar 2018).

Atkinson, P., Coffey, A., Delamont, S., Lofland, J., Lofland, L. (Hg.) 2001: Handbook of Ethnography. London: Sage.

Austrade (Australian Trade and Investment Commission) 2017: Benchmark Report 2017. https://www.austrade.gov.au/ArticleDocuments/7653/BMR18%20FINAL%20PDF_WEB%20NEW.pdf.aspx (letzter Aufruf 15. Februar 2018).

Australian Bureau of Statistics, 2017: TableBuilder Census 2016, verschiedene Reihen. http://www.abs.gov.au/websitedbs/censushome.nsf/home/tablebuilder?open document&navpos=240 (letzter Aufruf 15. Februar 2018).

Australian Financial Centre Forum 2009: Australia as Financial Centre: Building on our Strengths, http://afcf.treasury.gov.au/content/final_report/downloads/AFCF_Building_on_Our_Strengths_Report.pdf (letzter Aufruf 04. Januar 2018).

Australian Financial Markets Association 2014: Australian Financial Markets Report, http://www.afma.com.au/data/afmr/2014%20afmr.pdf (letzter Aufruf 16. Februar 2018).

Barkow Consulting 2017: Big Bonus: Career Counseling by the Regulator, http://www.barkowconsulting.com/big-bonus-data/ (letzter Aufruf 14. März 2018).

Barreto, M., Ryan, M.K., Schmitt, M.T. 2009: The Glass Ceiling in the 21st Century: Understanding Barriers to Gender Equality. Washington, DC: American Psychological Association.

Bathelt, H., Malmberg, A., Maskell, P. 2004: Clusters and Knowledge: Local Buzz, Global Pipelines and the Process of Knowledge Creation. Progress in Human Geography 28 (1): 31–56.

Beaverstock, J. V., Hoyler, M., Pain, K., Taylor, P. J. 2001: Comparing London and Frankfurt as World Cities. A Relational Study of Contemporary Urban Change. London: Anglo-German Foundation for the Study of Industrial Society.

Beck, U. 2000: Was ist Globalisierung? Irrtümer des Globalismus, Antworten auf Globalisierung. Frankfurt am Main: Suhrkamp.

Beck, U., Giddens, A., Lash, S. 1996: Reflexive Modernisierung. Eine Kontroverse. Frankfurt am Main: Suhrkamp.

Benns, M. 2014: James Packer's $2b Barangaroo Development Vision to Help Make Sydney a Truly Global City. The Daily Telegraph 28. Feb, http://www.dailytelegraph.com.au/news/nsw/james-packers-2b-barangaroo-development-vision-to-help-make-sydney-a-truly-global-city/story-fni0cx12-1226840060610 (letzter Aufruf 05. Januar 2018).

Besedovsky, N. 2018: Finanzialisierung von Nachhaltigkeit. In S. Neckel, N. Besedovsky, M. Boddenberg, M. Hasenfratz, S. M. Pritz, T. Wiegand, Die Gesellschaft der Nachhaltigkeit. Umrisse eines Forschungsprogramms. Bielefeld: Transcript, 25–40.

Beyer, J. 2002: Deutschland AG a.D.: Deutsche Bank, Allianz und das Verflechtungszentrum großer deutscher Unternehmen. MPIfG Working Paper 02/4. Köln: Max-Planck-Institut für Gesellschaftsforschung.

Beyer, J. 2009: Varietät verspielt? Zur Nivellierung der nationalen Differenzen des Kapitalismus durch globale Finanzmärkte. Kölner Zeitschrift für Soziologie und Sozialpsychologie Sonderheft 49, 305–325.

BIBB (Bundesinstitut für Berufsbildung) 2016: Datenblatt Bankkaufmann/-kauffrau. Datenbank Auszubildende des Bundesinstituts für Berufsbildung, https://www2.bibb.de/bibbtools/tools/dazubi/data/z/B/30/1055.pdf (letzter Aufruf 17. April 2018).

BIS (Bank for International Settlements) 2016: Triennial Central Bank Survey Foreign exchange turnover. https://www.bis.org/publ/rpfx16fx.pdf (letzter Aufruf 15. Februar 2018).

Bischoff, U., 2017: Finanzplatz Frankfurt: In der Pole-Position für Brexit-Banker. Frankfurt: Landesbank Hessen-Thüringen Volkswirtschaft/Research, https://www.helaba.de/blob/helaba/436294/e25e37900d3958a4627cae86ffd8fb59/finanzplatz-studie-20170831-data.pdf (letzter Aufruf 15. Februar 2018).

Boltanski, L., Chiapello, È. 2006: Der neue Geist des Kapitalismus. Konstanz: UVK.

Bördlein, R. 1993: Das Rhein-Main-Gebiet als Standort hochrangiger Dienstleistungen: Stand und Perspektiven des Internationalisierungsprozesses einer Region. Frankfurt am Main: Selbstverlag des Instituts für Kulturgeographie, Stadt- und Regionalforschung und des Instituts für Physische Geographie der Goethe-Universität Frankfurt (Rhein-Mainische Forschung, 110).

Bourdieu, P. 1982: Die feinen Unterschiede. Frankfurt am Main: Suhrkamp.

Bourdieu, P. 1985: The Social Space and the Genesis of Groups. Theory and Society 14 (6): 723–744.

Bourdieu, P. 2005: Principles of an Economic Anthropology. In N. J. Smelser, R. Swedberg (Hg.), The Handbook of Economic Sociology. Princeton: Princeton University Press, 75–89.

Bourdieu, P. 2012. Praktische Vernunft. Zur Theorie des Handelns. Frankfurt am Main: Suhrkamp.

Bourdieu, P., Passeron, J. 1990: Reproduction in Education, Society and Culture. London: Sage.

Bourdieu, P., Wacquant, L. J. D. 2006: Reflexive Anthropologie. Frankfurt am Main: Suhrkamp.

Bowen, H. V. 1996: Elites, Enterprise, and the Making of the British Overseas Empire, 1688–1775. Houndsmills: Macmillan.

Boyer, R. 2000: Is a Finance-led Growth Regime a Viable Alternative to Fordism? A Preliminary Analysis. Economy and Society 29 (1): 111–145.

Breen, R., Jonsson, O. 2005: Inequality of Opportunity in Comparative Perspective: Recent Research on Educational Attainment and Social Mobility. Annual Review of Sociology 31: 223–243.

Breen, R., Luijkx, R. 2004: Social Mobility in Europe between 1970 and 2000. In R. Breen (Hg.), Social Mobility in Europe. Oxford: Oxford University Press, 37–77.

Bundesagentur für Arbeit 2017: Beschäftigungsstatistik, Sozialversicherungspflichtige Bruttoarbeitsentgelte (Jahreszahlen), Nürnberg, Stichtag 31. Dezember 2016, https://statistik.arbeitsagentur.de/Statistikdaten/Detail/201612/iiia6/beschaeftigung-entgelt-entgelt/entgelt-d-0-201612-xlsm.xlsm (letzter Aufruf 27. Februar 2018).

Bundesverband Deutscher Banken 2017: Zahlen, Daten, Fakten der Kreditwirtschaft. https://bankenverband.de/media/publikationen/16112017_Zahlen_und_Fakten_web.pdf (letzter Aufruf 15. Februar 2018).

Burgess, E. W. 1967 [1925]: The Growth of the City: An Introduction to a Research Project. In R. E. Park, E. W. Burgess, The City: Suggestions for Investigation of Human Behavior in the Urban Environment. Chicago/London: University of Chicago Press, 47–62.

BVI (Deutscher Fondsverband) 2017a: Investmentstatistik 2017. https://www.bvi.de/fileadmin/user_upload/Statistik/Investmentstatistik_1712_DE.pdf (letzter Aufruf 15. Februar 2018).

BVI (Deutscher Fondsverband) 2017b: Verwahrstellenstatistik 2017. https://www.bvi.de/fileadmin/user_upload/Statistik/2017-06-30_BVI_Verwahrstellen-Statistik.pdf (letzter Aufruf 15. Februar 2018).

Cann, D. 1995: Class in Australia. Cabbages and Kings 23: 28–35.

Carozzi, F., Cheshire, P., Hilber, C. 2017: 14th Annual Demographia International Housing Affordability Survey. http://www.demographia.com/dhi.pdf (letzter Aufruf 15. Februar 2018).

Carroll, W. K. 2010: The Making of a Transnational Capitalist Class: Corporate Power in the 21st Century. London/New York: Zed.

Castells, M. 2000: The Rise of the Network Society. Malden, Mass: Blackwell.

CFA Institute 2017: University Relations, https://www.cfainstitute.org/community/university/Pages/index.aspx (letzter Aufruf 30. Januar 2018).

Charmaz, K. 2000: Grounded Theory: Objectivist and Constructivist Methods. In N. K. Denzin, Y. S. Lincoln (Hg.), Handbook of Qualitative Research. London: Sage, 509–535.

Chester, L. 2008: The Contemporary Growth Regime Has Been Ensured by the Australian State's Mutations (at Least until Now). The Economic and Labour Relations Review 19 (1): 3–24.

Chester, L. 2011: Another Variety of Capitalism? The Australian Mode of Régulation. Paper Presented at the 13th Annual Conference of the Association of Heterodox Economists: The Economists of Tomorrow, Nottingham: Trent University, http://www.hetecon.net/documents/ConferencePapers/2011Refereed/Chester_AHE2011044R.pdf (letzter Aufruf 12. Februar 2018).

City of Sydney 2016: Global Sydney: Economic Powerhouse. http://www.cityofsydney.nsw.gov.au/learn/about-sydney/global-sydney/economic-powerhouse (letzter Aufruf 07. März 2018).

Clennel, A. 2014: Imagining Our Future: Sydney Needs to Soar to New Heights. The Daily Telegraph, 06. Nov, http://www.dailytelegraph.com.au/news/nsw/imagining-our-future-sydney-needs-to-soar-to-new-heights/news-story/f5e8d0b4f77a3b6d373f9a15f9fde4b2 (letzter Aufruf 04. Januar 2018).

Connell, R. W. 1977: Ruling Class, Ruling Culture. Cambridge: Cambridge University Press.

Cox, Robert W. 1981: Social Forces, States and World Orders: Beyond International Relations Theory. Millennium. Journal of International Studies 10 (2): 126–155.

Crowe, P., Kiersz, A. 2015: These charts show just how white and male Wall Street really is. Business Insider, 25. Aug, http://www.businessinsider.com/wall-street-bank-diversity-2015-8?IR=T (letzter Aufruf 09. Januar 2018).

Cui, T., Pichara, A. 2012: Culture Matters: An Analysis of Ethnic Segregation and Congregation in Sydney, Australia Using Centrographic Method. In A. Butt, M. Kennedy (Hg.), Proceedings of the Australia and New Zealand Associaton of Planning Schools Conference. Bendigo: La Trobe University, 23–42.

Cunningham, B. 2016: ›Boring‹ Frankfurt Gets the Party Started... Finally. The Guardian, 03. Sep, https://www.theguardian.com/travel/2016/sep/03/frankfurt-germany-art-culture-party-festival (letzter Aufruf 05. Januar 2018).

Dahrendorf, R. 2000: Die globale Klasse und die neue Ungleichheit. Merkur, 54 Jg. (Heft 619), 1057–1068.

Davoine E., Ravasi C. 2013: The Relative Stability of National Career Patterns in European Top Management Careers in the Age of Globalisation: A Comparative Study in France/Germany/Great Britain and Switzerland. European Management Journal 31 (2): 152–163.

Deutsche Bank Art Works: Kunst wirkt – auf 60 Etagen, http://dbcollection.db.com/kunst-in-den-tuermen/de/#/konzept/1 (letzter Aufruf 05. Januar 2018).

Deutsche Börse 2017: Spotlight: Was der Brexit für die Finanzmärkte bedeutet. http://deutsche-boerse.com/pdf/deutsche-boerse.com/de/spotlight/dbg-de/presse/deutsche-boerse-spotlights/spotlight/Was-der-Brexit-fuer-die-Finanzmaerkte-bedeutet/3129876 (letzter Aufruf 15. Februar 2018).

DeVault, M. L., McCoy, L. 2012: Investigating Ruling Relations: Dynamics of Interviewing in Institutional Ethnography. In J. F. Gubrium, J. A. Holstein, A. B. Marvasti, K. D. McKinney (Hg.). The Sage Handbook of Interview Research. London: Sage, 381–397.

Dobbin, F., Zorn, D. 2005: Corporate Malfeasance and the Myth of Shareholder Value. Political Power and Social Theory 17: 179–198.

Ebner, A., Raschke, F. W. 2013: Clusterstudie FrankfurtRheinMain: Wettbewerbsvorteile durch Vernetzung. Frankfurt am Main: Schumpeter Center for Clusters, Innovation and Public Policy.

Epstein, G. A. 2005: Introduction. In G. A. Epstein (Hg.), Financialization and the World Economy. Cheltenham: Edward Elgar, 3–17.

Erikson, R., Goldthorpe, J. 1992: The Constant Flux: A Study of Class Mobility in Industrial Societies. Oxford: Clarendon.

European Banking Authority 2017: EBA Report on High Earners. February 2017. https://www.eba.europa.eu/documents/10180/1720738/EBA+Final+Report+on+High+Earners+2015.pdf (letzter Aufruf 27. Februar 2018).

European Fund and Asset Management Association 2017: Asset Management in Europe: 9th Edition, Facts and figures, https://www.efama.org/Publications/Statis

tics/Asset%20Management%20Report/EFAMA%20Asset%20Management%20Re
port%202017.pdf (letzter Aufruf 04. Januar 2018).

Evans, P., Pucik, V., Barsoux, J.-L. 2002: The Global Challenge: Frameworks for International Human Resource Management. Boston: McGraw-Hill.

Ferguson, C. 2014: Inside Job: The Financiers Who Pulled Off the Heist of the Century. London: Oneworld.

Financial System Inquiry 2014: Final Report to the Commonwealth of Australia, http://fsi.gov.au/publications/final-report/ (letzter Aufruf 04. Januar 2018).

Finch, J., Mason, J. 1999: Decision Taking in the Fieldwork Process: Theoretical Sampling and Collaborative Working. In A. Bryman, R. G. Burgess (Hg.), Qualitative Research, Vol. 1. London: Sage, 291–319.

Fligstein, N., McAdam, D. 2012: A Theory of Fields. New York/London: Oxford University Press.

Florian, M., Hillebrandt, F. (Hg.) 2006: Pierre Bourdieu. Neue Perspektiven für die Soziologie der Wirtschaft. Wiesbaden: VS Verlag für Sozialwissenschaften.

Folkman, P., Froud, J., Johal, S., Williams, K. 2007: Working for Themselves? Capital Market Intermediaries and Present Day Capitalism. Business History 49 (4): 552–572.

Forbes 2017: The World's Biggest Public Companies: 2017 Ranking, https://www.forbes.com/global2000/list/#tab:overall (letzter Aufruf 12. Februar 2018).

Fraser, Nancy 2017: The End of Progressive Neoliberalism. Dissent 02 Jan, https://www.dissentmagazine.org/online_articles/progressive-neoliberalism-reactionary-populism-nancy-fraser (letzter Aufruf 14. März 2018).

Freeland, C. 2012: Plutocrats: The Rise of the New Global Super-Rich and the Fall of Everyone Else. New York: Penguin.

Froud, J., Haslam, C., Johal, S., Williams, K. 2010: Shareholder Value and Financialization. Consultancy Promises, Management Moves. Economy and Society 29 (1): 80–110.

Ghoshal, S., Bartlett, C. A. 1990: The Multinational Corporation as an Interorganizational Network. The Academy of Management Review 15 (4): 603–625.

Godechot, O. 2008: What do Heads of Dealing Rooms do? The Social Capital of Internal Entrepreneurs. Sociological Review 56 (1): 145–161.

Göpfert, C.-J. 2014: Hauptstadt der Wohntürme. Frankfurter Rundschau, 06. Nov, http://www.fr-online.de/stadtentwicklung/frankfurt-hauptstadt-der-wohntuerme,2 6042926,28969374.html (letzter Aufruf 04. Januar 2018).

Gottwald, M., Klemm, M. 2009: Globale Organisation – globale Manager – globale Klasse? Eine empirische Rekonstruktion der Funktion und Bedeutung des Globalmanagementdiskurses in transnationalen Organisationen. Österreichische Zeitschrift für Soziologie, 34. Jg., Nr. 4, 77–103.

Granovetter, M. 1973: The Strength of Weak Ties. American Journal of Sociology 78 (6): 1360–1380.

Granovetter, M. S. 1985: Economic Action and Social Structure: The Problem of Embeddedness. American Journal of Sociology 91 (3): 481–510.

Grote, M. H. 2009: Financial Centers between Centralization and Virtualization. In: P. Alessandrini, M. Fratianni, A, Zazzaro (Hg.), The Changing Geography of Banking and Finance. Dordrecht/New York: Springer, 277–294.

Hall, P. A., Soskice, D. 2001: Varieties of Capitalism: The Institutional Change in Advanced Political Economies. Oxford: Oxford University Press.

Hamann, F. 2017: Was Investmentbanker in Frankfurt kassieren, https://news.efinancialcareers.com/de-de/221193/gehaltstabelle-was-investmentbanker-in-frankfurt-kassieren (letzter Aufruf 04. Januar 2018).

Hannerz, U. 1990: Cosmopolitans and Locals in World Culture. Theory, Culture & Society 7: 237–251.

Harrschar-Ehrnborg, S. 2002: Finanzplatzstrukturen in Europa. Die Entstehung und Entwicklung von Finanzzentren. Bern: Peter Lang.

Hartmann, M. 1996: Topmanager. Die Rekrutierung einer Elite. Frankfurt/New York: Campus.

Hartmann, M. 2000: Class-Specific Habitus and the Social Reproduction of the Business Elite in Germany and France. The Sociological Review 48 (2): 241–261.

Hartmann, M. 2002: Der Mythos von den Leistungseliten. Spitzenkarrieren und soziale Herkunft in Wirtschaft, Politik, Justiz und Wissenschaft. Frankfurt/New York: Campus.

Hartmann, M. 2009: Die transnationale Klasse – Mythos oder Realität? Soziale Welt 60. Jg., Nr. 3, 285–303.

Hartmann, M. 2016: Die globale Wirtschaftselite. Eine Legende. Frankfurt/New York: Campus.

Hassoun, J.-P. 2005: Emotions on the Trading Floor: Social and Symbolic Expressions. In K. Knorr-Cetina, A. Preda (Hg.), The Sociology of Financial Markets. Oxford/ New York: Oxford University Press, 102–120.

Heeg, S. 2009: Wie Phönix aus der Asche? Immobilienwirtschaftliche Forschung in der Geographie. Zeitschrift für Wirtschaftsgeographie 53. Jg., Nr. 3, 129–137.

Heeg, S., Dörry, S. 2009: Leerstände und Bauboom – Büroimmobilien nur noch ein Anlageprodukt? Über die Folgen der Verflechtung von Finanz- und Immobilienmärkten. Forschung Frankfurt 26. Jg., Heft 3, 30–36, https://www.uni-frankfurt.de/47022122/Heeg_Doerry_2009.pdf (letzter Aufruf 04. Januar 2018).

Heintz, B., Werron T. 2011: Wie ist Globalisierung möglich? Zur Entstehung globaler Vergleichshorizonte am Beispiel von Wissenschaft und Sport. Kölner Zeitschrift für Soziologie und Sozialpsychologie, 63. Jg., 359–394.

Heinz, W. R. 2005: From Work Trajectories to Negotiated Careers: The Contingent Work Life Course. In J.T. Mortimer, M. Shanahan (Hg.), Handbook of the Life Course. New York: Kluver, 185–204.

Hertel, F. 2016: Social Mobility in the 20th Century. Class Mobility and Occupational Change in the United States and Germany. Wiesbaden: Springer VS.

Hill, A. 2016: Top Graduates Missing Out on Banking Jobs for Lacking »Polish.« The Guardian, 01. Sep, https://www.theguardian.com/society/2016/sep/01/top-graduates-missing-out-on-banking-jobs-for-lacking-polish (letzter Aufruf 05. Januar 2018).

Hiß, S., Rona-Tas, A. 2011: Wie entstehen Preise? Zur Lösung des Bewertungspro-
blems auf dem Markt für Ratingurteile strukturierter Finanzprodukte. Berliner
Journal für Soziologie, 21. Jg., Nr. 4, 469–494.

Ho, K. 2009a: Disciplining Investment Bankers. American Anthropologist 111 (2):
177–189.

Ho, K. 2009b: Liquidated: An Ethnography of Wall Street. Durham: Duke University
Press.

Holtfrerich, C.-L. 2005: Frankfurts Weg zu einem europäischen Finanzzentrum. In C.
M. Merki (Hg.), Europas Finanzzentren. Geschichte und Bedeutung im 20. Jahrhundert. Frankfurt/New York: Campus, 53–81.

Honegger, C. 2010: Die Männerwelt der Banken: Prestigedarwinismus im Haifisch-
becken. In C. Honegger, S. Neckel, C. Magnin, Strukturierte Verantwortungslosigkeit. Berichte aus der Bankenwelt. Berlin: Suhrkamp, 160–172.

Honegger, C., Neckel, S., Magnin, C. 2010: Strukturierte Verantwortungslosigkeit. Berichte aus der Bankenwelt. Berlin: Suhrkamp.

Höpner M., Jackson G. 2001: An Emerging Market for Corporate Control? The Man-
nesmann Takeover and German Corporate Governance. MPIfG Discussion Paper
01/4, Köln: Max-Planck-Institut für Gesellschaftsforschung.

Höpner, M. 2003: Wer beherrscht die Unternehmen? Shareholder Value, Manager-
herrschaft und Mitbestimmung in Deutschland. Frankfurt/New York: Campus.

Hu, R. 2012: Shaping a Global Sydney. The City of Sydney's Planning Transformation
in the 1980s and 1990s. Planning Perspectives 27 (3): 347–368.

Hu, R., Blakely, E. J., Zhou, Y. 2013: Benchmarking the Competitiveness of Australian
Global Cities: Sydney and Melbourne in the Global Context. Urban Policy and Research 31 (4): 435–452.

ICI (Investment Company Institute) 2014: 2014 Investment Company Fact Book. A Review of Trends and Activities in the U.S. Investment Company Industry, http://
www.icifactbook.org/fb_data.html#section7 (letzter Aufruf 15. Februar 2018).

ICI (Investment Company Institute) 2017: Worldwide Mutual Fund Market, Public Tables, Third Quarter 2017. https://www.ici.org/info/ww_q3_17_public_report_us.xls
(letzter Aufruf 15. Februar 2018).

Jäkel, A., Moynihan T. 2016: Women in Financial Services. Frankfurt: Oliver Wyman
Consulting, http://www.oliverwyman.de/content/dam/oliver-wyman/global/en/20
16/june/WiFS/WomenInFinancialServices_2016.pdf (letzter Aufruf 17. April 2018).

Johnston, J., Clegg, S. 2012: Legitimate Sovereignty and Contested Authority in Public
Management Organization and Disorganization: Barangaroo and the Grand Strate-
gic Vision for Sydney as a Globalizing City. Journal of Change Management 12 (3):
279–299.

Johnston, R., Forrest, J., Poulsen, M. 2001: The Geography of an EthniCity: Residential Segregation of Birthplace and Language Groups in Sydney. Journal of Housing
Studies 16 (5): 569–594.

Kanter, R. M. 1995: World Class: Thriving Locally in the Global Economy. New York:
Simon & Schuster.

Keil, R., Ronneberger, K. 1995: Außer Atem. Frankfurt nach der Postmoderne. In H. Hitz (Hg.), Capitales Fatales: Urbanisierung und Politik in den Finanzmetropolen Frankfurt und Zürich. Zürich: Rotpunktverlag, 284–353.

Kelliher, C., Clarke, C., Hope Hailey, V., Farndale, E. 2012: Going Global, Feeling Small: An Examination of Managers' Reactions to Global Restructuring in a Multinational Organization. International Journal of Human Resource Management 23 (11): 2163–2179.

Kelly, J.-F., Donegan, P. 2014: Mapping Australia's Economy: Cities as Engines of Prosperity. Melbourne: Grattan Institute Report.

Kittlitz, A. von 2013: Frankfurter Bahnhofsviertel: Viertel von Welt. ZEIT Magazin, 10. Okt, http://www.zeit.de/2013/42/frankfurt-bahnhofsviertel/komplettansicht (letzter Aufruf 05. Januar 2018).

Knorr-Cetina, K. 2005: How are Global Markets Global? The Architecture of a Flow World. In K. Knorr-Cetina, A. Preda (Hg.), The Sociology of Financial Markets. Oxford/New York: Oxford University Press, 38–61.

Knorr-Cetina, K., Brügger, U. 2002: Global Microstructures: The Virtual Societies of Financial Markets. American Journal of Sociology 107 (4): 905–950.

Krippner, G. R. 2005: The Financialization of the American Economy. Socio-Economic Review 3 (2): 173–208.

Krüger, H.-H., Rabe-Kleberg, U., Kramer, R.-T., Budde, J. 2010: Bildungsungleichheit revisited? Eine Einleitung. In H.-H. Krüger, U. Rabe-Kleberg, R.-T. Kramer, J. Budde (Hg.), Bildungsungleichheit revisited. Bildung und soziale Ungleichheit vom Kindergarten bis zur Hochschule. Wiesbaden: VS Verlag für Sozialwissenschaften, 7–25.

Kuck, H., 2013: Die 100 größten deutschen Kreditinstitute. Die Bank. Zeitschrift für Bankpolitik und Praxis, Nr. 8, 34–35.

Kwasniewski, N., Elmer, C. 2014: Geringverdiener müssen an den Stadtrand. Spiegel Online, 23. Juli, http://www.spiegel.de/wirtschaft/service/mindestlohn-gross stadtmieten-sind-fuer-geringverdiener-zu-teuer-a-975726.html, (letzter Aufruf 04. Januar 2018).

Luyendijk, J. 2015: Unter Bankern. Eine Spezies wird besichtigt. Stuttgart: Tropen.

MacKenzie, D. 2006: An Engine, Not a Camera: How Financial Models Shape Markets. Cambridge, Mass./London: MIT Press.

Macquarie Group 2017: 2017 Annual Report. https://static.macquarie.com/dafiles/In ternet/mgl/global/shared/about/investors/results/2017/Macquarie-Group-FY17-Annual-Report.pdf?v=2 (Stand 27. Februar 2018).

Martin, R. 2002: Financialization of Daily Life. Philadelphia: Temple University Press.

Mayntz, R. 2014: Die Finanzmarktkrise im Licht einer Theorie funktioneller Differenzierung. Kölner Zeitschrift für Soziologie und Sozialpsychologie, 66. Jg., Nr. 1, 1–19.

McDowell, L. 1997: Capital Culture: Gender at Work in the City. Oxford: Blackwell.

McKeen-Edwards, H., Porter, T. 2013: Transnational Financial Associations and the Governance of Global Finance: Assembling Wealth and Power. London: Routledge.

Meier, L. 2009: Das Einpassen in den Ort. Der Alltag deutscher Finanzmanager in London und Singapur. Bielefeld: Transcript.

Meier, L. 2016: Dwelling in Different Localities: Identity Performances of a White Transnational Professional Elite in the City of London and the Central Business District of Singapore. Cultural Studies 30 (3): 483–505.

Mense-Petermann, U. 2009: Zwischen »Weltklasse« und »Nomaden wider Willen«. Soziologische Beiträge zur Globalisierung des Managements. Österreichische Zeitschrift für Soziologie, 34. Jg., Nr. 4, 3–12.

Mense-Petermann, U., Klemm, M. 2009: Der ›Globalmanager‹ als neuer Managertypus. Eine Fallstudie zu Transnationalisierungsprozessen im Management. Zeitschrift für Soziologie, 38. Jg., Nr. 6, 477–493.

Milanovic, B. 2016: Global Inequality: A New Approach for the Age of Globalization. Cambridge, Mass.: Harvard University Press.

Montagna, P. 1990: Accounting Rationality and Financial Legitimation. In S. Zukin, P. DiMaggio (Hg.), Structures of Capital: The Social Organization of the Economy. Cambridge/New York: Cambridge University Press.

Morrison, A. D., Wilhelm Jr., W. J. 2007: Investment Banking: Institutions, Politics, and Law. Oxford: Oxford University Press.

Morse, J. M. 1998: Designing Funded Qualitative Research. In N. K. Denzin, Y. S. Lincoln (Hg.), Strategies of Qualitative Inquiry. Thousand Oaks: Sage, 56–87.

Müller, H.-P. 2002: Globale Eliten? Eine soziologische Problemskizze. In U. H. Bittlingmayer, R. Eickelpasch, J. Kastner, C. Rademacher (Hg.), Theorie als Kampf: Zur politischen Soziologie Pierre Bourdieus. Wiesbaden: VS Verlag für Sozialwissenschaften, 345–360.

Müller, W., Mayer, K. U., Pollak, R. 2007: Germany: Institutional Change and Inequalities of Access in Higher Education. In Y. Shavit (Hg.), Stratification in Higher Education: A Comparative Study. Stanford: Stanford University Press, 240–265.

Müller, W., Pollak, R. 2004: Social Mobility in West Germany: The Long Arms of History Discovered? In R. Breen (Hg.), Social Mobility in Europe. Oxford: Oxford University Press, 77–113.

Mullis, D. 2018: Die Global City und der Rechtsruck. In vielen Frankfurter Stadtteilen wachsen Empörung und Frust. PRIF Spotlight Nr. 2, https://www.hsfk.de/filead min/HSFK/hsfk_publikationen/Spotlight0218.pdf (letzter Aufruf 27. März 2018).

Münch, R. 2009: Globale Eliten, lokale Autoritäten. Bildung und Wissenschaft unter dem Regime von PISA, McKinsey & Co. Frankfurt am Main: Suhrkamp.

Murphy, L. 2011: The Global Financial Crisis and the Australian and New Zealand Housing Markets. Journal of Housing and the Built Environement 26 (3): 335–351.

Neckel, S. 2000: Ein Schaufenster sozialer Gegensätze. Unterwegs im Frankfurter Bahnhofsviertel. In S. Neckel, Die Macht der Unterscheidung. Essays zur Kultursoziologie der modernen Gesellschaft, Frankfurt/New York: Campus, 165–171.

Neckel, S. 2008: Flucht nach vorn. Die Erfolgskultur der Marktgesellschaft. Frankfurt/ New York: Campus.

Neckel, S. 2015: Die Ungleichheit der Märkte. In S. Mau, N. M. Schöneck (Hg.), (Un-) Gerechte (Un-)Gleichheiten. Berlin: Suhrkamp, 93–103.

Neckel, S. 2016: Die Refeudalisierung des modernen Kapitalismus. In H. Bude, P. Staab (Hg.), Kapitalismus und Ungleichheit. Die neuen Verwerfungen, Frankfurt/New York: Campus, 157–174.

Neckel, S. 2018: Inklusive Exklusion: Soziale Abgrenzung im Milieu der globalen Finanzklasse. WestEnd. Neue Zeitschrift für Sozialforschung, 15. Jg., Nr. 1, 109–118.

Nowicka, M. 2013: Positioning Strategies of Polish Entrepreneurs in Germany: Transnationalizing Bourdieu's Notion of Capital. International Sociology 28 (1): 29–47.

OECD 2016: Income Inequality Remains High in the Face of Weak Recovery. Income Inequality Update, November 2016. https://www.oecd.org/social/OECD2016-Income-Inequality-Update.pdf (letzter Aufruf 17. April 2018).

OECD 2017a: National Income – Value added by activity (Indicator). https://data.oecd.org/natincome/value-added-by-activity.htm (letzter Aufruf 15. Februar 2018).

OECD, 2017b: Pension Markets in Focus. Statistical Tables. http://www.oecd.org/pensions/private-pensions/Pension-Markets-in-Focus-2017.xlsx (letzter Aufruf 15. Februar 2018).

Ollivier, M. 2004: Towards a Structural Theory of Status Inequality: Structures and Rents in Popular Music and Tastes. Research in Social Stratification and Mobility 21: 187–213.

Parzer, M. 2010: Leben mit Pop. Kulturelle Allesfresser im Netzwerkkapitalismus. In S. Neckel (Hg.), Kapitalistischer Realismus. Von der Kunstaktion zur Gesellschaftskritik. Frankfurt/New York: Campus, 165–183.

Patton, M. Q. 1990: Qualitative Evaluation and Research Methods. Newbury Park: Sage.

Peterson, R. A., Kern, R. M. 1996: Changing Highbrow Taste: From Snob to Omnivore. American Sociological Review 61 (1): 900–907.

Peterson, R. A., Simkus, A. 1992: How Musical Tastes Mark Occupational Status Groups. In M. Lamont/M. Fournier (Hg.), Cultivating Differences: Symbolic Boundaries and the Making of Inequality. Chicago: University of Chicago Press, 152–186.

Piketty, Th. 2014: Das Kapital im 21. Jahrhundert. München: C.H. Beck.

Pohlmann, M. 2009: Globale ökonomische Eliten? Eine Globalisierungsthese auf dem Prüfstand der Empirie. Kölner Zeitschrift für Soziologie und Sozialpsychologie, 61. Jg., Nr. 4, 513–534.

Power, M. 2004: Counting, Control and Calculation: Reflections on Measuring and Management. Human Relations 57: 765–783.

Preda, A. 2009: Framing Finance. The Boundaries of Markets and Modern Capitalism. Chicago: University of Chicago Press.

Rivera, L. A. 2012: Hiring as Cultural Matching: The Case of Elite Professional Service Firms. American Sociological Review 77 (6): 999–1022.

Robert Walters, 2017: Salary Survey 2018: Australia & New Zealand. https://www.robertwalters.com.au/content/dam/robert-walters/country/australia/files/salary-survey/robert-walters-anz-2018-salary-survey.pdf (letzter Aufruf 27. Februar 2018).

Robinson, J. 2011: Cities in a World of Cities: The Comparative Gesture. International Journal of Urban and Regional Research 35 (1): 1–23.

Robinson, W. I. 2004: A Theory of Global Capitalism: Production, Class, and State in a Transnational World. Baltimore: Johns Hopkins University Press.

Robinson, W. I. 2009: Saskia Sassen and the Sociology of Globalization: A Critical Appraisal. Sociological Analysis 3 (1): 5–29.

Robinson, W. I., Harris, J. 2000: Towards a Global Ruling Class? Globalization and the Transnational Capitalist Class. Science & Society 64 (1): 11–54.

Rodenstein, M. 2014: Die Hochhausentwicklung in Frankfurt am Main nach dem Zweiten Weltkrieg. In P. Cachola Schmal, P. Sturm (Hg.), Hochhausstadt Frankfurt / High-Rise City Frankfurt. Bauten und Visionen seit 1945 / Buildings and Visions Since 1945. München: Prestel, 22–35.

Rofe, M. W. 2009: Globalization, Gentrification and Spatial Hierarchies in and beyond New South Wales: The Local/Global Nexus. Geographical Research 47 (3): 292–305.

Rosanvallon, P. 2013: Die Gesellschaft der Gleichen. Hamburg: Hamburger Edition.

Roy, A., Ong, A. (Hg.) 2011: Worlding Cities: Asian Experiments and the Art of Being Global. Malden, Mass.: Wiley-Blackwell.

Sassen, S. 1988: The Mobility of Labor and Capital: A Study in International Investment and Labor Flow. Cambridge: Cambridge University Press.

Sassen, S. 1991: The Global City. New York, London, Tokyo. Princeton: Princeton University Press.

Sassen, S. 1999: Global Financial Centers. Foreign Affairs 78 (1): 75–87.

Sassen, S. 2002: Locating cities on global circuits. Environment & Urbanization 14 (1): 13–30.

Sassen, S. 2005a: The Embeddedness of Electronic Markets: The Case of Global Capital Markets. In K. Knorr-Cetina, A. Preda (Hg.), The Sociology of Financial Markets. Oxford/New York: Oxford University Press, 17–37.

Sassen, S. 2005b: The Global City: Introducing a Concept. Brown Journal of World Affairs 11 (2): 27–43.

Savage, M., Devine, F., Cunningham, N., Taylor, M., Li, Y., Hjellbrekke, J., Le Roux, B., Friedman, S., Miles, A. 2013: A New Model of Social Class? Findings from the BBC's Great British Class Survey Experiment. Sociology 47 (2): 219–250.

Sayer, A. 2017: Warum wir uns die Reichen nicht leisten können. München: C.H. Beck.

Schedvin, C. B. 1992: In Reserve: Central Banking in Australia, 1945–75. Sydney: Macmillan Press.

Schipper, S. 2013: Global City-Formierung, Gentrifizierung und Grundrentenbildung in Frankfurt am Main. Zeitschrift für Wirtschaftsgeographie, 57. Jg., Nr. 4, 185–200.

Schupp, P. 2012: Frankfurter Integrations- und Diversitätsmonitoring 2012. Herausgegeben vom Magistrat der Stadt Frankfurt am Main: Amt für multikulturelle Angelegenheiten. http://www.frankfurt.de/sixcms/media.php/738/Frankfurter%20Integrations-%20und%20Diversit%C3%A4tsmonitoring%20%202012.pdf.pdf (letzter Aufruf 04. Januar 2018).

Schürt, A. 2011: Wohnungs- und Immobilienmärkte in Deutschland 2011. Kurzfassung. Herausgegeben vom Bundesinstitut für Bau-, Stadt- und Raumforschung. Bonn: BBSR-Analysen kompakt.

Schwinn, T. 2008: Nationale und globale Ungleichheit. Berliner Journal für Soziologie, 18. Jg., Nr. 1, 8–31.

Searle, G. 1996: Sydney as a Global City. Sydney: NSW Department of Urban Affairs and Planning.

Sedgwick, G. D. 1984: Merchant Banking in Australia. The Securities Institute Journal/ JASSA 4: 28–34.

Shiller, R. J. 2003: The New Financial Order: Risk in the 21st Century. Princeton: Princeton University Press.

Sigler, T., Searle, G., Martinus, K., Tonts, M. 2015: Metropolitan Land-Use Patterns by Economic Function: A Spatial Analysis of Firm Headquarters and Branch Office Locations in Australian Cities. Urban Geography 37 (3): 416–435.

Sklair, L. 2001: The Transnational Capitalist Class. London: Wiley.

Smith, D. E. 1999: Writing the Social. Theory, Critique, Investigations. Toronto: University of Toronto Press.

Stadt Frankfurt am Main 2017a: Statistisches Jahrbuch 2017. http://frankfurt.de/six cms/media.php/678/Statistisches%20Jahrbuch%202017.pdf (letzter Aufruf 15. Februar 2018).

Stadt Frankfurt am Main 2017b: Mietspiegel. http://frankfurt.de/sixcms/media.php/ 738/mietspiegel_ffm_2016.pdf (letzter Aufruf 15. Februar 2018).

Star, S. L. 1999: The Ethnography of Infrastructure. American Behavioural Scientist 43 (3): 377–391.

Statistisches Bundesamt 2017a. Beschäftigungsstatistik: Sozialversicherungspflichtig Beschäftigte am Arbeitsort am 30.06. des Jahres, https://www.destatis.de/DE/Zah lenFakten/GesamtwirtschaftUmwelt/Arbeitsmarkt/Erwerbstaetigkeit/TabellenBe schaeftigungsstatistik/Insgesamt.html (letzter Aufruf 04. Januar 2018).

Statistisches Bundesamt 2017b: Verdienste und Arbeitskosten: Arbeitnehmerverdienste. Fachserie 16, Reihe 2.1, 3. Quartal 2017, https://www.destatis.de/DE/Publikatio nen/Thematisch/VerdiensteArbeitskosten/Arbeitnehmerverdienste/Arbeitneh merverdiensteVj2160210173234.pdf?__blob=publicationFile (letzter Aufruf 23. Februar 2018).

Statistisches Bundesamt 2017c. Volkswirtschaftliche Gesamtrechnungen: Inlandsproduktberechnung. Detaillierte Jahresergebnisse, https://www.destatis.de/DE/Publi kationen/Thematisch/VolkswirtschaftlicheGesamtrechnungen/Inlandsprodukt/ InlandsproduktsberechnungVorlaeufigPDF_2180140.pdf?__blob=publicationFile (letzter Aufruf 04. Januar 2018).

Steiner, E. 2014: Residential High-Rises. The Renaissance of Vertical Living. In P. Cachola Schmal, P. Sturm (Hg.), Hochhausstadt Frankfurt / High-Rise City Frankfurt: Bauten und Visionen seit 1945 / Buildings and Visions Since 1945. München: Prestel, 56–61.

Stichweh, R. 2001: Die Weltgesellschaft. Strukturen eines globalen Gesellschaftssystems jenseits der Regionalkulturen der Welt. Frankfurt am Main: Suhrkamp.

Stockhammer, E. 2007: Charakteristika eines finanz-dominierten Akkumulationsregimes in Europa. WSI Mitteilungen, Nr. 12, 643–649.

Strauss, A., Corbin, J. M. 1990: Basics of Qualitative Research: Grounded Theory Procedures and Techniques. Thousand Oaks: Sage.

Sturm, P. 2014: Geschichte, Geld und Geltung: Die Hochhausstadt Frankfurt. In P. Cachola Schmal, P. Sturm (Hg.), Hochhausstadt Frankfurt / High-Rise City Frankfurt: Bauten und Visionen seit 1945 / Buildings and Visions Since 1945. München: Prestel, 12–21.

Sudjic, D. 2016: The Language of Cities. London: Allen Lane.

The Banker Magazine, 2017: Top 1000 World Banks 2017. https://www.thebankerdatabase.com (letzter Aufruf 15. Februar 2018).

Thompson, E. 1994: Fair Enough: Egalitarianism in Australia. Sydney: University of New South Wales Press.

Tilston, J. 2016: Bull Market: The Rise and Eclipse of Australian Stock Exchanges. Arundel, QLD: The Yellow Sail Company.

Tor, M., Sarafaz, S. 2013: Largest 100 banks in the world. SNL, https://www.snl.com/InteractiveX/Article.aspx?cdid=A-26316576-11566 (letzter Aufruf 17. April 2018).

Toynbee, P., Walker, D. 2009: Unjust Rewards. Ending the Greed that is Bankrupting Britain. London: Granta.

Union International Club: Website des Union International Club, http://www.union-club.com/club/ (letzter Aufruf 05. Januar 2018).

van der Pijl, K. 1984: The Making of an Atlantic Ruling Class. London: Verso.

Veblen, T. 2011 [1899]: Theorie der feinen Leute. Eine ökonomische Untersuchung der Institutionen. Frankfurt am Main: Fischer.

Vogl, J. 2015: Der Souveränitätseffekt. Zürich: Diaphanes.

Volscho, T. W., Kelly, N. J. 2012: The Rise of the Super-Rich: Power Resources, Taxes, Financial Markets, and the Dynamics of the Top 1 Percent, 1949 to 2008. American Sociological Review 77 (5): 679–699.

vom Berge, P., Schanne, N., Schild, C.-J., Trübswetter, P., Wurdack, A., Petrovic, A. 2014: Eine räumliche Analyse für Deutschland: Wie sich Menschen mit niedrigen Löhnen in Großstädten verteilen. Herausgegeben vom Institut für Arbeitsmarkt- und Berufsforschung. IAB Kurzbericht Nr. 12. http://doku.iab.de/kurzber/2014/kb1214.pdf (letzter Aufruf 04. Januar 2018).

Vormbusch, U. 2004: Accounting. Die Macht der Zahlen im gegenwärtigen Kapitalismus. Berliner Journal für Soziologie, 11. Jg., Nr. 1, 33–50.

Weeden, K. A. 2002: Why Do Some Occupations Pay More than Others? Social Closure and Earnings Inequality in the United States. American Journal of Sociology 108 (1), 55–101.

Weeden, K., Grusky D. 2005: The Case for a New Class Map. American Journal of Sociology 111 (1): 141–212.

Weiss, A. 2005: The Transnationalization of Social Inequality: Conceptualizing Social Positions on a World Scale. Current Sociology 53 (4): 707–728.

Wetzel, D., Flück, M., Hofstätter, L. 2010: Konturen einer Branche im Umbruch. Das Bankenfeld in Deutschland, Österreich und der Schweiz. In C. Honegger, S. Neckel, C. Magnin, Strukturierte Verantwortungslosigkeit. Berichte aus der Bankenwelt. Berlin: Suhrkamp, 335–370.

Williams, G. 2016: Frankfurt's Rough Red Light District Becomes Cool. New York Times 30. Aug, http://www.nytimes.com/2016/09/04/travel/frankfurt-red-light-district.html?nytmobile=0 (letzter Aufruf 05. Januar 2018).

Williamson, J. 1993: Development and the »Washington Consensus«. World Development 21 (8): 1329–1336.

Windolf, P. 2008: Eigentümer ohne Risiko. Die Dienstklasse des Finanzmarkt-Kapitalismus. Zeitschrift für Soziologie, 37. Jg., Nr. 6, 516–535.

World Federation of Exchanges 2017. Complete Report, https://www.world-exchanges.org/home/index.php/statistics/monthly-reports (letzter Aufruf 04. Januar 2018).

Wright, E. O. 2000: Class Counts. Cambridge: Cambridge University Press.

Wright, E. O. 2015: Understanding Class. London/New York: Verso.

WSI GenderDatenPortal 2015: Führungspositionen 10. Betriebliche Führungspositionen nach Branche. WSI Hans-Böckler-Stiftung, https://media.boeckler.de/Sites/A/Online-Archiv/14301 (letzter Aufruf 17. April 2018).

Yeandle, M. 2015: The Global Financial Centres Index 17. Financial Centre Futures. Z/Yen Group London, http://www.longfinance.net/images/GFCI17_23March2015.pdf (letzter Aufruf 04. Januar 2018).

Yeandle, M. 2017: The Global Financial Centres Index 22. Financial Centre Futures. Z/Yen Group London, http://www.longfinance.net/images/gfci/gfci_22.pdf (letzter Aufruf 04. Januar 2018).

Zademach, H.-M. 2014: Finanzgeographie. Darmstadt: Wissenschaftliche Buchgesellschaft.

Zaloom, C. 2006: Out of the Pits: Traders and Technology from Chicago to London. Chicago: University of Chicago Press.

Zaloom, C. 2007: Ambiguous Numbers: Trading Technologies and Interpretation in Financial Markets. American Anthropologist 30 (2): 258–272.

Zukin, S., DiMaggio, P. 1990: Introduction. In S. Zukin, P. DiMaggio (Hg.), Structures of Capital: The Social Organization of the Economy. Cambridge/New York: Cambridge University Press, 1–37.